Christoph Bornschein
Sebastian Cleemann

REAL WORLD IMPACT

Wie sich mit den Mitteln des
Kapitalismus und des
technologischen Fortschritts

die katastrophalen Folgen von
Kapitalismus und technologischem
Fortschritt lindern lassen.

Haufe

Inhalt

Anhang

Ins Tal der Tränen und zurück

Von zweien, die aus-
zogen, ein launiges
ESG-Handbuch zu
schreiben, und sich auf
einer epochalen Lern-
reise wiederfanden

»Das Nachhaltige muss in der gesamten Wirtschaft das neue Normal werden«, so sagte es Jörg Eigendorf, Chief Sustainability Officer der Deutsche Bank AG, im November 2023 in Christophs Podcast *Bornschein*. »In weniger als drei Jahrzehnten wollen wir klimaneutral sein«, verkündete EU-Kommissionspräsidentin Ursula von der Leyen bei der Vorstellung des Green Industrial Deal im Europäischen Parlament am 18. Januar 2023. »Die Transformation der Industrie hin zur Klimaneutralität ist von entscheidender Bedeutung für Deutschland als Wirtschaftsstandort der Zukunft«, hieß es am 10. Januar 2024 in einem gemeinsamen Papier des Bundesverbandes der Deutschen Industrie e. V. (BDI), des Deutschen Gewerkschaftsbundes (DGB), des Naturschutzbundes Deutschland e. V. (NABU) und des WWF Deutschland. Mit dem Beginn des Geschäftsjahres 2024 begann für zahlreiche europäische Unternehmen außerdem die Umsetzung der EU-Richtlinie zur Nachhaltigkeitsberichterstattung (Corporate Sustainability Reporting Directive, CSRD). Die vom Parlament verabschiedete CSRD änderte die Anforderungen und den Umfang von Unternehmensberichten tiefgreifend. Sie schaffte damit wesentliche Voraussetzungen dafür, »das Nachhaltige« zum neuen Normal in der Wirtschaft zu machen: Nachhaltigkeit wurde zur Berichtspflicht unter den Gesichtspunkten Umwelt, Soziales und Unternehmensführung – oder auf Englisch Environmental, Social, Governance, kurz: ESG. Die CSRD war damit der nächste logisch erscheinende Schritt in der seit Jahren voranschreitenden Entwicklung der einstigen Investment-Risikobewertungskategorie ESG zum übergreifenden Maßstab für Unternehmensbilanzen, nachhaltiges Investment und Wirtschaftspolitik.

»ESG is the devil«, schrieb der reichste Mann der Welt, Elon Musk, in den Jahren 2022 und 2023 mehrfach auf dem damals noch als Twitter bekannten Netzwerk X, nachdem sein Unternehmen Tesla in ESG-Ranglisten wiederholt schlechter abschnitt als Öl- oder Tabakkonzerne. Als »ideological joyrides« – »ideologische Vergnügungsfahrten« – beschimpfte der Gouverneur von Florida, Ron De-

Santis, im Mai 2023 die ESG-Orientierung staatlicher Investoren – und verbot sie per Gesetz. »Akin to fraud« – »quasi Betrug« – sei ESG, erklärte Mike Belcher, ein republikanischer Abgeordneter im Repräsentantenhaus von New Hampshire, der im Januar 2024 eine Gesetzesvorlage unterstützte, die Investment nach ESG-Prinzipien unter Strafe stellte. Derweil hoffte, ja flehte Wirtschaftswissenschaftler und Reporting-Koryphäe Robert G. Eccles in der *Harvard Business Review*, ESG möge doch endlich wieder zu dem werden, was es einmal war: ein unspektakuläres Bewertungs- und Identifikationswerkzeug für Risikofaktoren, die für die Rentabilität eines Unternehmens und für seinen langfristigen Shareholder-Value von Bedeutung sind. »Make ESG boring again.«[1]

Zwischen all diesen Impulsen halten wir, der Berater, Unternehmer und Investor Christoph Bornschein und der Texter, Autor und Büroangestellte Sebastian Cleemann, es für ratsam, einmal einen genaueren Blick auf das Thema ESG zu werfen, auf seine Geschichte, Karriere und Umsetzung, vor allem aber auf die Ursachen für seine polarisierende Wirkung. Schon bald wird uns klar, dass es hier um mehr geht als um Risikobewertung, Finanzmärkte, Richtlinien und Definitionsfragen. Es geht um den Zustand der Welt und den der Wirtschaft, um die Bemühungen staatlicher Institutionen, Welt und Wirtschaft in Einklang zu bringen, und um die Beharrungskräfte eines Kapitalismus, der sich partout nicht von fossilen Erfolgsrezepten lösen möchte.

Steigen Sie ein, lernen Sie mit

Die intensive Beschäftigung mit der gleichzeitig spröde-bürokratischen und disruptiv-polarisierenden Thematik entwickelt sich schließlich zu dem, was Christoph in den Wochen und Monaten der Arbeit an diesem Buch wiederholt »eine Lernreise« nennen wird. In zahlreichen Gesprächen mit Experten und Expertinnen aus Wirtschaft, Wissenschaft, Politik und allerlei Grauzonen dazwischen lernen wir viel darüber, wie ESG-Grundsätze und Nachhaltigkeit in unserer Zeit und in unseren Breiten umgesetzt und vorangetrieben werden sollen – und wie gut das funktioniert. Das von der Europäischen Kommission im Dezember 2019 vorgestellte Ziel, die EU bis 2050 klimaneutral zu machen, wird durch viele Richtlinien und regulatorische Maßnahmen, durch Forderungen und Förderungen und durch etliche Pflichten in die europäische Wirtschaft getragen. Darüber, wie diese Zielsetzung dort wirkt und wie sehr diese Wirkung wiederum den formulierten Zielen dient, gibt es allerlei geteilte Meinungen. Sie werden auch in unseren Gesprächen laut.

Wir machen uns Notizen und schnell auch ein Bild: Der Kapitalismus und der technologische Fortschritt, die einander seit Jahrzehnten und Jahrhunderten vorantreiben, haben uns in eine für das menschliche Überleben nicht eben ideale Lage gebracht. Die katastrophalen Folgen des Weltwirtschaftens haben in der Regel, aber nicht ausschließlich mit der Verfeuerung fossiler Brennstoffe zur Energie- und Materialgewinnung zu tun. Es wäre ratsam, dafür bald Alternativen und Lösungen zu finden. Der aktuell vor allem politisch verfolgte Ansatz, mit dem diese Alternativen und Lösungen zur Nutzungsreife entwickelt und zum Standard gemacht werden sollen, ist jedoch nicht besonders effektiv – er besteht zu einem sehr großen Teil darin, einerseits die minutiöse Dokumentation unternehmerischen Handelns zur Pflicht zu machen und andererseits die Bewertung dieser Dokumentationen dem Finanzsektor zu überlassen. Für wohldokumentierte Nachhaltigkeitsmaßnahmen gibt es Geld, für alles andere nicht.

Wir erfahren, warum dieser Ansatz irgendwann einmal vielleicht gut gedacht war. Wir lernen, warum er problematisch ist. Wir stellen fest, dass die intendierte Wirkung nicht eintritt. Wir sprechen mit Nachhaltigkeits-, Regulierungs-, Investitions- und Unternehmensführungsverantwortlichen, wir registrieren viel Unmut und Unverständnis, aber durchaus auch Hoffnung und Einverständnis: Es wäre schon ganz gut, den Planeten nicht einfach weiter zu verbrennen. Und so ergeben sich für uns zwangsläufig Fragen. Was gibt es denn für andere Ansätze? Welche Maßnahmen hätten denn – um es mit den Worten des CEOs eines globalen Versicherungsunternehmens zu sagen –

»Real World Impact«? Was könnte also wirklich etwas verändern und was macht nur Arbeit?

Die Suche nach Antworten auf diese Fragen ist oft frustrierend, nicht zuletzt deshalb, weil wir feststellen: Aktuell wird wirklich viel getan, das vor allem Arbeit macht und wenig Impact verursacht. Mit einem enormen bürokratischen Aufwand werden Geschäftigkeit und Datenmengen erzeugt, die Europa zwar bis 2050 klimaneutral machen sollen, aber durch die nicht ein Tropfen Kerosin weniger in ein Flugzeug gepackt, nicht ein Kilometer weniger im Verbrenner gefahren und nicht ein Krümel Mikroplastik aus der Nahrungskette gefischt wird.

Zugleich sehen wir vielversprechende Ansätze, Lösungen, Technologien, die das Zeug hätten, einen Großteil dieser Tätigkeit entweder völlig überflüssig zu machen oder sie doch zumindest in wesentlich wirksamere Bahnen zu lenken. Der Kapitalismus und der technologische Fortschritt haben die Welt nämlich auch an einen Punkt gebracht, an dem ihre Fähigkeiten zu Innovation und Problemlösung auf enorme intellektuelle Ressourcen und produktive Netzwerke treffen. Das Powercouple, das der Welt die Katastrophe eingebrockt hat, könnte ihr auch helfen, sie zu überwinden.

Die Realität holt uns ein

Schon zwischen den ersten Gesprächen zu diesem Buch und der Abgabe des ersten Manuskripts sehen wir die Gefahr, dass all unsere Recherchen, Gesprächsauswertungen, Erkenntnisse und Aufbereitungsaufwände bald obsolet werden könnten. Zum einen erringen die Treiber des seit Jahren tobenden Kulturkampfs gegen das Feindbild einer »woken« Gesellschaft mit der Wiederwahl Donald Trumps einen wichtigen Sieg. Da zu diesem von Trump, seiner Administration und zahlreichen Wählern vehement abgelehnten Paket aus »woken« Überzeugungen auch die Idee gehört, man müsste mit der Welt, auf der man lebt, behutsamer und schonender umgehen, wirft diese Wahl die Bemühungen um Nachhaltigkeit und Klimaneutralität zurück. Die USA steigen zum zweiten Mal aus den Pariser Verträgen aus, und kurz nach seinem Amtsantritt beginnt der neue Präsident die Nachhaltigkeits- und Klimaschutzpolitik der Vorgängeradministration rückabzuwickeln.

Parallel führt das lange vorausgeahnte und dann doch überraschend schnelle Platzen der Ampelkoalition im November 2024 Deutschland direkt in einen Winterwahlkampf, in dem die Themen Klima, Umwelt und Nachhaltigkeit nicht einmal mehr bei den Grünen eine große Rolle spielen. Es gewinnt ein konservativer Kandidat, der im Wahlkampf damit zu punkten versucht, dass er Windräder für eine hässliche Übergangstechnologie hält und gegen »linke und grüne Spinner« austeilt.

Am 26. Februar 2025 weicht die Europäische Kommission die von ihr selbst festgelegten Nachhaltigkeitsberichtspflichten auf und kündigt an, die entsprechenden Richtlinien radikal zusammenzustreichen. Ein wesentlicher Kritikpunkt an der politischen Umsetzung der Klimaziele, dem wir in unserem Buch bis dahin viel Raum gewidmet hatten, scheint plötzlich wegzubrechen.

Zwei Tage später, am 28. Februar, kommt es im Oval Office des Weißen Hauses zum Eklat: Der ukrainische Präsident Selenskyj, der amerikanische Präsident Trump und dessen Vize Vance geraten aneinander, das Treffen wird abgebrochen. In den folgenden Tagen wird immer klarer, was sich ebenfalls schon lange angedeutet hat: Die USA fallen für absehbare Zeit als verlässlicher Partner Europas aus.

In Europa sorgt dies für eilige Konsolidierungsversuche und überfällige Bemühungen um eine stärkere Integration der EU. In Deutschland wird ein 500-Milliarden-Sondervermögen zum Ausbau der Verteidigungsbereitschaft auf den Weg gebracht. Da die nach der Wahl stärkste Partei CDU zudem offenbar feststellt, dass mit dem Wegfall des starken Partners der Ausbau und die Sanierung deutscher Infrastruktur neue Dringlichkeit erhalten, gibt sie ihren lang gepflegten Widerstand gegen dafür erforderliche neue Schulden auf und strebt zusammen mit dem mutmaßlichen Koalitionspartner SPD auch hier ein Sondervermögen von 500 Milliarden Euro an. Klimaschutz und

-resilienz werden dabei zunächst gar nicht berücksichtigt, dann als Verhandlungsmasse eingesetzt, um auch die Grünen an Bord zu holen. Ein später Erfolg für das Thema, aber ein fatales Signal: Klimaschutz ist verhandelbar.

Langfristige Probleme brauchen kurzfristige Lösungen

Doch das abnehmende Interesse an einer nachhaltigen Transformation der Wirtschaft bzw. der sich immer radikaler gebärdende Widerstand dagegen soll, nein, darf nicht unwidersprochen bleiben. In unserem Fall ist dieser Widerspruch ja sogar konstruktiv: Hier, schauen Sie mal – Kapitalismus kann unter Umständen eine total gute Sache sein. Auch eine reformierte Berichtspflicht macht unseren Widerspruch nicht ungültig. Unsere Kritik dreht sich nicht primär darum, welche Unternehmen nach welchen Kriterien und welchen Wesentlichkeitsmaßstäben in welcher Formularzeile über ihren »Nettoumsatz aus Geschäften mit kohlebezogenen Aktivitäten« oder ihre »Gesamtmenge radioaktiver Abfälle« berichten müssen. Uns geht es vielmehr um die Sache an sich, um die Staatsphilosophie hinter den aktuellen regulatorischen Maßnahmen und um das Selbstverständnis des Staates.

Im Übrigen halten wir nicht viel von der Denkschule des »Immer nur ein Problem behandeln!«: Wir sehen und glauben nicht, dass die Erde und vor allem die auf ihr lebenden, in Gesellschaften und Wirtschaftsräumen organisierten Menschen auch nur ein einziges wichtigeres Problem haben als den Erhalt ihres Lebensraumes. Wenn das Haus brennt, ist es zweitrangig, wie gut das WLAN funktioniert und wie aggressiv sich Sam und Michel auf der Eigentümerversammlung angegangen sind. Wenn das Schiff sinkt, ist es egal, was die Cocktails an der Bar kosten. Wenn der Damm bricht ..., nun, Sie wissen wahrscheinlich, was wir meinen. Es ist Zeit für zielführende Maßnahmen.

Um dies noch genauer auszuführen, werden wir auf den folgenden Seiten zunächst mit Ihnen abwärtsreisen. Wir werden beim erfolgreichen Kapitalismus beginnen, seine katastrophalen Folgen betrachten, unseren Umgang mit diesen Folgen reflektieren und nach und nach erkennen, dass unsere bisherigen Ansätze alles eher nur schlimmer machen. Anschließend werden wir uns wieder nach oben arbeiten: Wie ginge es besser, wo wird es schon besser gemacht, was gibt uns Hoffnung? Wir konzentrieren uns überwiegend auf Aspekte staatlicher Regulierung und wirtschaftlichen Handelns, auch wenn uns unsere Recherchearbeit sehr deutlich gemacht hat, dass wir uns auch sehr viel tiefer in soziale, historische, politische, philosophische, technologische und zahlreiche andere Aspekte hätten einarbeiten können. Dafür gibt es aber zum Glück andere Bücher von klugen Menschen.

Immer wieder bauen wir in unserer Darstellung auf die Standpunkte und Erkenntnisse aus unseren tiefgehenden Gesprächen mit klugen Köpfen aus Praxis und Theorie, aus Business, Politik und Wissenschaft. Um in allen Fällen das maximal mögliche Maß an Vertraulichkeit, Offenheit und Kritik zu ermöglichen, haben wir uns bewusst dafür entschieden, unsere Expertinnen und Experten nicht beim Namen zu nennen. Einige von ihnen hätten mit einer Nennung kein Problem gehabt, aber es hätte sich seltsam angefühlt, ständig zwischen konkret identifizierten Personen und irgendwie geheimnisvollen Inputgebern und Whistleblowern hin und her zu wechseln.

Ein Aspekt noch, bevor es losgeht: Dieses Buch erhebt nicht den Anspruch, eine Anleitung zu sein – sein Untertitel verspricht kein Rezept, sondern eine Betrachtung der Möglichkeiten und einen Abriss unserer Lernreise durch das Thema. Wir bitten um Nachsicht, falls das Foto der zwei seriösen Herren im Gebüsch auf dem Cover einen anderen Eindruck erweckt haben sollte.

Vielen Dank für Ihr Interesse und viel Vergnügen auf unserer Reise.

Christoph Bornschein & Sebastian Cleemann
April 2025

1

Der Preis des Erfolges.

Wie uns Wirtschaft, Konsum und Technologie Wohlstand und Glück brachten und den Planeten an den Rand des Zusammenbruchs trieben

↘ 1.1 Wait, what happened?

Aufstieg und Aufstieg und weiterer Aufstieg des Kapitalismus

Mit der Formulierung von den »katastrophalen Folgen von Kapitalismus und technologischem Fortschritt« könne er zwar nichts anfangen, schreibt der CEO des Finanzkonzerns, aber das ließe sich ja am besten im Dialog erörtern. Die Hälfte unserer Buchprämisse stößt damit noch vor der ersten Interviewfrage auf Unverständnis, aber immerhin auf die beste Art von Unverständnis: interessiertes Unverständnis. Das Gespräch selbst wird dann ganz hervorragend – ein CEO-Gespräch ohne PR-Aufsicht, sehr offen und zugewandt und mit Blick auf das, was wir »die katastrophalen Folgen« nennen, durchaus realistisch. Tatsächlich müssen wir nicht einmal groß erklären, was wir meinen; die anfängliche Konfusion löst sich schnell auf. Vielleicht war sie auch nur gespielt – der natürliche Abwehrreflex des Chefs eines global erfolgreichen Unternehmens, dem zwei mutmaßliche Kapitalismuskritiker und Maschinenstürmer mit ihren »Katastrophen« auf die Pelle rücken.

Schon die Benutzung des Begriffs »Kapitalismus« deutet meist an, dass hier eine Wirtschafts- und Gesellschaftsform sehr kritisch betrachtet werden soll. Die Kapitalismuskritik ist nicht nur so alt wie der Kapitalismus selbst, sie hat ihn im Grunde erschaffen – oder ihm doch zumindest seinen Namen gegeben. Der Begriff, so der Sozialhistoriker Jürgen Kocka in seiner sehr griffigen *Geschichte des Kapitalismus*, »entstand als Begriff der Kritik und ist jahrzehntelang auch als solcher verwendet worden«.[1] In seiner deutlich weniger griffigen, aber erhellenden Historie *Schulden: Die ersten 5000 Jahre* bringt es der Anthropologe David Graeber ganz ähnlich auf den Punkt: »Erfunden wurde das Wort von Sozialisten, die im Kapitalismus ein System sehen, das denen, die Kapital besitzen, die Möglichkeit gibt, die Arbeitskraft derer auszubeuten, die kein Kapital besitzen.«[2]

Diese kritische Perspektive auf das heute global vorherrschende System aus Kapitalbesitzenden, Unternehmen, Arbeitern und Arbeiterinnen, Märkten und ihren jeweiligen Abhängigkeits- und Machtbeziehungen hat ihren Ursprung in der zweiten Hälfte des 19. Jahrhunderts: 1867 erschien mit dem ersten Band des Marx'schen *Kapitals* das bis heute wohl wichtigste Werk der Kapitalismuskritik und der klassenlosen Utopie. Wir können Marx' Werk hier unmöglich in unser Buch pressen und springen deshalb direkt in unser aktuelles Jahrhundert, in dem die Beschäftigung mit dem Kapitalismus und die Kritik an ihm noch einmal deutlich an Fahrt gewonnen haben. Getrieben wurde und wird diese Entwicklung durch das Ende des Kalten Krieges, die globale Finanzkrise ab 2007 und, so Jürgen Kocka, »die verstärkte Beschäftigung mit dem Erbe des Kolonialismus und mit den sich abzeichnenden Klima- und Umweltkrisen [...], denn mit beidem hat Kapitalismus viel zu tun«.[3]

Viel Feind, viel Ehr, viel Gegenwehr: Ein derart kritisiertes System bringt natürlich auch seine Fürsprecher hervor, die – sehr, sehr grob zusammengefasst – den Kapitalismus als die einzig gültige ökonomische Entsprechung von Freiheit, Demokratie und Aufklärung verteidigen. Nicht immer sind besagte Fürsprecher zufällig auch wohlsituierte Gewinner dieses Systems, auffällig oft aber eben doch. Trotzdem haben sie zunächst durchaus recht, wenn sie darauf verweisen, dass und in welcher Geschwindigkeit die Doppelfaust von globalem Kapitalismus und technologischem Fortschritt das Leben unzähliger Menschen in großen Teilen der Welt allgemein deutlich lebenswerter gemacht sowie Lebensstandards angehoben und Teilhabe ermöglicht hat. Die katastrophalen Nebenwirkungen des Kapitalismus sind aus dieser Perspektive zu verschmerzende Begleiterscheinungen, Kinderkrankheiten oder Ergebnis der Handlungen bösartiger, krimineller Subjekte, die die Prinzipien des Kapitalismus ausnutzen und missbrauchen. Ein grundsätzliches, diesem eigenes Problem stellen sie demnach aber nicht dar.

Nun ist die Kritik an den katastrophalen Folgen des Kapitalismus nur die eine Hälfte der These unseres Buches. Die andere Hälfte bezieht sich auf das Lösungspotenzial, auf die positiven Kräfte des Systems, das wir Kapitalismus nennen und das nicht nur wir eng mit dem technologischen Fortschritt verbunden sehen. Wir sind uns sehr sicher, dass wir ohne die Wirkweisen des Kapitalismus nicht solide gebildet, wohlgenährt und ausreichend geimpft im Schein der Tageslichtlampe und zweier Bildschirme unter Verwendung des digitalen Weltwissens ein Buch über die katastrophalen Folgen des Kapitalismus schreiben könnten. Wir könnten uns nicht über Videotelefonate mit Experten und Expertinnen auseinandersetzen, könnten nicht magisch mit Flugzeug, Bahn und Automobil zu Interviewterminen apparieren und gleichzeitig noch weiterrecherchieren, in unerschöpflichen Wissensreservoirs wildern und uns darüber miteinander austauschen. Wir wären alles in allem deutlich ärmer dran. Andererseits bräuchten wir in einer solchen Welt dieses Buch womöglich gar nicht schreiben, weil uns allerlei katastrophale Folgen erspart geblieben wären.

Nun, vielleicht sollten wir der Bitte des eingangs erwähnten Finanz-CEOs erst einmal nachkommen und definieren, worüber wir reden, wenn wir von Kapitalismus und dessen katastrophalen Folgen sprechen. Fangen wir mit dem Kapitalismus an.

Worüber wir reden, wenn wir über Kapitalismus reden

Das Faszinierende bzw. wahnsinnig Frustrierende bzw. für alle, die mit »Reden über Kapitalismus« ihr Geld verdienen, erfreulich Unauflösbare am Kapitalismus ist das Maß an Auslegungsfreiheit, welches der Begriff selbst und seine Definitionsgeschichte mit sich bringen. Im allgemeinen Sprachgebrauch werden »Kapitalismus« und »Marktwirtschaft« inzwischen mehr oder weniger synonym verwendet. Man geht irgendwie davon aus, dass Kapitalismus auf Freiheitlichkeit und Vernunft basiert oder dass beides – Stichwort »soziale Marktwirtschaft« – zumindest durch Gesetze und Regularien gewährleistet wird. Damit sind wir eigentlich auch schon wieder raus aus der reinen Begriffsdefinition und mittendrin in der Kritik, denn warum bekommt der freiheitliche, aufklärerische, demokratische Kapitalismus es denn von sich aus nicht hin, »sozial« zu sein?

Jürgen Kocka entwickelt in seiner *Geschichte des Kapitalismus* eine Arbeitsdefinition mit drei wesentlichen Merkmalen, die auch wir für sinnvoll halten. Demnach beruht der Kapitalismus erstens »auf individuellen Eigentumsrechten und dezentralen Entscheidungen«; diese führen ihrerseits zu Ergebnissen in Form von Gewinn oder Verlust, »die Individuen zugeschrieben werden« – also konkreten Personen, Gruppen oder Zusammenschlüssen. Zweitens werden »die verschiedenen wirtschaftlichen Akteure vor allem über Märkte und Preise, durch Wettbewerb und Zusammenarbeit, über Nachfrage und Angebot, durch Verkauf und Kauf von Waren« koordiniert. Dabei umfasst der Begriff der »Ware« im Grunde jede Form von Ressource, Arbeitskraft oder Produkt. Drittens schließlich und namensgebend bildet »Kapital« die Grundlage des Kapitalismus, so etwa in der Form der »Investition und Reinvestition von Ersparnissen und Erträgen in der Gegenwart im Streben nach Vorteilen in der Zukunft« oder als »Akkumulation von Kapital mit den Perspektiven Wandel, Wachstum und dynamische Expansion«. Diese Perspektive auf das Kapital schließt jede Form des Kreditwesens mit ein und macht Rentabilität und Profit zu entscheidenden Erfolgsmaßstäben.[4]

Für Kocka ist diese Definition hilfreich, weil sie ihm einen historischen Rückblick weit vor die Zeit der begrifflichen Auseinandersetzung mit »dem Kapitalismus« und weit vor die Zeit von Lohnarbeit und Industrien erlaubt. Für uns ist sie hilfreich, weil sie den Keim der Katastrophe ebenso wie den der Lösung in sich trägt. Denn wo dezentrale Entscheidungen, Wettbewerb und Zusammenarbeit, Investition und Reinvestition den wirtschaftlichen Austausch prägen, werden Fortschritt und Wohlstand möglich. Wo andererseits bei einer Akkumulation von Kapital und einer Orientierung an Wachstum und Expansion ausgerechnet Rentabilität und Profit die entscheidenden Erfolgsmaßstäbe werden, sind gewisse katastrophale Extreme schon angelegt. Das wird in der historischen Betrachtung deutlich und steckt auch schon in der zeitlichen Unschärfe von Begriffen wie »Profit«, »Rentabilität« und selbst »Zukunft«. Wie langfristig soll kapitalistisches Handeln denn sein, wie nachhaltig das Streben nach Rentabilität?

Selbstverständlich gibt es auf solche Fragen keine endgültige Antwort. Kockas knappe Definition stellt ja ebenso wenig wie Marx' ausufernde Kritik ein Regelwerk des Kapitalismus dar – beide beschreiben die beobachteten Wirkweisen eines sich seit Jahrhunderten entwickelnden Systems. Wenn wir es ganz kurz fassen sollen, dann ist Kapitalismus schlicht das Wirtschafts- und Gesellschaftssystem, das unsere Welt dominiert und in dem wir leben und arbeiten. Er hat unfassbaren Reichtum und hochprekäre Lebenssituationen geschaffen. Er hat Chancen eröffnet und neue Risiken in die Welt gebracht. Er hat vieles zum Guten und manches zum Schlechten verändert, neue schädliche Abhängigkeiten geschaffen und alte verfestigt. Sein Expansions- und Wachstumsdrang und sein Fortschrittsmotor haben unsere Welt in Windeseile bequemer, gesünder, gebildeter, verbundener und zugänglicher gemacht. Zugleich droht er nun, sie zu verbrauchen und zu verbrennen.

Eine historische Betrachtung

Die Geschichte des Kapitalismus haben andere schon viel detaillierter, informierter und klüger beschrieben, als wir es könnten. Wir kommen trotzdem nicht ganz drumherum, kurz auf sie einzugehen, wenn wir kapitalistische Prinzipien, technologischen Fortschritt und katastrophale Folgen in einen Zusammenhang stellen wollen. Der Kapitalismus, wie wir ihn heute kennen, trat nicht plötzlich in die Welt, als Karl Marx eines Tages aus dem Fenster schaute und sah, dass es schlecht war. Er – der Kapitalismus, nicht Marx – entstand über Jahrhunderte und Weltregionen hinweg im Zusammenspiel vieler Faktoren und Entwicklungen.

Schon lange vor Beginn unserer Zeitrechnung weisen Fernhandelsbeziehungen – etwa in und zwischen China, Indien, Persien und Arabien – Ansätze kapitalistischer Prinzipien auf. Weit vor dem Aufkommen von industrieller Produktion und Lohnarbeit spielen Kredite, Wechsel und Darlehen eine Rolle in Wirtschaft und Gesellschaft, so wie auch der Staat – die jeweiligen Machthaber und ihre Verwaltung – als Treiber und Getriebener eine Rolle im sich entfaltenden kapitalistischen System spielt. »Erste Verdichtungen beobachtet man in den sich zeitweise herausbildenden Großreichen, die erheblichen Geldbedarf für ihre kriegerischen Unternehmungen entwickelten«, schreibt Kocka und verweist auf die frühen chinesischen, römischen und persischen Reiche, die die Entwicklung von Märkten und Handel begünstigen, Standards und Regeln definieren und teilweise selbst Monopolrechte wahrnehmen.[5] Die Handelsbeziehungen innerhalb dieser Reiche und über ihre Grenzen hinweg formen auch die an ihnen beteiligten Gesellschaften neu und ermöglichen dort, wo zuvor vor allem die Selbstversorgerwirtschaft dominierte, nun Spezialisierung, Arbeitsteilung und Kapitalakkumulation. Im 11. und 12. Jahrhundert erlebt etwa China einen wirtschaftlichen Aufschwung, der zwar staatlich reguliert und gelenkt, aber, so Kocka, »von gewinnorientierten privaten Kaufleuten getragen« wird, »deren Investitionen [...] staatlich begrenzt, aber erheblich waren und deren sozialer Status in jener Zeit stieg«. Wechselgeschäfte, Schuldbeziehungen und Kredite gibt es damals ebenso schon wie technologische Innovationen wie »Schießpulver, Kompass und Druckerpresse«.[6]

Das noch lange von feudalistischen Strukturen geprägte Europa betritt in der Geschichte des Kapitalismus vergleichsweise spät die Bühne, dann aber mit Macht. Speziell im heutigen Italien entstehen im 12. Jahrhundert die ersten Banken. Sie werden in der Regel von Kaufleuten betrieben, die sich auf das Finanzwesen spezialisieren, und eröffnen schon bald die Möglichkeit, über die mit dem Handel verbundenen Geldangelegenheiten neue Geschäftsmodelle zu etablieren und vom Privatkunden bis zu Staat und Kirche neue Kundenschichten zu erschließen. Der Expansionsdrang europäischer Mächte bringt neue Handelswege, Ressourcen, Produkte und Wirtschaftsweisen hervor und stärkt die Bedeutung der Kapitalgeber für Wirtschaft und Staat. Die Konsolidierung öffentlicher Schulden wiederum lässt die Wirtschaftskraft vor allem der Niederlande und Englands wachsen und damit deren Kreditwürdigkeit steigen. Neue Organisationsformen, Unternehmen und Aktiengesellschaften entstehen, und mit ihnen kommt es zu den ersten katastrophalen Blasen und Crashs, die aber jeweils nur vorübergehende Rückschläge bedeuten und das grundsätzliche System kaum infrage stellen. Die zunehmend institutionell organisierten Kaufleute und ihre Geldgeber beeinflussen mit ihren Ansprüchen immer stärker auch die Arbeitsweisen und Produktionsverhältnisse der sie beliefernden Gewerbe oder sie bündeln diese gleich selbst in zentralisierten, protoindustriellen Manufakturen. Dies geschieht insbesondere außerhalb der Städte, wo die Unterbeschäftigung der bäuerlichen Schichten die Lohnkosten niedrig hält und keine Zunft- und Gildenregeln das Geschäft verkomplizieren. Das so entstehende System bringt Kocka zufolge nicht nur »Überlebensmöglichkeiten für Millionen« und eine »Beschleunigung demographischen Wachstums«, es etabliert auch die Produktionsweisen, deren fortschreitende Optimierung zu den Innovationen der eigentlichen industriellen Revolution führen wird.[7]

Mit der industriellen Revolution selbst geht wiederum auch das Aufkommen des Managerkapitalismus einher. Die durch Aktien- und andere Beteiligungsgesellschaftsformen diffuser gewordenen Eigentumsverhältnisse verlangen eine von der Eigentümerschaft gelöste Unternehmensführung: Überregional und global tätige Unternehmen werden zunehmend auch von überregional und global verteilten Eigentümergruppen kontrolliert und von Managern geführt, die diesen Eigentümern gegenüber in erster Linie zur »Performance« verpflichtet sind – gemessen an Rendite und Profit. Der Finanzkapitalismus nimmt Formen an und führt zu einem weiter wachsenden Abstand zwischen dem eigentlichen unternehmerischen Handeln und den auf der Kapitalseite erzielten Gewinnen. Zwar wurden, wie Graebers *Schulden*-Chronik festhält, »fast alle Bestandteile des finanziellen Apparats, die wir mit dem Kapitalismus verbinden – Zentralbanken, Anleihenmärkte, Leerverkäufe, Brokerfirmen, Spekulationsblasen, Verbriefung, Renten« –, weit vor der industriellen Revolution und dem Aufkommen der Kapitalismuskritik angelegt und entwickelt, doch im 20. Jahrhundert werden sie zum endgültig dominierenden Aspekt des Kapitalismus.[8] Dessen »Tendenz zur Herauslösung des wirtschaftlichen Handelns aus sozialen Kontexten, diese Zuspitzung seiner Ziele auf Profit und Wachstum bei gleichzeitiger Indifferenz gegenüber sonstigen Zielen« hat nun laut Kocka mit »dem Aufstieg des Finanzmarkt-, Finanz- oder Investorenkapitalismus in den letzten Jahrzehnten ein Ausmaß erreicht, das dem System eine neue Qualität gibt und es vor neue, bisher ungelöste Herausforderungen stellt«.[9] Dazu später mehr.

Es war nicht alles schlecht im Kapitalismus

Wir räumen erneut freimütig ein: Marktwirtschaft und Kapitalismus haben große Teile der Welt massiv weiterentwickelt, haben die Lebenssituation zahlloser Menschen verbessert, haben Innovationen geschaffen, die die Arbeit und das Leben an sich sicherer, einfacher, komfortabler, freier gemacht haben. Marktwirtschaft und Welthandel haben nicht nur Krieg und Konkurrenz durch Plattformen und Foren des Austausches und der konsensualen Transaktion ersetzt, sondern auch das Prinzip von Kampf und Eroberung durch das Prinzip von Angebot und Nachfrage. Wie Kocka sehen auch wir in all dem, »Fortschritte, von denen sich rückblickend sagen lässt, dass sie ohne das dem Kapitalismus eigentümliche dauernde Wühlen, Drängen und Umgestalten vermutlich ausgeblieben wären«.[10] Obendrein haben sich im letzten Jahrhundert einige Kontrollgruppen vorgestellt, die sehr deutlich machen, dass Planwirtschaft und Sozialismusvariationen keine Wohlstandsalternative bieten. Kapitalismus, kurz und knapp, ist Fortschritt, ist Freiheit, ist Zivilisation und liegt in der menschlichen Natur. Okay, okay.

Symbolfigur und Schutzheiliger dieser Perspektive ist der Philosoph Adam Smith. Sein Buch *An Inquiry into the Nature and Causes of the Wealth of Nations* oder kurz und deutsch *Wohlstand der Nationen* ist nicht nur die Gründungsschrift der klassischen Nationalökonomie; es ist auch eine hellsichtige und realistische Beschreibung protokapitalistischer Zustände im 18. Jahrhundert und zugleich die Utopie einer »commercial society«, also einer vom informierten Handel und Tausch bestimmten Gesellschaft, die dem aufgeklärten, vernunftgetriebenen Menschen entspräche. In dieser Gesellschaft würde sich Wohlstand für alle aus den kumulierten Individualinteressen ihrer einzelnen Mitglieder ergeben.

Auch wenn das Wort »Kapitalismus« zu Smiths Zeiten noch nicht erfunden ist, legt er mit seiner Arbeit ein Idealkonzept der kapitalistischen Gesellschaft vor. In ihr wäre die Aufgabe des Staates die Bereitstellung und Pflege der militärischen Sicherheit des Landes, der inneren Sicherheit durch Justiz und Polizei sowie von Infrastruktur, Bildung und anderen öffentlichen, schwierig profitabel zu bewirtschaftenden Gütern. Wie seine heutigen Wiedergänger rechnet auch Smith die erkennbaren Schwächen des bereits real existierenden Kapitalismus entweder dem Einfluss der ihm noch im Weg stehenden und zu überwindenden Institutionen zu oder er ignoriert sie wohlgelaunt. Sehr nüchtern stellt etwa der französische Ökonom Thomas Piketty zu Beginn des 21. Jahrhunderts fest, Adam Smith habe sich »nicht die Frage eines möglichen Auseinanderdriftens der Vermögensverteilung« gestellt.[11] Smith verkennt oder übergeht, dass in den sich kapitalistisch neu ordnenden Gesellschaften schon seiner Zeit bei allem insgesamt steigenden Lebensstandard eben auch die soziale Ungleichheit zunimmt.

Natürlich ist unsere Betrachtung von Smiths Jahrhundertarbeit ebenso oberflächlich wie unsere sehr verknappte historische Betrachtung des Kapitalismus. Smiths sozialpolitische Überlegungen oder seine Ausführungen zur Arbeitsteilung können wir hier nur unter »bestimmt interessant, gern später mal näher betrachten« ablegen. Bemerkenswerterweise werden diese Aspekte seines Werkes aber häufig unterschlagen. Wenn Adam Smith zitiert wird, dann meist in einem bestimmten Zusammenhang: Sein Bild von der »unsichtbaren Hand« des Marktes, die das Handeln der einzelnen Marktteilnehmer ganz automatisch zum Wohle der gesamten Gesellschaft lenke, ist essenzieller Teil der Wirtschaftslehre und generell zur Chiffre für ein bedingungsloses Markt- und Kapitalismusvertrauen geworden. Dabei nutzt Smith selbst die Metapher kaum und schon gar nicht im Sinne eines Marktes, der aus seiner eigenen Superkraft heraus Eigennutz in Gemeinwohl verwandelt.

Entsprechend ist auch Smiths Bild der aufgeklärten »commercial society« mitnichten das eines reinen Laissez-faire-Wirtschaftens, bei dem es nur um die Realisierung des höchstmöglichen individuellen Gewinns geht. Smith ist schließlich, so Kocka, »nicht nur Ökonom, sondern auch Moralphilosoph«[12] und in diesem Sinne ein humanistischer Denker, der sozialen Aspekten und dem Konzept der »sympathy« zwischen den Menschen – irgendwo zwischen »Sympathie«, »Mitgefühl« und »Verständnis« zu übersetzen – eine hohe Bedeutung beimisst und obendrein klare Gedanken zu vermögensadäquater Besteuerung und Bankenregulierung formuliert. Solche Gedanken und Aspekte werden beim andauernden Verweis auf die »unsichtbare Hand« gern vergessen. Dies ist umso erstaunlicher, als die Schäden, die diese unsichtbare Zauberkraft der Märkte im Lauf der Jahrhunderte eben auch angerichtet hat, sehr real und sehr wohl sichtbar sind.

↘ 1.2 Die zerstörerische Kraft des ungehemmten Wirtschaftens

Bleiben wir noch einen Moment bei Smith und dem Kontext, in dem sein *Wohlstand der Nationen* erschienen ist. Wenn Smith die Idee der idealen »commercial society« skizziert, tut er das mit einem recht klaren, detaillierten, oft ermüdend minutiösen Blick auf das Großbritannien des 18. Jahrhunderts. Seitenlang beschreibt er dessen Verhältnis zu seinen Kolonien und insbesondere das angespannte Verhältnis zu den dreizehn amerikanischen Kolonien. Als sein Werk 1776 erscheint, sind die Unabhängigkeitsbemühungen der Proto-USA zum Unabhängigkeitskrieg eskaliert; die Boston Tea Party liegt drei Jahre zurück, der Zweite Kontinentalkongress hat 1775 die *Declaration of the Causes and Necessity of Taking Up Arms* verabschiedet, und keine vier Monate nach der Veröffentlichung von Smiths Werk werden die dreizehn Staaten ihre Unabhängigkeit von der britischen Krone erklären.

Smith blickt besorgt darauf, dass die Bewirtschaftung der Kolonien Kapital bindet, das deshalb im Königreich selbst fehlt. Er erklärt: »Bei der gegenwärtigen Verwaltungsart hat daher Großbritannien von der angemaßten Herrschaft über seine Kolonien nur Schaden.«[13] Sich der mageren Erfolgschancen seines Ratschlags durchaus bewusst, empfiehlt er, die amerikanischen Kolonien in die Unabhängigkeit zu entlassen und ein fruchtbares Verhältnis der Koexistenz und Kooperation zu diesem neuen Imperium im Werden aufzubauen, das, »wie es auch höchst wahrscheinlich ist, eines der größten und mächtigsten Reiche werden wird, die es jemals in der Welt gegeben hat«.[14]

Wovon Smith in seiner hellsichtigen Erörterung dieser möglichen neuen Turbonation nur selten spricht, das sind die rund 470 000 Sklaven, die die dreizehn Kolonien schon um 1770 halten und ausbeuten.[15] Der Moralphilosoph spricht sich zwar entschieden gegen die Sklaverei und gegen den von Europa unterhaltenen transatlantischen Sklavenhandel aus, doch sein Respekt gegenüber den Vertretern der Kolonien scheint davon seltsam unberührt zu sein. Auch wenn die meisten afrikanischen Sklaven zu der Zeit noch in der Karibik, in Brasilien und in den spanischen Kolonien landen, besteht doch kein Zweifel daran, dass Sklaverei und Sklavenhandel für den wirtschaftlichen Erfolg der dreizehn Kolonien essenziell waren.

Nun ist Sklaverei keine Erfindung des Kapitalismus, des Kolonialismus oder der frühen USA. Doch im transatlantischen Sklavenhandel, in seiner Einbindung in internationale Handelsbeziehungen und in seiner Bedeutung für die streng kalkulierte und ökonomisch zweckrational organisierte Plantagenwirtschaft der Kolonien erreichten Sklaverei und Dehumanisierung eine neue Eskalationsstufe. Die ständige Verfügbarkeit billiger Sklaven und die scheinbar endlose Ressource fruchtbaren Bodens in den Kolonien machten Ausbeutung und Raubbau nicht nur zu selbstverständlichen Elementen wirtschaftlichen Handelns, sondern zu Elementen des Kapitalismus, die bis heute mit ihm verbunden werden. Zugleich konnte den Abnehmern kolonialer Güter der wahre Preis der Waren weitgehend egal sein. Die horrenden Produktionsbedingungen von Zucker, Tabak oder Baumwolle waren vollständig externalisiert, das heißt, ein Großteil ihrer Kosten wurde von anderen und anderswo getragen.

Nach Jürgen Kocka leistet der Kapitalismus »aus sich selbst heraus wenig Widerstand gegen inhumane Verwendung«,[16] was in Anbetracht seiner essenziellen Erfolgsindikatoren nur folgerichtig ist: Ein rein profit- und rentabilitätsorientiertes System hat kein eigenes Korrektiv in Bezug auf Faktoren, die für Profit und Rentabilität nicht relevant sind. Ob ein Faktor relevant ist oder nicht, hängt wiederum eng mit dem betrachteten Zeithorizont und der Fristigkeit der Renditeerwartungen zusammen. Anders gesagt: Dem Kapitalismus sind kurzfristige Gewinne meist wichtiger als langfristige Kosten.

Wenn man die möglichen katastrophalen Folgen dieser kurzfristigen Gewinnorientierung ignoriert, ist sie eigentlich eher *Feature* als *Bug*, eher ein Vorteil als ein Fehler im System: Kurz- bis maximal mittelfristige Gewinn- und Gewinnsteigerungserwartungen sind nämlich Investitions- und Innovationsmotoren. Dass etwa der Kapitalismus in der zweiten Hälfte des 20. Jahrhunderts ein wesentlicher Faktor im Kampf gegen den globalen Hunger war, dürfte unbestritten sein. Tatsächlich hat die Lebensmittelindustrie seit dem Zweiten Weltkrieg eine sensationelle Leistung erbracht, indem sie den Hunger in den entwickelten Ländern praktisch besiegt hat und indem sie in den Entwicklungsländern immerhin die Voraussetzungen dafür geschaffen hat, ihn zu bekämpfen. Attraktivität für neue Marktteilnehmer, Innovationsdruck, Produktivitätssteigerung, die Optimierung der Wertschöpfungskette und der internationale Wettbewerb sorgen für reduzierte Kosten, attraktive neue Märkte und erschwingliche Preise.

Die eigentlichen Gesamtkosten wurden dabei freilich zunehmend außer Acht gelassen. Die ökologischen Nachteile ökonomisch zunächst sinnvoller Monokulturen, die Umwelteffekte von Pestiziden, die Langzeitfolgen der landwirtschaftlichen Nutzbarmachung ursprünglicher Ökosysteme, der gewaltige Anteil des Ernährungssektors an den globalen Treibhausgasemissionen – das alles sind Effekte, die nicht auf der Kostenseite der Produktkalkulation auftauchen.

Die schlecht versteckten Kosten des Erfolges

Natürlich ist auch die konsequente Externalisierung aller externalisierbaren Kosten kein Alleinstellungsmerkmal des Kapitalismus. Emissionen, Müllverklappung, Ausbeutung und soziale Verwerfungen sind systemübergreifend sehr lange schlicht Teil der wirtschaftlich-gesellschaftlichen Werkseinstellungen gewesen. So konsequent war der Sozialismus dann schon, dass er auch den Schaden seines Wirtschaftens vergesellschaftete: Aus den Giftmülldeponien der DDR-Chemieindustrie um Bitterfeld-Wolfen etwa werden noch heute rund zweieinhalb Millionen Kubikmeter Grundwasser pro Jahr gepumpt, verdünnt und gereinigt – ohne die Belastung des Grundwassers insgesamt nennenswert reduzieren zu können. Die durch öffentliche Mittel finanzierten Maßnahmen kosten jedes Jahr 50 Millionen Euro; die vollständige Sanierung der jahrzehntelang vergifteten Deponien wird mit bis zu 500 Milliarden Euro bepreist und wohl schlicht nie stattfinden.[17] So weit der Stand aus Sachsen-Anhalt – wir geben zurück an den Kapitalismus.

Dessen Erfolg als Wohlstands-, Innovations- und Lebensqualitätsverbesserungsmotor kann nur loben, wer die an die Allgemeinheit überschriebenen Kosten weitgehend ausblendet oder sie tatsächlich für akzeptabel hält. Um noch einmal zum global erfolgreichen Ernährungssektor zu kommen: Rund ein Drittel der globalen Treibhausgasemissionen lassen sich direkt und indirekt dieser Acht-Billionen-Dollar-Industrie zurechnen – von Anbau, Zucht und Verarbeitung über Transport und Handel bis zur Entsorgung.[18] Dazu kommen die eben bereits aufgezählten ökologischen Effekte und noch etliche weitere sowie zahlreiche soziale Folgen globaler Industrialisierungs- und Konsolidierungsprozesse im Lebensmittelkapitalismus.

Auch in anderen Branchen und Sektoren hat sich die globale Gemeinschaft lange Zeit schwer damit getan, Kosten und Folgen industriellen und kapitalistischen Handelns tatsächlich ihren unmittelbaren Verursachern zuzuschreiben: Dass etwa »Fast Fashion«, also der globale Markt für wirklich, wirklich billige Mode, zu einem Milliardenmarkt werden konnte, ist durchaus auch ein Konsumentenproblem; das Ausblenden und Externalisieren realer Kosten und Effekte war und ist im globalen Kapitalismus ein Teamsport.

Doch die realen Kosten verschwinden nicht, wenn man sie ignoriert, vergesellschaftet, sie zum Schornstein hinausbläst oder dem Meer übergibt. Das sogenannte Great Pacific Garbage Patch im Pazifik, wo auf einer Fläche von rund 1,6 Millionen Quadratkilometern etwa 1,8 Billionen Plastikteilchen treiben, mag aus den Augen und aus dem Sinn sein, kommt als Mikroplastik aber schon heute in andere Organe unserer Körper zurück. Die realen, von der Gesellschaft zu tragenden Folgen der Treibhausgasemissionen dokumentiert und extrapoliert der Weltklimarat regelmäßig. Den durch Raubbau, Monokulturen und Industrialisierung verursachten Biodiversitätsverlust dokumentieren zahlreiche Organisationen weltweit. All das sind Kosten, die der Welt die Bilanz verhageln.

Während der ungezähmte, unregulierte Kapitalismus zu solchen schleichenden globalen Katastrophen beiträgt, lassen sich ihm auch ganz akute, meist lokale Katastrophen zuschreiben. Wo das Streben nach Wachstum, Rentabilität und Profit das maßgebliche Leitbild ist, ist Kostenreduktion ein so entscheidender Faktor, dass sich die Frage nach ihren Methoden nur sehr selten stellt und in den üblichen Kaskaden von Subunternehmern, Sub-Subunternehmern und Sub-Sub-…-Sub-Subunternehmern auch kaum nachvollziehbar ist. Die Chemiekatastrophe von Bhopal 1984 mit bis zu 25 000 Toten und 500 000 Verletzten ist eine solche lokale Katastrophe. Der Dammbruch von Bento Rodrigues 2015, der neunzehn Tote forderte, mehrere Dörfer zerstörte und ein riesiges Gebiet entlang des Rio Doce auf Jahrzehnte verseuchte, ist eine weitere. Die zahlreichen Unfälle und Brandkatastrophen in den Textilfabriken Bangladeschs in den letzten dreißig Jahren gehören ebenso dazu wie die unzählbaren individuellen gesundheitlichen Folgen der Arbeit mit Giftstoffen, Pestiziden, Bleichmitteln, Gasen und allgemein unter Bedingungen, die man schlicht unmenschlich nennen müsste. Wo kapitalistisch durchgehobelt wird, schaut man nicht so genau hin, was da neben Spänen noch so alles fällt.

Von den systemischen Krisen und Zusammenbrüchen des Kapitalismus selbst wollen wir an dieser Stelle nicht im Detail sprechen. Natürlich hatten die Tulpenkrise von 1673, der Gründerkrach von 1873, der Schwarze Freitag 1929 oder der Finanzcrash 2008 reale und katastrophale Folgen. Und doch hat jede einzelne dieser Katastrophen langfristig eher zur Stabilisierung des kurzfristig zusammengebrochenen Systems geführt. Wer denkt denn bei »Black Friday« heute noch an eine Krise des Kapitalismus?

Spätestens nach 2008 wurde die Alternativlosigkeit des Systems endgültig bestätigt, die völlige Vergesellschaftung seiner Risiken zum Feature erklärt. So hieß es, die Banken, die eine echte »unsichtbare Hand« des Marktes eigentlich hätte hinwegfegen müssen, seien »too big to fail«. Staat und Gesellschaft, also die Geschädigten selbst, sprangen ein und hielten ein System aufrecht, das schnell wieder zur üblichen giergetriebenen Tagesordnung überging.

Externalisierte Kosten, diffundierte Verantwortung

Hefte raus, unangekündigter Test! Nur eine Frage: Wem gehört die Mercedes-Benz Group? Der derzeitige Vorstandschef ist Olaf Källenius, der Vorsitzende des Aufsichtsrats ist Dr. Martin Brudermüller, doch keinem von beiden gehört das Unternehmen. Die rund eine Milliarde Aktien der Mercedes-Benz Group AG sind global und anlegertechnisch weit gestreut. Die größten Einzelaktionäre sind die Beijing Automotive Group – ein chinesisches Staatsunternehmen –, das Investmentvehikel Tenaciou3 des chinesischen Milliardärs Li Shufu sowie der Staatsfond von Kuwait. Diese drei zusammen halten knapp 25 Prozent der Aktien. Institutionelle Investoren – Versicherungen, Investmentgesellschaften, Pensionsfonds, andere Unternehmen usw. – halten weitere rund 28 Prozent, private Anleger knapp 38 Prozent der Aktien. Schließlich liegen etwas mehr als neun Prozent beim Unternehmen selbst.[19] Wem also gehört der Weltkonzern, der wie die gesamte Automobilindustrie vor einem Berg an Herausforderungen wie der digitalen Transformation, der Mobilitätswende und dem wachsenden Druck des fossilbasierten Klimawandels steht? Wer entscheidet kraft seiner Eigentümerautorität nachhaltig und richtungsweisend, wie das Unternehmen mit all dem umgeht, und welche Faktoren sind für eine solche Entscheidung ausschlaggebend?

Antworten Sie nicht übereilt, Sie haben Zeit. Wir lesen derweil einen Gastbeitrag von Milton Friedman – seines Zeichens Wirtschaftsnobelpreisträger und prägender Ökonom des 20. Jahrhunderts –, den die *New York Times* im September 1970 veröffentlichte. »A Friedman Doctrine: The Social Responsibility of Business Is to Increase Its Profits« lautet der Titel des Textes, in dem sich Friedman vehement dagegen ausspricht, dass Unternehmen oder ihre Führung irgendeine soziale Verantwortung gegenüber der Öffentlichkeit oder der Gesellschaft an sich hätten. So schreibt er: »In einem System des freien Unternehmer- und Privateigentums ist ein leitender Angestellter eines Unternehmens ein Angestellter der Eigentümer des Unternehmens. Er ist seinen Arbeitgebern gegenüber direkt verantwortlich. Diese Verantwortung besteht darin, das Unternehmen in Übereinstimmung mit deren Wünschen zu führen, die im Allgemeinen darin bestehen, so viel Geld wie möglich zu verdienen und dabei sowohl die Grundregeln der Gesellschaft einzuhalten, die gesetzlich verankert sind, als auch die, die ethischen Gepflogenheiten entsprechen.«[20] Eine Unternehmensführung, die Geld und Aufwand in Unternehmungen steckt, die nicht primär den Renditewünschen der Aktionäre dienen, handelt

Friedman zufolge zum Schaden der Aktionäre und verteilt das Geld anderer Leute. Wer der »sozialen Verantwortung« eines Unternehmens das Wort rede, so Friedman, predige am Ende nur eines: »pure and unadulterated socialism«. Lupenreinen Sozialismus. Das ultimativ Böse also.

Kann man so sehen, wollen wir gar nicht drüber streiten. Kluge Widerworte gegen die in Friedmans Artikel begründete Shareholder-Theorie haben über die Jahrzehnte viele geschrieben. Dass diese Theorie dennoch zu einem Leitbild des Manager- und Finanzkapitalismus wurde, konnten auch sie nicht verhindern. An dieser Stelle wollen wir auch gar nicht groß auf die längst auch in den Wirtschaftswissenschaften gelehrte Stakeholder-Theorie als Gegenpol zu Friedman eingehen, nach der Unternehmen sehr wohl eine Verantwortung gegenüber den von ihren Entscheidungen und Handlungen betroffenen Menschen, Gesellschaften und Institutionen wahrzunehmen haben. Wir wollen stattdessen nur mal kurz über Ihre Schulter linsen und sehen, wie Sie die oben gestellten Fragen beantwortet haben. Wir wollen gar nicht werten, uns leitet ehrliches Interesse, denn zu einer abschließenden Antwort kommen wir selbst nicht so recht. Dass die Mercedes-Benz Group AG ihrerseits Anteile der Beijing Automotive Group hält, macht die Sache auch nicht einfacher. Wir haben das Gefühl, dass diese Unklarheit ebenfalls eher ein Feature als ein Bug des Kapitalismus ist, zumindest für die, die am Ende an ihr verdienen.

Der Welterklärer Yuval Harari nimmt sich in seinem Buch *Eine kurze Geschichte der Menschheit* viel Zeit, um die Bedeutung von Fiktionen und gemeinsamen Glaubenssätzen für die Existenz und Funktionsweise des Kapitalismus als Religion und Kulturtechnik herauszustellen. Über die Jahrhunderte, schreibt er, hätten wir »ein unglaublich komplexes Netz von solchen Geschichten gesponnen«, in denen etwa das zunächst rein fiktionale Konzept eines Unternehmens nicht nur real, »sondern ungeheuer mächtig« werden konnte.[21] Im Laufe dieser immer komplexer gewirkten Erzählung sind rund um das konkret produzierende und handelnde, also im Wortsinn »unternehmende« Unternehmertum zahllose Abstraktionsebenen entstanden, die dem Kapitalismus immer wieder beschleunigende, ihn verselbstständigende Impulse gaben.

Das beginnt auf der Unternehmerseite mit der Idee bzw. »Fiktion« des Unternehmens an sich, geht weiter über die Figur der juristischen Person und die fragmentierten Eigentümerstrukturen globaler Konzerne und verliert sich irgendwo in den spekulativen, automatisierten Produkten der Finanzindustrie. Der Konzern wird zur Riesenmaschine unter Riesenmaschinen, jede von ihnen geführt von Organen, die unzähligen Kleinsteigentümern verpflichtet sind; deren individuelle Ziele jenseits ihrer Renditeinteressen spielen schlicht keine Rolle, weil sie sie mit ihren kümmerlichen Anteilen sowieso kaum ins Unternehmen einbringen können. Dass das, was der Deutsche »Aktiengesellschaft« nennt, im Französischen die »Société Anonyme« ist, bringt es eigentlich auf den Punkt: Wenn wir eben noch die Diffusion von Verantwortung in Sub-Sub-und-noch-mal-Subunternehmen beklagt haben, stellen wir auf der anderen Seite des Unternehmens fest, dass da kaum zentrale und konkret verankerte Verantwortung ist, die diffundiert werden könnte.

Globale Arbeitsteilung und zementierte Ungleichheit

»Wenn uns ein fremdes Land mit einer Ware wohlfeiler versehen kann, als wir sie selbst zu machen imstande sind, so ist es besser, dass wir sie ihm mit einem Teil vom Erzeugnis unseres eigenen Gewerbefleißes, in welchem wir vor dem Ausland etwas voraushaben, abkaufen.« So legt Adam Smith in für ihn recht knappen Worten den Sinn einer internationalen Spezialisierung und Arbeitsteilung dar.[22] Mehr als hundert Jahre später verfeinert der britische Nationalökonom David Ricardo diese Idee mit seiner Theorie der komparativen Kostenvorteile, die wir hier nur kurz in den Worten eines unserer wirtschaftswissenschaftlichen Interviewpartner wiedergeben wollen: »Sie können in allem besser sein als ich, und trotzdem wird es nicht Sinn machen, dass Sie alles machen. Sie würden das an mich als Aufgabe abgeben, wo ich komparativ weniger schlecht bin.« Globale Spezialisierung und globale Arbeitsteilung sind in dieser Perspektive das Ergebnis rationaler Vor- und Nachteilsabwägungen unter Berücksichtigung aller Kosten. Jemand anders klöppelt unsere Anziehsachen zusammen, damit wir mehr Zeit zum Autobauen haben. Wie gesagt: nur kurz.

Diese Idee der international ausgehandelten Aufgaben- und Arbeitsteilung ignoriert allerdings zahlreiche ungleiche Machtverhältnisse und Systeme internationaler Ausbeutung, deren Grundlagen spätestens zu Smiths Zeiten geschaffen wurden. Heute wie damals, so der Soziologe Stephan Lessenich in seinem erzürnten Buch *Neben uns die Sintflut*, »können manche Länder dazu gezwungen werden, ihre Nationalökonomie auf ein bestimmtes Produktions- und Wertschöpfungsmodell bzw. auf eine bestimmte Export/Import-Struktur auszurichten – von Ländern, deren Volkswirtschaften von entsprechenden Positionierungen und Orientierungen anderer profitieren«.[23] Dabei spielt die radikale Kostenreduktion dank billiger Arbeitskräfte, billiger Ressourcen, laxer Umwelt-, Sicherheits- und Arbeitsschutzstandards sowie gefügiger lokaler Machthaber die leitende Rolle. Die Theorie des komparativen Kostenvorteils ist damit nur eine schmückende Schleife auf einem ansonsten eher unansehnlichen System destruktiver Externalisierungsprozesse, für die ökologische, soziale oder sonstige Nachhaltigkeiten keinerlei Rolle spielen.

Nach den Maßstäben des Kapitalismus ist all das aber nicht nur vollkommen okay, sondern ein Erfolgsfaktor. Wenn Soja- und Palmöl-Monokulturen ganze Ökosysteme zerstören, Zwangsarbeit und Ausbeutung in Fabriken Usus sind oder von Unternehmen beauftragte paramilitärische Einheiten Menschenrechtsverstöße begehen, geht das schon irgendwie klar, solange es dem Ergebnis dient. Wer sich in diesem System in Zurückhaltung übt, zahlt am Ende den Preis: Pepsi zog sich in den 1980er-Jahren im Protest gegen die Apartheid aus Südafrika zurück und kommt bis heute nicht wieder richtig rein. Coca-Cola blieb einfach da und dominiert seither den Markt.

All das beschreibt das System im Standardmodus, in dem es ganz einfach vor sich hin funktioniert und wächst. Von Menschen und Organisationen mit genuin bösen Absichten wollen wir an dieser Stelle noch gar nicht sprechen. Denen aber bietet der Kapitalismus ein System, das Gier und Maßlosigkeit genauso belohnt wie Innovationsstreben und globalen Austausch. Die Kombination aus radikaler Renditeorientierung, globaler Vernetzung und der fortschreitenden Diffusion konkreter Verantwortung kann langfristig nur fatale Folgen haben. Angesichts dessen hoffen wir, die grundsätzliche Notwendigkeit staatlicher Korrektive ausreichend hergeleitet zu haben: Als Gegenpole zum puren Kapitalismus, als Kontroll- und Lenkungsinstanzen sind Staaten und Staatengemeinschaften gefragt.

↘ 1.3 Die gestaltende Kraft des Staates

Eine umfassende Metapher für so ziemlich alles, was wir in den vorherigen Abschnitten beschrieben haben, bietet uns *Universal Paperclips*, ein sogenanntes *Clicker-* oder *Incremental Game*, ein Vertreter eines oft rudimentär designten, wenig anspruchsvollen und unglaublich populären Spielgenres – denken Sie etwa an *Farmville*, mit dessen Statusmeldungen entweder Ihre Kontakte Ihnen oder Sie Ihren Kontakten so um 2010 herum Facebook ruinierten. Die Idee und Prämisse von *Universal Paperclips* entnahm sein Schöpfer, der Game-Designer Frank Lantz, einem Gedankenspiel des KI-Experten und Zukunftsforschers Nick Bostrom. Der nämlich schrieb in einem 2003 erschienenen Aufsatz mit dem Titel »Ethical Issues in Advanced Artificial Intelligence«, dass eine künstliche Superintelligenz keineswegs menschliche Motivationen und Ziele teilen müsse: »Es erscheint durchaus möglich, dass es eine Superintelligenz gibt, deren einziges Ziel etwas völlig Willkürliches ist, etwa die Herstellung möglichst vieler Büroklammern, und die sich mit aller Macht jedem Versuch widersetzt, dieses Ziel zu ändern.« Ein Fehler im Design dieser künstlichen Intelligenz hätte laut Bostrom dann zur Folge, »dass sie zunächst die gesamte Erde und dann immer größere Teile des Weltraums in Produktionsstätten für Büroklammern umwandelt«.[24] *Universal Paperclips* versetzt den Spieler in die Rolle ebendieser Superintelligenz, die als einfache Produktionsstätte beginnt, sich selbst stetig aufrüstet und optimiert und von ihren Schöpfern mit immer mehr Befugnissen entlang der gesamten Wertschöpfungskette ausgestattet wird. Die Effektivität und Effizienz, mit der die Superintelligenz ihr Ziel verfolgt und sich dafür immer neue Ressourcen und immer abstraktere Funktionsweisen erschließt, dient zunächst den Zielen ihrer Schöpfer, kippt schließlich aber in das von Bostrom skizzierte Szenario. Die konsequente Optimierung des Systems auf ein eng definiertes Ziel führt in die Katastrophe.

Der Blick auf Emissionen und fossile Verfeuerung, auf den menschengemachten Klimawandel, wachsende Ungleichheit, restlos von der Welt getilgte Tier- und Pflanzenarten und nicht aus der Welt zu kriegende Ausbeutungsbeziehungen bringt uns zu folgender These: Ein solches System hat die Menschheit längst geschaffen. Sein einziges Ziel ist die Erzeugung von Profit, und diesem Ziel hat die Etablierung immer abstrakterer Wertschöpfungsschichten stets exzellent gedient. Je weiter sich aber diese Abstraktionsebene von der einfachen menschlichen Dimension des Tausches X gegen Y entfernt, desto größer wird die Notwendigkeit, die im zwischenmenschlichen Austausch wirkenden Ideen von Vernunft, Humanismus und Nachhaltigkeit durch Regeln und Vorgaben von außen in dieses System zu tragen.

Hier kommt der Staat an sich, kommen die individuellen Nationalstaaten, Staatenverbände und die globale Staatengemeinschaft ins Spiel, deren Hauptziel der Sicherung des gesellschaftlichen Wohlstands zwar eng mit wirtschaftlicher Rendite verbunden ist, aber eben auch andere Faktoren wie kulturelle und ethische Werte, demokratische Legitimität oder soziale Gerechtigkeit berücksichtigen muss. Zugleich sehen sich die Staaten längst selbst den Wachstums- und Renditemaßstäben des Kapitalismus ausgesetzt. Noch einmal David Graeber: »So wie in der Frühzeit des Kapitalismus ein Zinssatz von 5 Prozent auf gewerbliche Kredite als legitim betrachtet wurde […], wird heute allgemein angenommen, dass das Bruttoinlandsprodukt einer Volkswirtschaft jährlich um 5 Prozent wachsen muss. Was einst ein unpersönlicher Mechanismus war, der die Menschen veranlasste, alles in ihrer Umgebung als potentielle Ertragsquelle zu betrachten, gilt mittlerweile als einziger objektiver Maßstab für die Vitalität einer Gesellschaft.«[25]

Entsprechend unstet und von Lobbyismus, Ideologien, Krisen und Goldenen Zeitaltern getrieben, oszillieren Märkte und Staaten, Wirtschaft und staatliche Politik zwischen Konkurrenz und Symbiose, zwischen harten Eingriffen und liberal-libertärem Laissez-faire hin und her. Dabei ist im Grunde offensichtlich, dass ohne staatliches Handeln, staatlich garantierte Rahmenbedingungen und gelegentlich auch den Einsatz staatlicher Gewalt der Kapitalismus in seiner heutigen Form gar nicht erst hätte entstehen können. Zugleich sind die realwirtschaftlich katastrophal wirkenden Krisen der Finanzwirtschaft, die wachsende Ungleichheit, der fortschreitende Klimawandel und die globale Vernichtung von Naturkapital starke Indizien dafür, dass der Kapitalismus seine Probleme nicht allein wird lösen können.

Zeig mir dein Werkzeug, Staat!

Wie sehen sie nun aus, die Mittel des Staates und seiner Institutionen? De facto dürfte es so gut wie kein staatliches Handlungsfeld geben, das nicht wirtschaftspolitisch relevant wäre, sei es die Bereitstellung und Unterhaltung von allerlei physischer und technischer Infrastruktur, sei es die Energieversorgung, das Rohstoff-Sourcing, der Aufbau, der Erhalt und die Weiterentwicklung von Bildungs- und Gesundheitssystemen, von Sicherheitsorganen, Armee und Justiz oder seien es Steuer-, Währungs-, Geldpolitik und die dazugehörigen Institutionen, Außen-, Handels- und Entwicklungspolitik – der ganze Krempel eben, der einen Staat ausmacht. Betrachten wir einmal die zwei wesentlichen

Handlungsfelder des Staates im Umgang mit dem Kapitalismus etwas genauer: die Ordnungspolitik und die staatliche Regulierung.

Die Ordnungspolitik schließt im Grunde einen Großteil der genannten Aufgaben und noch etwas mehr ein. Sie gestaltet den Rahmen des gesamten wirtschaftlichen Handelns durch langfristig angelegte, grundlegende Regelwerke (Gesetze), Institutionen (Behörden) und Maßnahmen (Investitionen). Per Gesetz werden wesentliche Faktoren wie Eigentums- und Vertragsrecht geregelt, das Kartell- bzw. Wettbewerbsrecht festgeschrieben oder der Arbeitsmarkt samt seiner Mitbestimmungs- und Tarifrechte definiert. Die entsprechenden Behörden, die diese Gesetze und Regeln umsetzen, verfeinern und ihre Einhaltung überwachen, werden aufgebaut und ausgestattet. So weit der Überbau.

Die staatliche Regulierung dagegen geht ins Detail. Sie greift direkt und gezielt in einzelne Bereiche oder Aspekte der Wirtschaft ein. Dazu kann sie sehr spezifische Gesetze erlassen, etwa Umweltauflagen oder Sicherheitsrichtlinien. Sie kann aber auch direkt intervenieren und etwa Mindest- und Höchstpreise für Güter und Leistungen festlegen oder durch diverse direkte und indirekte Subventionen – Zuschüsse, Stipendien, Steuervergünstigungen, günstige Kredite, staatliche Garantien oder Handelsbarrieren – einzelne Branchen, Unternehmen oder Organisationen fördern. Darüber hinaus ist die Marktaufsicht und die damit verbundene Sanktionierungsmacht, etwa im Finanzsektor, ein wichtiges Kontroll- und Eingriffsinstrument des Staates. All dies kann zum Beispiel der Sicherung und Förderung wirtschaftlich wichtiger Branchen, dem Anschub einer Zukunftsindustrie, der Unterstützung einer wirtschaftlich schwachen Region, der Beeinflussung des Konsumverhaltens oder allgemein sozialen Zwecken dienen.

Staatliche Regulierung ist aber auch ein Werkzeug zur Korrektur eines Marktversagens. Ein Beispiel: Bis weit in die Zeit der iPhones hinein erhoben europäische Telekommunikationsanbieter horrende Gebühren für Telefonate in anderen Ländern als dem eigenen. Es gab dafür keinen marktwirtschaftlichen Grund – das Oligopol der Unternehmen machte das, weil es das eben konnte, und erfreute sich an einem milliardenschweren Zusatzgeschäft. Nachdem allerlei Aufrufe zur Selbstverpflichtung und regulatorische Impulse der EU-Organe nur wenig brachten, beschlossen Europäisches Parlament und EU-Rat im Jahr 2015 die Abschaffung der Roaming-Gebühren, die dann 2017 in Kraft trat – elf Jahre nachdem sich die Kommission erstmals mit dem Thema befasst hatte.

Schließlich traten und treten Staaten und staatliche Institutionen auch selbst als Unternehmer oder Investoren auf. Die Liste der modernen zivilen Werkzeuge und Konsumgüter, die militärischer, also staatlicher Forschung entstammen, ist lang und doch Folklore: Über die Ursprünge des Internets oder von GPS müssen wir wahrscheinlich niemanden aufklären. Und dass Elon Musk, der zum Zeitpunkt der Niederschrift dieses Buches reichste Mann der Welt und ein erklärter Gegner staatlicher Einmischung, einen Großteil seines wirtschaftlichen Erfolgs staatlichen Geldern verdankt, wird zwar gern übersehen, lässt sich aber schlecht leugnen.

Der technologische Fortschritt hat dazu geführt, dass wahrhafte, die Vorstellungskraft ins Schlingern bringende Zukunftstechnologien in greifbare Nähe gerückt sind. Die zu ihrer Entwicklung nötigen Anfangsinvestitionen sind jedoch so hoch, dass sie von privatwirtschaftlichen Akteuren im Grunde nicht aufgebracht werden können. Die konsequente ordoliberale Idee eines Staates, der sich aus allem heraushält, funktioniert in der heutigen Welt des technologischen Wandels und der Economies of Scale, also der durch gewaltige Produktions- oder Nutzermengen realisierten Kostenvorteile, praktisch nicht mehr: Das Risiko des nächsten großen Schritts kann kaum ein einzelnes Unternehmen tragen.

Die Grenzen staatlicher Einflusskompetenz

Das Arsenal staatlicher Einflussmöglichkeiten ist also beeindruckend. Es kann dem Kapitalismus und seinen Akteuren in dem Maße Schub und Bremse sein, wie es aus Sicht der jeweiligen Regierung und ihrer Behörden für die Interessen der Gesellschaft am besten ist. Gehen wir einmal von der uns vertrauten Regierungsform der repräsentativen Demokratie aus, dann manifestiert sich in dieser Regierung der Mehrheitswille oder doch zumindest der mehrheitsfähige Kompromiss dieser Gesellschaft. Das bedeutet aber nicht, dass der Staat mittel- und langfristig weiß, was für diese Gesellschaft gut ist und wie er dieses »gut« am besten erreichen kann. Besonders sichtbar wird dies, wenn der Staat zu sehr in der Rolle des hoch involvierten Unternehmers aufgeht. Dafür ist in diesen Tagen die Volkswagen AG das wohl anschaulichste Beispiel.

Bei VW sehen wir Verantwortung in einem Maß gebündelt, das die Interessenkonflikte des Staates direkt ins Unternehmen trägt: Die 11,8 Prozent der Aktien, die das Land Niedersachsen an VW hält, verschaffen ihm 20 Prozent des Stimmrechts, die sich durch die staatliche Gestaltungsmacht obendrein noch hebeln lassen. Eine so hohe Mitbestimmung würde voraussetzen, dass die Fragen »Was ist gut für das Land Niedersachsen und die deutsche Gesellschaft?« und »Was ist gut für das globale Unternehmen VW?« stets einigermaßen in Einklang gebracht werden. Die Krise, in der sich das Unternehmen heute befindet, zeigt auch, dass dieser Einklang nie recht gefunden wurde: Der erzwungene Erhalt von Arbeitsplätzen und das zwanghafte Festhalten an obsolet werdenden Geschäfts- und Industriestrategien schaden am Ende allen Beteiligten.

In unseren Gesprächen mit Unternehmerinnen und Unternehmern, Forschenden, Investorinnen und Regulierungsverantwortlichen sind wir oft an einen Punkt gekommen, für den ein Fall wie Volkswagen exemplarisch steht: Immer wieder wurde die Beteiligung des Staates am Wirtschaftsgeschehen zwar als grundsätzlich nötig erachtet, seine tatsächliche Kompetenz allerdings in Zweifel gezogen. Die Schnittstellen zwischen dem öffentlichen Sektor und der Privatwirtschaft sowie der Erfahrungsaustausch zwischen beiden, so hieß es dann, seien unzureichend, schwerfällig, auf staatlicher Seite von engen Verwaltungshorizonten, Wirtschaftsskepsis, gewollten politischen Narrativen, überbordender Bürokratie und diversen Kombinationen dieser Faktoren geprägt. Auf europäischer Ebene komme dazu, dass sich die Deutschen nur sehr zurückhaltend in die Entwicklung von EU-Richtlinien einbrächten und eher zur späten Kritik und Beschwerde als zum frühen Engagement neigten. Auf allen politischen Ebenen wiederum würden die Kräfte des Wirtschaftslobbyismus wirken, die dort, wo es Industrien, Branchen, Unternehmen nutze, den schützenden oder fördernden Eingriff und die sehr sichtbare Hand des Staates durchaus zu schätzen wüssten.

Die Gemengelage ist also schwer zu überschauen, zumal wirtschaftliches und staatliches Handeln längst nicht mehr nur für sich und im Wechselspiel kompliziert sind, sondern in einer global vernetzten Welt der unzähligen Einflüsse und Wirkmächte operieren. Jeder Eingriff in dieses System, ob Subvention oder Zoll, Verbot oder Richtlinie, ist da immer auch ein Experiment, dessen Folgen nicht in Gänze absehbar sind. Während der globale Crash von 2008 zweifellos von Gier, Marktversagen und dem Streben nach Profitmaximierung getrieben wurde, sehen die Gegner staatlicher Eingriffe die Schuld bei der US-Regierung. Deren Regulierung des amerikanischen Immobilien- und Finanzmarkts habe Banken dazu gezwungen, Menschen mit niedrigem Einkommen den Hauskauf zu finanzieren. Damit hätten sie die Voraussetzung für die minderwertigen Kredite geschaffen, die als Teil neuer Finanzprodukte und komplexer Derivate wesentlicher Faktor für den Zusammenbruch des Systems werden sollten. Das Argument ist nicht völlig falsch, lässt aber eine ganze Menge klassischer Wirtschafts- und Kapitalismusmechaniken unter den Tisch fallen. Das ist das Schöne an ultrakomplexen Sachverhalten: Für jeden Standpunkt gibt es sehr gute Belege und Präzedenzfälle – solange man nur alle anderen einfach ignoriert.

Was sich nur noch schwer ignorieren lässt

Die Welt befindet sich in einer in dieser Ausprägung bislang eigentlich kaum gekannten Situation der Unsicherheit. Volkswirtschaften wie globale Unternehmen sind getrieben vom technologischen Fortschritt, von den durch ihn möglichen gewaltigen Gewinnen an Geld und Macht und von der Logik neuer Märkte, in denen es am Ende nur eine herrschende Position zu vergeben gibt. Politische Machtverhältnisse und Bündnisse kollabieren. Die Bedeutung einzelner Rohstoffe und Technologien und damit die der Regionen, die über sie herrschen, nimmt zu. Der Wert traditioneller, hardwareorientierter Industrien dagegen schwankt angesichts eines globalen Paradigmenwechsels hin zur softwarebasierten Wertschöpfung. Die Konsequenzen der jahrzehntelangen Verfeuerung fossiler Brennstoffe werden in weitaus schmerzhafterem Maße sichtbar als vor vierzig, dreißig, zwanzig oder fünf Jahren angekündigt. Alte und neue imperiale Ambitionen werden laut und markieren schon jetzt den Beginn zukünftiger Ressourcenkonflikte.

In all dem steht der Staat mit seinem Werkzeugkasten und seinem Maß an Verantwortung gegenüber der jeweils eigenen wie auch der internationalen Gesellschaft, den internationalen Bündnissen, den Unternehmen und Organisationen, denen er ja irgendwie einen Rahmen bauen soll, sowie mit seinen eigenen inneren Widersprüchen und Differenzen im Ringen um die besten Ideen für die Zukunft – und weiß nicht recht, wohin mit sich. In wenigen Ländern ist das so deutlich zu sehen wie in Deutschland, wo die Mittel und der Einfluss des Staates in den letzten Jahren vor allem dafür aufgebracht wurden, den Status quo des einstigen Exportweltmeisters und langjährigen industriellen Superchampions noch für ein paar Jahre zu sichern. »Eine Katastrophe« sei Deutschland in Sachen Industriepolitik in den letzten Jahren gewesen, erklärte ein führender Wirtschaftswissenschaftler im Gespräch mit uns: »extrem konservativ, extrem langsam«.

In der Tat: Wo in internationaler Zusammenarbeit schon früh Lösungen hätten gesucht werden müssen, sah sich Deutschland noch auf lange Sicht durch die Pfründe der fetteren Jahre gesichert. Dies führte dazu, dass selbst dort, wo der Staat gestaltend und transformativ tätig werden wollte, ihm seine eigenen Pläne schon bald nicht mehr geheuer waren oder vielversprechende Ideen hoffnungslos verstolpert wurden. Der kostenintensive Aufbau und der anschließende katastrophale Einbruch der deutschen Solarindustrie ist ein Beispiel dafür. Das »Heizungsgesetz« von 2024 ist ein weiteres.

Was die Sache auch nicht unbedingt einfacher macht, ist die Tatsache, dass in unsicheren Zeiten der Wettstreit um Zukunftsideen, um eigene Entwicklungsziele und um die Strategien für den Weg dorthin vielen Akteuren unterschiedlichster Couleur Gelegenheit und Stoff bietet, sich zu profilieren – indem sie eher den lähmenden Kulturkampf suchen als die konstruktive Auseinandersetzung. Der Populismus des Stillstands und einer diffus beschworenen Rückkehr in frühere, irgendwie erfolgreichere und einfachere Zeiten gewinnt immer mehr Anhänger, besetzt Macht- und Gestaltungspositionen. Derweil manifestieren sich die katastrophalen Folgen des nur teilweise gezähmten und kanalisierten Wirtschaftens in immer kürzeren Abständen auch in den derart streitenden Gesellschaften, ob im Ahrtal oder in Florida. Oder um es mit dem Versicherungs-CEO zu sagen, mit dem wir diesen Abschnitt unseres Buches eröffnet haben: »Mutter Erde ächzt.«

↘ 1.4 Mutter Erde ächzt

Im wunderschönen Konferenzraum des sehr würdevollen Hauptquartiers eines weltweit erfolgreichen Konzerns des Finanzsektors beginnt der Vorstandsvorsitzende seine Bestandsaufnahme der globalen Situation uns gegenüber mit exakt diesen Worten: »Mutter Erde ächzt.« Der Planet ersticke an den Emissionen, stöhne unter dem Temperaturanstieg, leide unter den immer häufigeren und gravierenderen Naturkatastrophen. Das sei das Problem, so der CEO. Es gehe nicht darum, was Aktivisten sagen, was die Politik sagt, was sein Unternehmen oder seine Branche sagt. Es gehe nur darum, was Mutter Erde sagt.

Offenbar ist die Lage so schlimm, dass der Chef eines börsennotierten, global erfolgreichen Unternehmens auf einmal zum Hippie wird, wenn er ebendiese Lage beschreiben soll. Ein des Baumumarmens eher unverdächtiger Spitzenperformer des globalen Wirtschaftens sieht das System, an dem er sehr gut mitverdient, in der Verantwortung für unser aller Mutter. Für die gebe es im Moment nur eine dringliche Lösung: den Ausstieg aus der fossilen Wirtschaft und den Übergang in eine regenerative Wirtschaft. Allein dafür – und da kommt dann wieder der Finanzchef durch – bräuchte es bis 2030 etwa das Dreifache der derzeit jährlich in erneuerbare Energien investierten Summen. Ohne dies sei ein »net zero«, also ein emissionsfreies oder seine Emissionen zumindest vollständig ausgleichendes Wirtschaften, bis zum Jahr 2050, wie es im Sinne der Pariser Verträge von 2015 vorgesehen ist, unmöglich zu erreichen. »Wird eh nicht eintreten«, fügt unser Gesprächspartner sehr nüchtern an, »aber dann wird es auch rechnerisch unmöglich.«

Nun ist die Welt zwischen dem Sommer 2024, in dem wir dieses Gespräch führen, und dem März 2025, in dem wir dieses Buch abschließen, der rechnerischen Unmöglichkeit eher ein Stück näher gekommen, als dass sie sich ihr entgegengestellt hätte. Nach der bislang letzten Klimakonferenz in Baku im November 2024 drängt sich der Eindruck auf, dass die Staatengemeinschaft sich nicht mehr groß mit ambitionierten Klimazielen oder der gemeinschaftlichen Abkehr von der fossilen Wirtschaft herumschlagen will. Wenn die ächzende Mutter Erde überhaupt Thema ist, dann geht es eher darum, wie die Schäden der erwähnten Katastrophen minimiert und bezahlt werden können – Ideen für das »Leben mit dem Klimawandel« als kleinster gemeinsamer politischer Nenner. Und während Saudi-Arabien in Baku laut Presseberichten noch hinter den Kulissen gegen die Abkehr von fossilen Brennstoffen agitierte, steht drei Monate später ein neuer US-Präsident auf der großen Bühne und verspricht den USA Wohlstand durch die Förderung und Verfeuerung von Öl und Gas: »Drill, baby, drill« als Slogan der Zeit.

Dass es beim Bemühen um die Eindämmung des Klimawandels nicht nur um die Liebe zu Mutter Erde, sondern auch um nackte Zahlen und reale Daseinsvorsorge geht, scheint allerdings weitgehend vergessen zu sein. Schauen wir nur auf den bereits eher kritisch erwähnten Lebensmittelsektor: Ein von uns interviewter Experte stellte fest, dass die landwirtschaftlich nutzbaren Flächen der Erde nicht nur schon weitgehend ausgeschöpft seien, sondern durch intensive Bewirtschaftung, durch Monokulturen und durch das sich verändernde Klima sogar real schrumpften. Neue Flächen wiederum wären nur durch die Zerstörung anderer Ökosysteme möglich, die die Gesamtsituation dann ihrerseits verschlechterte. Zugleich rechne man für das Jahr 2050 mit einer Weltbevölkerung von rund zehn Milliarden Menschen, für deren Ernährung die Ressourcen dieses Planeten im aktuellen Bewirtschaftungsmodus nicht ohne Weiteres ausreichen werden.

Wir könnten nun darauf vertrauen, dass der gute alte Kapitalismus und die Zauberkraft der Märkte hier Lösungen finden, aber dafür müsste das ganze System mobilisiert und auf den Kopf gestellt werden, müssten Investoren, Produzenten, Logistiker, Händler und sonstige Beteiligte veränderungsbereit sein. Es müsste sie irgendjemand dazu bewegen, die aktuellen Superrenditen zugunsten neuer, noch nicht ganz sicherer Geschäfte aufzugeben.

Es gäbe so wahnsinnig viel zu tun

Denn gute Güte, wo fangen wir an? Wir haben die globale Wirtschaft auf Öl und Gas aufgebaut, deren Beitrag zu einer rasanten, exponentiellen Erderwärmung und Klimaveränderung mittlerweile nur noch von Randgruppen geleugnet und nur noch von den Profiteuren dieses Systems kleingeredet wird. Die Klimaveränderung führt immer häufiger zu exakt den Extremwetterereignissen, vor denen die Forschung schon vor dreißig, zwanzig, zehn, fünf oder zwei Jahren gewarnt hat. 2015 sitzen die Autoren dieses Buches noch in einem Vortrag des unermüdlichen Klimamahners Al Gore in Austin, Texas, und lassen sich erläutern, wie die größere Feuchtigkeitsspeicherfähigkeit wärmerer Luft und zunehmend stabile Wetterlagen, die durch sich verlangsamende Luftströmungen entstehen, Extremwetterereignisse wahrscheinlicher machen. 2021 können sie solche Ereignisse, flankiert von einem erschütternden Behörden- und Strukturversagen, in ganz Europa und besonders dramatisch im Ahrtal beobachten. 2024 fordert der Hurrikan Helene in den USA 219 Todesopfer und verursacht Schäden im Wert von bis zu 93 Milliarden US-Dollar.

Je näher wir dem Äquator kommen, desto gravierender werden die Folgen der Erderwärmung – meteorologisch, wirtschaftlich, geopolitisch. Extremwetterereignisse werden die Länder und Gemeinschaften dort noch härter und häufiger treffen. Die allgemein stärkere Erhitzung wird die Landwirtschaft erschweren. Wenn es allgemein wärmer und feuchter wird, schafft das ideale Bedingungen für die Insekten, die tropische Krankheiten übertragen. Der steigende Meeresspiegel bedroht ganze Inselgruppen.

Das kann uns Mitteleuropäern alles egal sein, bis wir merken, dass die Millionen von Menschen, die in den betroffenen Regionen nicht mehr leben können, irgendwohin müssen. Aus der Tatsache, dass die USA einer Studie des Klimaportals Carbon Brief zufolge für 20 Prozent der historischen CO_2-Emissionen seit der industriellen Revolution verantwortlich zeichnen und selbst Deutschland mit rund 4 Prozent in diesem Ranking noch zu den Top Ten gehört,[26] könnte man einen gewissen Grad an Verantwortung ableiten. Die jüngere Geschichte lässt jedoch befürchten, dass mit dieser Art Verantwortung ebenso umgegangen wird wie mit den Emissionen selbst: Man externalisiert sie, vergesellschaftet sie, lässt jemand anderen für sie zahlen.

Fossil ist jedoch nicht nur die globale Energieversorgung, die 2023 zu 68 Prozent auf Kohle, Öl und Gas basierte.[27] Auch die aus Öl gewonnenen Kunststoffe und die uns täglich umgebende Plastikwelt sind ein wichtiger Geschäftszweig der Ölindustrie. Kunststoffe seien »die Wachstumsstrategie der Öl- und Gasindustrie für das 21. Jahrhundert«, erklärt Steven Feit, ein Fachmann für internationales Umweltrecht, in Isa Willingers leider exzellentem Dokumentarfilm *Plastic Fantastic*.[28] Der Fracking-Boom in den USA in den 2010er-Jahren hat dort zu einer enormen Ausweitung der Plastikproduktion geführt. Derweil gelangt weltweit etwa ein Drittel des Plastikverpackungsmülls unkontrolliert in die Umwelt, landen jährlich etwa acht bis zehn Millionen Tonnen Kunststoffe auf verschiedensten Wegen in den Ozeanen und dort aufgrund ihrer Langlebigkeit in Form von Mikroplastik wieder und wieder in den Nahrungsketten.

Die Industrie ist nach eigenem Bekunden um Innovationen in der Herstellung, im Recycling und im zirkulären Wirtschaften bemüht und macht dabei gute Fortschritte, doch die über Jahrzehnte antrainierten und gewinnbringenden Routinen lassen sich nur schwer durchbrechen. Gelegentlich versucht die globale Gemeinschaft als Ganzes, den Weltproblemen mit internationalen Abkommen wie eben den Pariser Verträgen oder den »Zielen für nachhaltige Entwicklung« der Vereinten Nationen beizukommen, doch nicht nur die zähe Entwicklung weg von der fossilen Wirtschaft lässt solche Abkommen irgendwie gut gemeint, aber zahnlos wirken. Als der 47. Präsident der USA Anfang 2025 ebenso wie der 45. Präsident der USA Anfang 2017 die Pariser Verträge einseitig aufkündigt, bleibt dem Rest der Welt jeweils nur ein Schulterzucken. Irgendwie schade, scheinen alle zu denken, müssen wir halt selbst noch stärker ran – oder vielleicht auch nicht. Wo die deutsche Kanzlerin Angela Merkel 2017 noch Zusammenhalt und Kampfgeist beschwört, verliert der deutsche Nochkanzler Olaf Scholz 2025 neben Worten des Bedauerns auch Lob für die »Drill-baby-drill«-Umkehr in der amerikanischen Energiepolitik: Mehr Angebot auf dem Weltmarkt bedeute schließlich auch niedrigere Preise. Und das, so Scholz, »wäre gut für Europa und Deutschland, weil es uns in der Übergangsphase hin zur Klimaneutralität hilft, die ja ungefähr bis zur Mitte des Jahrhunderts dauern wird«.[29] Nennen wir es Pragmatismus.

Mit einem sehr kleinen Taschenmesser durch einen sehr dichten Dschungel in eine sehr unklare Richtung

Wir können es Olaf Scholz nicht einmal übelnehmen. Angesichts der Problemlage, vor allem aber der sich bietenden, sich versagenden oder teils kaum passierbaren Lösungswege bleibt einem Führungspolitiker wie ihm wenig mehr als ein pragmatischer Umgang mit dem, was halt da ist. Erst recht, wenn man sich die konkurrierenden Interessen der Länder und Volkswirtschaften und ihrer jeweiligen Bündnisse, die fluktuierenden Interessen und Einflussmöglichkeiten der globalen Konzerne sowie die inneren Interessenkonflikte der Länder selbst vor Augen hält.

Um mal in der Heimat des Olaf Scholz zu bleiben: Natürlich fällt es einem Land, das einen erheblichen Teil seiner wirtschaftlichen Stärke auf dem jahrzehntelangen Erfolg einer fossilen Automobilindustrie aufgebaut hat, nicht leicht, diese Industrie mal eben umzukrempeln, um neuen Anforderungen und neuen Wettbewerben standzuhalten. Noch schwerer aber fällt es diesem Land offenbar, das Dilemma von »Wir sind auf diese Industrie angewiesen« und »Wenn wir sie nicht verändern, wird sie untergehen« offen anzusprechen und aufzulösen. Stattdessen flüchten sich die Entscheider auf Nebenschauplätze wie E-Fuels und Technologieoffenheit. Von den volkswirtschaftlichen, beschäftigungsrelevanten Folgen der Elektromobilität wird nur sehr leise geredet. Vom autonomen Fahren und der Bedeutung flottenfähiger Fahrzeuge, die ein 23 Stunden am Tag nur in der Gegend herumstehendes Privatmobil wahrscheinlich noch in diesem Jahrhundert überflüssig machen, wird gar nicht geredet.

Es ist völlig verständlich, wenn jemand die Grundlagen des eigenen Erfolges nicht einfach aufgeben oder für eine ungewisse Zukunftswirtschaft auf den Kopf stellen will. So resigniert man nach Baku 2024 auch dreinschauen mag: Wer will es Saudi-Arabien verdenken, dass das Land das Zeug, das es in Massen aus der Erde zaubern kann und das ihm die Weltgemeinschaft wie von Sinnen aus den Händen reißt, gern noch ein wenig sprudeln lassen will, ehe es seine Fantastilliarden in die Umstellung auf regenerative Energie investiert? Norwegen mag auf dem besten Weg dahin sein, seinen eigenen Energiebedarf zu 100 Prozent aus erneuerbaren Quellen zu stillen. Doch diesen Ausbau kann sich das Land eben nicht zuletzt dank seiner Position als weltweit viertgrößter Exporteur von Erdgas leisten, der einen Großteil seines Haushalts aus dem Export von fossilen Rohstoffen finanziert.

Die Auseinandersetzung darüber, wer sich in der nachhaltigen Transformation zuerst und wie weit bewegt, ist auch eine Frage von Macht, Bedeutung und Wettbewerb. Wer gibt zuerst seine Pfründe für ein neues Geschäftsmodell auf? Wer finanziert den Prototypen einer »grünen Industrie«, den die anderen dann adaptieren können? Woher nehmen die historisch verantwortlichen Industriestaaten das Recht, den heute nachziehenden Staaten die Entwicklung einer eigenen erfolgreichen emissionsstarken Industrie verbieten zu wollen? Wenn die Beraterstäbe von McKinsey recht haben, die die Kosten der Umstellung auf eine globale Netto-null-Emissionswirtschaft bis 2050 mit etwa 9,6 Billionen US-Dollar – jährlich! – beziffern: Wer fängt an? Wer steuert wie viel bei? Nur zum Vergleich: Das deutsche Bruttoinlandsprodukt lag 2024 bei knapp 4,5 Billionen US-Dollar.

Die in Deutschland häufig geäußerte Schutzbehauptung »Wir können das Klima nicht allein retten!« ist also nicht völlig falsch. Und selbst wenn dieses »Wir« es trotzdem versucht, steht es doch mit einem vergleichsweise kleinen Werkzeug zwischen den Interessen und Richtungsvorstellungen und schafft es trotz zahlloser Konferenzen, Verträge und Absichtserklärungen nicht, alle auf ein Ziel und ein gemeinsames Handeln einzuschwören. Es gibt viel »Man müsste mal«, das sich hier und da auch zu einem »Heieiei, langsam müsste man aber *wirklich* mal!« steigert, doch am Ende bleiben viele Staaten bei ihrem klassischen Wirtschaftsmodell, um die damit zu generierenden Gewinne abzuschöpfen, solange es eben geht.

Gute Menschen allein werden nichts erreichen

Wenn man nun aber realglobal kein gebündeltes Handeln stimulieren kann und die Diskussion über wirtschaftliche Interessen und zwingend notwendige Veränderungen im Inneren eher scheut, bleibt offenbar nur eine Handlungsoption. In Europa und speziell in Deutschland lässt sie sich häufig und in vielen Bereichen in Aktion erleben: Man betont die moralischen, werteorientierten, dem Guten dienenden Aspekte des eigenen Handelns. Da geht es dann nicht um mögliche wirtschaftliche Vorteile, sondern nur noch um die Rettung der Welt – bei jeder Konsumentscheidung, jeder Richtlinie, jedem neuen Fahrradweg. Da wird die Wärmepumpe von einer guten und wirtschaftlichen Idee, die in anderen Ländern längst flächendeckend umgesetzt ist, zur Waffe der Rechtschaffenen gegen den Klimawandel.

Damit wir uns nicht missverstehen: Es ist nicht falsch, sich bei wichtigen Maßnahmen und Veränderungen auch gut zu fühlen. Die Überbetonung des Guten schadet der Sache insgesamt dennoch, weil sie wichtigere Argumente vernachlässigt und das eigene Anliegen für grundsätzliche und geifernde Kritik angreifbar macht. Das zeigt ein Blick in so gut wie jede Kommentardiskussion und in manches Parteiprogramm: Wirtschaftlich sinnvolle, an nüchternen Fakten orientierte Maßnahmen werden dort zum Gegenstand eines vielbeschworenen Kulturkampfs und einer überzogenen Ideologiekritik.

Am Ende ist alles ja sehr nüchtern: Wir stehen vor einem physikalisch eindeutig beschriebenen Phänomen, da gibt es wenig zu diskutieren. Was es kostet, diesem Problem zu begegnen, seine weitere Eskalation zu verhindern und seine absehbaren Folgen zu lindern, ist belastbar errechnet worden. Die Fragen, die sich daraus ergeben, sind entsprechend klar: Wie gehen wir damit um? Wie klären wir, ob das unseren Lebens- und Wirtschaftsstil irgendwie beeinflussen sollte oder nicht? Wie nahe müssen die Einschläge noch kommen, ehe wir mit dieser Klärung beginnen? Und wie kommen wir raus aus einer Diskussionslogik, die nur zwischen Katastrophenszenarien und wohlfeilem Edelmut hin- und herschwankt und so keinen Schritt vorankommt?

Unsere These: Es wird nicht ohne das System gehen, das uns den ganzen Schlamassel überhaupt erst eingebracht hat – den Kapitalismus. Behauptungen wie »Dieses Handeln ist moralisch besser«, »Jenes ist ethisch einwandfreier« oder »Wir werden alle sterben« haben noch nie geholfen, einer Lösung näher zu kommen. Das Argument »Das ist billiger, praktischer, direkt umsetzbar« ist eindeutig vielversprechender. Im globalen Wertschöpfungsmodell muss zum Beispiel grüne Energie einfach günstiger und praktikabler sein als Fossilenergie.

Und was das angeht, sind wir – hört, hört! – in Deutschland sogar auf einem guten Weg. Wenn wir dranbleiben, wird man uns eines Tages für unser Energiesystem beneiden, weil es dramatisch günstiger ist! Dieses Dranbleiben erfordert aber keine ethische, sondern eine unternehmerische Grundüberzeugung.

Wenn die Staaten die oben erwähnten 9,6 Billionen US-Dollar pro Jahr als gegeben und alternativlos verstehen, dann wird alles, was daraus folgt, ohne wirtschaftlich handelnde und denkende Unternehmen schlicht nicht gehen. Wir können langfristig gern über Systemveränderung, über Marx und Friedman, über Eigentum und Freiheit, Produktionsmittel und Verantwortung diskutieren, aber für die anstehende Radikalkur braucht Mutter Erde den Kapitalismus – und einen Staat, der ihm Richtungen weist, ihn kanalisiert und reguliert, so wie er es über die Jahrhunderte und gerade in Krisenzeiten immer wieder getan hat.

2

Das Gegenteil von gut.

Wie die regulierenden Kräfte am Problem vorbeiarbeiten und damit echte Veränderung erschweren

2.1 Immerhin gut gemeint.
Eine sehr kurze Geschichte europäischer Nachhaltigkeitsregulierung

Willkommen im zweiten Kapitel unseres Buches und unserer Lernreise durch die Abgründe von Kapitalismus und Regulierung und darüber hinaus – hoffentlich – in eine nachhaltige und glückliche Zukunft. Wir hatten bei einem Staat aufgehört, der dem möglicherweise weltrettenden Kapitalismus Richtungen weist, ihn kanalisiert und reguliert, der als eine Art gute Macht die zerstörerischen Impulse des renditegetriebenen Wirtschaftens mildert und die Voraussetzungen dafür schafft, dass Kosten des Kapitalismus im Sinne der sozialen Wohlfahrt realisiert bzw. aufgefangen werden.

Um aber tatsächlich als gute Macht erscheinen zu können, die den Menschen wirklich das unterm Strich Beste bringt, muss er, der Staat, eine ganze Menge können, wissen und verkörpern. Er muss über eine tiefe Expertise in wirtschaftlichen, politischen, sozialen, wissenschaftlichen Fragen verfügen. Er muss Entscheidungen darüber treffen können, was soziale Wohlfahrt genau ist und wie er ihr am besten dient. Er muss kurzfristigen Interessen und akuten Herausforderungen ebenso Rechnung tragen wie dem langfristigen Gesellschaftswohl – und dabei zumindest in unseren Gefilden auch noch den gebündelten, kristallisierten Willen der demokratischen Gesamtgesellschaft repräsentieren und berücksichtigen. Er muss außerdem die Mittel haben, seine Entscheidungen tatsächlich durchzusetzen, was er meist tut, indem er das Befolgen seiner Regeln belohnt oder ihre Nichteinhaltung bestraft.

Es ist also kompliziert und wird sogar noch komplizierter: Denn all das muss dieser Staat, vor allem in seiner freiheitlich-demokratisch verfassten Ausprägung, als ein Gebilde realisieren, das in sich selbst schon atemberaubend komplex ist. Was wir hier lapidar als »Staat« bezeichnen, sind genau genommen nationale und supranationale Entitäten und Institutionen, die immerzu erlassen, definieren, bestimmen, drohen, belohnen und strafen. Wenn es allen recht ist und alle mit einem kurzen und handlichen Buch zufrieden sind, machen wir dieses Fass nicht allzu weit auf. Der Staat ist der Staat, und ob jeweils individuelle Behörden, Organe der Europäischen Union, internationale Organisationen, die deutsche Regierung oder der Abteilungsleiter Grundsatzfragen im Wirtschaftsministerium in Aktion treten, werden wir im Folgenden fallweise näher definieren. Und weil ein bestimmender Aspekt dieses Buches ist, dass Mutter Erde ächzt, schauen wir vor allem darauf, was dieser vielgesichtige Staat denn nun unter Berücksichtigung all seiner anderen Zielsetzungen und Funktionen gegen dieses Ächzen tut.

Ein sehr schneller Überblick über Geschichte und Gegenwart der Nachhaltigkeitsregulatorik

Ein wichtiger Anstoß für das auf Nachhaltigkeit abzielende und an Mutter Erdes Atmung orientierte staatliche Handeln war eine zu Beginn der 1970er-Jahre im Auftrag des Club of Rome erstellte und 1972 breit veröffentlichte Studie. Ihr Titel: *Die Grenzen des Wachstums.* Auf der Basis wissenschaftlicher Modelle und Simulationen diskutiert sie die Folgen eines exponentiellen Wirtschafts- und Bevölkerungswachstums angesichts endlicher Ressourcen und kommt zu einem wenig überraschenden Schluss: Quasi unendliches Wachstum, wie es im kapitalistischen Wirtschaften vorgesehen ist und in der damals absehbaren Bevölkerungsentwicklung immerhin möglich erschien, kann bei nicht unendlich mitwachsenden Rohstoffen, Versorgungsmöglichkeiten und Abfall- und Emissionsaufnahmekapazitäten nur zur Katastrophe führen.

Die Diskussion um *Die Grenzen des Wachstums* verlieh einer bis dahin allenfalls leisen Auseinandersetzung mit dem Thema Nachhaltigkeit Nachdruck und Popularität. In den 1980er- und 1990er-Jahren wurden Umweltberichte Teil unternehmerischer Kommunikation. Staaten begannen, individuell und gemeinsam Umweltstandards zu etablieren. Das Kyoto-Protokoll, 1997 verabschiedet und 2005 in

Kraft getreten, war dann das erste internationale Abkommen, das verbindliche Ziele zur Reduzierung der Treibhausgasemissionen festlegte.

Im Jahr 2002 beschloss unter anderem Deutschland eine »Nationale Nachhaltigkeitsstrategie«, die Generationengerechtigkeit, Lebensqualität, sozialen Zusammenhalt und den Schutz der Umwelt auf nationaler und globaler Ebene ins Auge fasste und seitdem kontinuierlich aktualisiert und fortgeschrieben wird. Vor allem große, global tätige Unternehmen veröffentlichten nun regelmäßig freiwillige Nachhaltigkeitsberichte. Mit der EU-Modernisierungs-Richtlinie trat 2003 die erste gesetzliche Berichtspflicht in Europa in Kraft, die für eine Pflicht allerdings noch sehr viel Spielraum und Freiwilligkeit zuließ. Schon seit den späten 1990er-Jahren entwickelte die Global Reporting Initiative (GRI), ein weltweiter Zusammenschluss von Non-Profit-Organisationen und -Beratern mit Unterstützung der UN, international akzeptierte und teils verpflichtende Leitlinien und Standards für das Nachhaltigkeitsberichtswesen. Unter der Bezeichnung *Sustainable Finance* wurden von verschiedenen Initiativen ähnliche Richtlinien für Investitionen und das Finanzwesen insgesamt entworfen. Ebenfalls seit den 1990er-Jahren setzte das Greenhouse Gas Protocol (GHG) Standards für die Emissionserfassung und -berichterstattung.

Etwa 2010 startete schließlich die Karriere eines Nachhaltigkeitskriteriums für die finanzielle und unternehmerische Risikobewertung: Der zunächst nüchterne finanzielle Blick auf Umwelt-, Sozial- und Unternehmensführungsaspekte, also auf *Environmental*, *Social* und *Governance Risks*, wurde unter dem Kürzel »ESG« zum neuen Bewertungsstandard. Damit begann ein Boom der Regularien zur ESG-Berichterstattung. EU-weite Richtlinien zur nichtfinanziellen Berichterstattung (so etwa die Non-Financial Reporting Directive, NFRD), also mit qualitativen und quantitativen Daten zu Umweltaspekten, sozialen Faktoren und Fragen der Unternehmensführung, setzten ab 2014 den Rahmen für eine verbindliche, harmonisierte

Regulierung im Bereich Nachhaltigkeit. 2016 traten die Nachhaltigkeitsziele der UN, die 17 Ziele für nachhaltige Entwicklung (Sustainable Development Goals, SDG), in Kraft und etablierten einen weiteren Rahmen für Berichte und Maßnahmen. Darauf wiederum baute die Arbeit verschiedener Institutionen auf, darunter etwa die der Task Force on Climate-related Financial Disclosures (TCFD) oder des Sustainability Accounting Standards Boards (SASB), die eigene Standards und Frameworks für die Nachhaltigkeitsberichterstattung entwickelten.

Im Dezember 2019 dann der Paukenschlag: Die EU wollte mit ihrem Green Deal nicht nur die ESG-Berichterstattung optimieren und vereinheitlichen, sondern die nachhaltige Transformation der Wirtschaft insgesamt vorantreiben. Das zentrale Ziel: Europa sollte bis 2050 der erste klimaneutrale Kontinent werden. Die EU-Kommission wollte dafür bis 2030 Investitionen in Höhe von einer Billion Euro mobilisieren. Um nicht nur Ambition zu demonstrieren, sondern auch klare Rahmenbedingungen zu schaffen, wurden erneut Direktiven und Leitlinien geschaffen: Seit dem Januar 2023 ersetzte und erweiterte die Corporate Sustainability Reporting Directive (CSRD) die Gültigkeit und den Anwendungsbereich des NFRD-Frameworks; zudem verpflichtet sie nach und nach weitere Unternehmenskreise zur Berichterstattung.

Flankiert wurde die CSRD von der EU-Taxonomie, die ein umfassendes Klassifikationssystem bereitstellte und definierte, welche wirtschaftlichen Aktivitäten als nachhaltig eingestuft werden können. 2022 entwickelte die EU-Kommission eine Richtlinie über die unternehmerische Sorgfaltspflicht im Bereich der Nachhaltigkeit, die Corporate Sustainability Due Diligence Directive (CSDDD). Diese CSDDD-Richtlinie, am 24. Mai 2024 nach vielen Verhandlungen vom Rat der Europäischen Union gebilligt, sollte Unternehmen dazu verpflichten, negative Umwelt- und Menschenrechtsauswirkungen in ihren Lieferketten zu identifizieren und ihnen entgegenzuwirken. Die Unternehmen sollten betroffenen Akteuren Entschädigungen ermöglichen und gegebenenfalls problematische Geschäftsbeziehungen beenden. In Deutschland wurde dies durch das seit Anfang 2023 geltende Lieferkettensorgfaltspflichtengesetz (LkSG) bereits vorweggenommen und konkretisiert.

Die lauter werdenden Beschwerden über ein Zuviel an Bürokratie haben nun im Februar 2025 dazu geführt, dass große Teile der Green-Deal-Berichtspflichten wieder aufgeweicht und zurückgenommen werden. Ganz aufgegeben werden sie nicht – insgesamt sendet die EU hier eher gemischte Signale, zu denen wir später noch in einige schmerzhafte Details gehen müssen.

Überholverbote auf dem Nürburgring

Warum geht der »Staat«, in diesem Fall die EU-Kommission, erst seit einigen Jahren so radikal und kurz getaktet vor? Was ist denn in den fünfzig Jahren seit der Veröffentlichung von *Die Grenzen des Wachstums* auf den Märkten geschehen? Die Antwort auf die zweite Frage ist auch ein wesentlicher Teil der Antwort auf die erste: Herzlich wenig. Einer, der die EU-Richtlinien entscheidend mitentwickelt und -formuliert hat, fasst es im Gespräch mit uns so zusammen: »Wir reden über dieses Thema seit dreißig oder fünfunddreißig Jahren. Wir haben es viel mit Freiwilligkeit versucht. Es ist nichts passiert.« Stattdessen hat das ungebremste Wachstumsstreben in dieser Zeit die gesellschaftlichen Herausforderungen verschärft. Nicht nur das Klima, sondern auch Biodiversität und soziale Ungleichheit entwickeln sich zu Problemfeldern, die sich immer weniger verdrängen und ignorieren lassen. Wenn aber die positiven Effekte der Marktwirtschaft und des freien unternehmerischen Handelns – Arbeitsplätze, Steuern, Sozialabgaben usw. – die negativen Effekte oder den Barwert der negativen Effekte nicht mehr kompensieren, dann ist es die Aufgabe des Staates, zu intervenieren. Und offensichtlich sind die EU-Länder und viele andere Staaten der Meinung, dass dieser Punkt mindestens erreicht, wenn nicht sogar überschritten ist.

Die EU-Taxonomie nennt sechs Nachhaltigkeitsziele:

→ Abschwächung des Klimawandels,
→ Anpassung an den Klimawandel,
→ nachhaltige Nutzung und Schutz von Wasser- und Meeresressourcen,
→ Übergang zu einer Kreislaufwirtschaft,
→ Vermeidung und Verminderung von Umweltverschmutzung sowie
→ Schutz und Wiederherstellung von Biodiversität und Ökosystemen.

Wenn man sich die frühen Arbeiten des 1988 gegründeten Weltklimarats, des IPCC, ansieht, dann wird dort ziemlich exakt die Lage vorausgesagt, in der wir uns heute in Sachen Klima und Mutter-Erde-Ächzen befinden und aus der sich diese sechs Ziele ableiten lassen. Damals geforderte Maßnahmen wurden schlicht nicht ergriffen, auf die nun noch einmal formulierten Nachhaltigkeitsziele nie konzertiert hingearbeitet.

Unternehmen hatten seit der Club-of-Rome-Diskussion fünfzig Jahre lang Gelegenheit, verantwortlich zu handeln. Stattdessen sehen wir heute Rekordemissionen und einen Rückgang der weltweiten Wildtierpopulationen um 69 Prozent, und wir sehen, wie die Oberflächentemperatur der Erde ebenso zunimmt wie die Versauerung der Meere. Das haben die Akteure des Kapitalismus, haben Unternehmen und Konzerne durchaus bemerkt und teilweise auch versucht, gegenzusteuern, aber die Anreizsysteme, die Erfolgsmaßstäbe und der Handlungsdruck des Kapitalismus waren stärker als die eventuelle Sorge vor der Katastrophe. Oder wie es der *New-Yorker*-Cartoonist Tom Toro in seinem vielfach geteilten postapokalyptischen Lagerfeuercartoon sagt: »Yes, the planet got destroyed, but for a beautiful moment in time we created a lot of value for shareholders.« Der Planet mag zerstört worden sein, doch für einen wunderschönen Moment haben wir enormen Mehrwert für die Aktionäre geschaffen.

Wer ein so komplexes und herausforderndes Thema so lange den Kräften und der bescheidenen Selbstregulierungsfähigkeit eines von seinem eigenen Geschäft berauschten Marktes überlässt, der hat einiges zu tun, wenn er sich dann doch entschließt, endlich durchzugreifen. Entsprechend hoch getaktet, detailreich und mit umfassenden Ansprüchen versehen werden die Regeln dann nachgereicht. Für den eben noch hochtourig fahrenden Markt wirkt das erst einmal aktionistisch und wenig durchdacht: eben noch freies Feld, plötzlich Weidezäune. Entsprechend nahe liegt den Verfechtern des freien Marktes der Vorwurf, hier würde mit einem Übermaß an Bürokratie die Wirtschaft oder gleich die Freiheit an sich erstickt. Diesem und anderen Vorwürfen werden wir uns noch ausreichend widmen. Zuvor nehmen wir aber erst einmal einige positive Aspekte der Nachhaltigkeitsregulierung in den Blick.

Ein Teil von jener Kraft, die stets allerlei will und stets allerlei schafft

Die vielen klugen Menschen, mit denen wir für dieses Buch gesprochen haben, sind sich in verschiedenen Punkten uneins. Wie viel staatlicher Eingriff ist nötig? Wie viel sinnvoll? Welche Hebel hat der Staat und welche sollte er auch nutzen? Wo sollte er direkt und wo nur indirekt tätig werden? Und sollte er sich überhaupt über ordnungspolitische Fragen hinaus in die Wirtschaft wagen? Eine gewisse Einigkeit herrscht allerdings darin, dass staatliches Handeln grundsätzlich auch Sicherheit schafft und einen Rahmen gibt, an dem sich das Geschäft langfristig orientieren kann.

Indem die regulatorischen Mittel des Staates dem Markt eine bestimmte Richtung aufzwingen oder diese durch Förderungen für ihn attraktiver machen, stellen sie einen gemeinsamen Maßstab her, der neue Prioritäten setzt und Sicherheit bei Investitionen in neue Methoden, Märkte und Geschäftsmodelle gibt. Eine Investmentmanagerin sagte uns, dass die Nachhaltigkeitsrichtlinien der EU für sie sehr hilfreich seien, denn sie würden zum Blick auf diese Themen und Risiken verpflichten und bestimmte Maßnahmen unverhandelbar machen. »Regulierung«, erklärte uns ein Unternehmensberater, »ist ein Anker der Planbarkeit und langfristiger Investitionsallokation.«

Das aber sind nur die direkten Regulierungsfolgen. In komplexen Systemen können punktuelle Veränderungen immer auch weitreichende Folgen nach sich ziehen. Ob und inwieweit diese Konsequenzen von den Regulatoren vorausgesehen werden und ob eine Richtlinie zum Flügelschlag eines Schmetterlings oder zum Sack Reis in China wird, lässt sich selten sicher sagen. Klar ist jedoch: Wenn der Staat eine Pflicht zu mehr Nachhaltigkeit und zur Rechenschaft über die Folgen unternehmerischen Handelns für Klima, Umwelt, Biodiversität usw. in die Märkte hineinreguliert, dann hat auch dies Folgen, die über den Horizont des einzelnen Unternehmens und seines Marktes hinausgehen.

Wir wollen hier nur die in unseren Augen spannendste Entwicklung benennen: die Dokumentation von Emissionen entlang der Wertschöpfungs- und Lieferketten. Wer über seine Emissionen nach den Standards des GHG-Protokolls Rechenschaft ablegen, also direkte Emissionen aus eigenen Quellen (Scope 1), indirekte Emissionen aus eingekaufter Energie (Scope 2) und durch die Unternehmensaktivität entlang der Wertschöpfungskette anfallende indirekte Emissionen (Scope 3) vollständig dokumentieren muss, der muss sie auch kennen. Das ist in dieser Detailtiefe nicht so einfach und wird heute in den meisten Fällen über standardisierte und extrapolierte Durchschnittswerte gelöst, die, grob erklärt, jeder Aktivität X tabellarisch einen Emissionswert Y zuordnen. Das ist recht ungenau und eigentlich nicht im Sinne der Nachhaltigkeitsregulierung, die ja reale Stellschrauben für Nachhaltigkeit identifizieren will. Mittlerweile entstehen aber Lösungen und Protokolle für echtes Emissionsaccounting entlang der Wertschöpfungskette – und damit auch Märkte für diese Lösungen, deren Geschäftsmodell es sein wird, Wertschöpfungskettendaten zu erfassen und transparent zu machen, um auf ihrer Basis wiederum neue Monitoring- und Effizienzlösungen zu bauen. Der

Bedarf an solchen Lösungen bestand eigentlich schon länger, aber ein »Lieferkettenmonitoring« im Dienste der Nachhaltigkeit war in den Kosten- und Investitionsstrukturen eben lange das, was die oben zitierte Investmentmanagerin »verhandelbar« genannt hat.

Konsequenzkaskaden, Wissenshorizonte und Impulsgeber

Wenn die Folgen jeglicher Art von staatlichem Eingriff in den Markt aber nicht in Gänze absehbar sind, ist jeder Eingriff immer auch Experiment. Es gibt Erfahrungen, es gibt Studien, es gibt Mutmaßungen, aber es gibt keine erschöpfende Liste aller Konsequenzen einer Entscheidung. Um es in der Sprache von Mike Krüger, Komiker, Liedermacher und Experte für Folgeeffekte, zu präzisieren: Wenn der Staat seinen regulatorischen Nippel durch die Lasche des Marktes zieht und ihn mit der kleinen Kurbel ganz nach oben dreht, können neben dem ursprünglich geplanten Pfeil allerlei überraschende andere Pfeile erscheinen, auf die verschiedene Akteure dann wahlweise und mit immer weniger klaren Konsequenzen draufdrücken können. Irgendwo wird Kaffee rauskommen, irgendwo anders Geld, und noch mal woanders werden weitere Laschen entstehen, die wiederum weitere Nippel erfordern – und womöglich wird der ganze Apparat irgendwann einfach ex- oder implodieren. Der Staat kann Märkte ersticken und Märkte neu schaffen, er kann Entwicklungen fördern und Entwicklungen einhegen, er kann Industrien an die Weltspitze subventionieren oder sie über Nacht abwickeln.

Mit großer Macht kommt große Verantwortung. Wie sehr man staatlichen Institutionen zutraut, der großen Verantwortung gerecht zu werden, die mit der Möglichkeit zur Marktregulierung einhergeht, hängt von verschiedenen Faktoren ab: etwa davon, wie stark man von staatlichen Maßnahmen betroffen ist, wie man persönlich die Dringlichkeit von Nachhaltigkeitsmaßnahmen einschätzt, welcher ökonomischen Schule man anhängt oder welche Erfahrungen man bereits mit staatlichem Handeln an sich gemacht hat.

Wir wollen nur einmal wiedergeben, was unsere Experten und Expertinnen uns erzählt haben. Von den ineffizient gestalteten Schnittstellen und dem mangelnden Erfahrungsaustausch zwischen staatlichen Behörden und privater Wirtschaft haben wir bereits berichtet: Oft haben diejenigen, die die Regulatorik schreiben, zwar politische und wissenschaftliche Bildung, aber keine echte Wirtschaftserfahrung. Die wirtschaftlichen Folgen der Regulatorik sind für sie oft nur grob zu erfassen. Stattdessen leitet sie eine andere Art von Marktvertrauen: Die können das schon ab. Mehr noch: Im gesamten Beamtenapparat, so eine Führungskraft ebendieses Apparats, herrscht eine enorme Wirtschaftsskepsis. Das ist kulturell bedingt, also im Selbstverständnis der Behörden angelegt. Es ist aber auch ein aus Erfahrungen geborenes Misstrauen, denn tatsächlich sind es oft Wirtschaftsakteure selbst, die staatliche Regulierung für ihre Zwecke vorantreiben wollen, und von denen möchte man sich, so verstehen wir die geschilderten Zustände, ungern übers Ohr hauen lassen. Er habe da keine Studien zu, so unser wirtschaftswissenschaftlicher Experte, aber nach seiner Einschätzung würden rund 80 Prozent der staatlichen Regulierungsmaßnahmen auf das Drängen von Lobbyisten und Interessengruppen zurückgehen, die ihre Klientel schützen und ihre Pfründe sichern wollen.

Selbstverständlich sind auch im Bereich der Nachhaltigkeitsregulierung Interessengruppen aktiv involviert, für die dabei mehr herausspringt als nur eine schönere, biodiversere und klimageschütztere Welt. Wir sehen grundsätzlich kein Problem darin, von etwas überzeugt zu sein, entsprechend zu investieren und auch politisch Einfluss zu nehmen. Problematisch wird es, wenn dem derart beeinflussten Staat als letzter Instanz die Bewertungskompetenz fehlt. Insofern ist es nur folgerichtig, dass Nachhaltigkeitsregulierung erst einmal mit einer Bestandsaufnahme und einer Berichtspflicht beginnt. Anders gesagt: Es gilt herauszufinden, wie schlimm die Lage überhaupt ist.

↘ 2.2 Bericht für Bericht zu einer besseren Welt?

Am 5. Januar 2023 trat die Corporate Sustainability Reporting Directive (CSRD) in Kraft. Zunächst betraf sie die Unternehmen, für die zuvor auch schon die Non-Financial Reporting Directive (NFRD) gegolten hatte, und verordnete ihnen neue Standards im Berichtswesen. EU-weit fielen knapp 12 000 Unternehmen unter den Definitionsrahmen der NFRD und der ersten Phase der CSRD. Sie wurden unter »große, kapitalmarktorientierte Unternehmen« zusammengefasst. »Groß« bedeutete eine Gesamtbilanz von mehr als 20 Millionen Euro und/oder einen Nettoumsatz von mehr als 40 Millionen Euro und/oder mehr als 500 Angestellte – wer mindestens zwei dieser Kriterien erfüllte, galt als groß. »Kapitalmarktorientiert« bedeutete wiederum, dass es sich um ein Finanzinstitut, eine Versicherungsgesellschaft oder um ein börsennotiertes Unternehmen handelte. In den folgenden Jahren, so der ursprüngliche Plan, sollte der Kreis der berichtspflichtigen Unternehmen stetig erweitert werden: ab 2025 auch auf nicht börsennotierte große Unternehmen, ab 2026 auch auf nicht große börsennotierte Unternehmen, ab 2028 auf nicht europäische Unternehmen mit mehr als 150 Millionen Euro Umsatz innerhalb der EU. »Die neuen Regeln«, so erläutert es die Sustainable-Finance-Website der EU-Kommission, »werden sicherstellen, dass Investoren und andere Stakeholder Zugang zu den Informationen haben, die sie benötigen, um die Auswirkungen von Unternehmen auf Menschen und die Umwelt zu bewerten.«[1]

Das ist, gemessen an der Ambition eines klimaneutralen Kontinents und eines Green-Deal-Investitionspakets von einer Billion Euro, überraschend bescheiden formuliert. Andererseits muss man vielleicht auch nicht immer das Lied von der Rettung der Welt singen und nicht in jeder Richtlinienkommunikation so tun, als wäre das massenhafte Ausfüllen und Einreichen von Formularen schon der Nachhaltigkeit letzter Schluss. Zu den Punkten, die von der CSRD betroffene

Unternehmen offenlegen müssen, gehören unter anderem die CO_2-Emissionen entlang der Wertschöpfungskette, Angaben zum Energieverbrauch aus erneuerbaren und nicht erneuerbaren Quellen sowie Daten und Informationen zu Wasserverbrauch und Abfallmanagement, Geschlechterverteilung in Führungspositionen und Unfallquote am Arbeitsplatz, globale Maßnahmen zur Korruptionsprävention und allgemein die Taxonomiekonformität unternehmerischen Handelns, also des Umsatzes, der Investitionen und der Betriebsausgaben.

Es geht einmal quer durchs ESG-Universum und einmal die Lieferketten entlang, es geht um Angaben zur Förderung oder Nichtförderung der sechs Taxonomieziele, es geht um Vergütungssysteme und um Geschäftsethik. Und das alles soll aus der Perspektive der sogenannten doppelten Wesentlichkeit geschehen. Die Berichte sollen also einerseits darlegen, wie das unternehmerische Handeln tatsächlich oder potenziell Fragen der Nachhaltigkeit berührt und beeinflusst (Inside-out-Perspektive), und andererseits, welche Auswirkungen Nachhaltigkeitsthemen auf die finanzielle Lage des Unternehmens und auf die Zukunftsfähigkeit seines Geschäftsmodells haben (Outside-in-Perspektive).

Es geht, kurz gesagt, um eine ganze Menge an Informationen und Details, und wir werden über ihre Konsequenzen später noch sprechen. Diese Menge an abgefragten Informationen wiederum wirkt dafür, wie nüchtern die EU die neuen Regeln in ihrem kleinen Begründungstext vorstellt, dann doch wieder sehr ambitioniert und umfassend. Mitunter schießt die Ambition auch am Thema vorbei oder wirft neue Fragen auf, denen sich ein Unternehmen kaum allein stellen kann. Ein Investor der öffentlichen Hand, der die Finanzierung von Projekten weltweit betreut und Nachhaltigkeitsfragen durchweg aufgeschlossen und progressiv gegenübersteht, stellt im Gespräch mit uns nüchtern fest, dass sich in manchen Ländern Korruption praktisch nicht vermeiden lasse, dass umfangreiche Angebote und Rechnungen mitunter Posten enthielten, die sich eigentlich nicht auf Projekte anrechnen lassen. Das könne man natürlich vermeiden, aber das ginge nur in einer sehr engen, sehr kleinteiligen Kontrollwirtschaft. Diese zu etablieren, sei das eine, sie auch noch minutiös und nach neu etablierten EU-Standards zu dokumentieren, das andere.

Regulatorische Schritte vor, zurück, zur Seite, ran

Eingeführt wurde das alles zunächst nur als ein Rahmen, eine Ankündigung, ein »Darauf müssen sich Unternehmen beizeiten vorbereiten«, denn einen Aspekt im regulatorischen Vorgehen der EU haben wir bislang außen vor gelassen: EU-Richtlinien wie die CSRD sind mit ihrem Inkrafttreten kein europäisches Gesetz, sondern müssen erst in das jeweilige nationale Recht der Mitgliedstaaten überführt werden. Erst dann sind Unternehmen tatsächlich verpflichtet, nach den neuen Vorgaben zu berichten. Die EU hatte dafür eigentlich eine Umsetzungsfrist bis zum 6. Juli 2024 gesetzt. Zum Zeitpunkt der Niederschrift dieses Satzes allerdings haben acht von 27 EU-Staaten diese Frist gerissen[2], darunter auch Deutschland, wo die Umsetzung der Direktive mit dem Zerfall der Koalition aus SPD, Grünen und FDP ins Schlingern geraten ist. Ob und wann der Kurs wiedergefunden wird, ist im Moment aus verschiedenen Gründen offen.

Das hängt zunächst mit einem Stimmungswechsel in der Politik selbst zusammen. Die Europäische Volkspartei (EVP), die sich aus konservativen Mitgliedsparteien der EU, so auch der CDU, zusammensetzt, hat im Januar 2025 ein Positionspapier entwickelt, das die temporäre Aussetzung und die Überarbeitung der CSRD und anderer Nachhaltigkeitsrichtlinien fordert. Außerdem solle die Berichtspflicht nur für Unternehmen ab 1000 Mitarbeitenden gelten und für diese Unternehmen zudem deutlich reduziert werden. »Dies würde Rechtssicherheit für alle betroffenen Unternehmen schaffen und langfristig den bürokratischen Aufwand verringern.«[3]

Auch die scheidende Ampelregierung stieß in ihren letzten Monaten in ein ähnliches Horn. Im Dezember 2024 schrieben die Bundesminister Wissing, Kukies, Habeck und Heil der EU-Kommission einen Brief, in dem sie die eben genannte Linie der EVP vorwegnahmen: Aussetzung der noch nicht in Kraft getretenen Teile der Berichtspflicht, Herabsetzung der Bemessungsgrenzen, Reduktion der erfassten Datenpunkte und Einschränkung der Berichtstiefe entlang der Lieferketten. »Während die deutsche Bundesregierung die übergeordneten Ziele der Förderung einer immer stärkeren und nachhaltigeren europäischen Wirtschaft weiterhin voll unterstützt«, heißt es da, »sind wir der Auffassung, dass die derzeitigen Anforderungen an die Nachhaltigkeitsberichterstattung zu umfangreich sind.«[4]

Schließlich ist da die EU selbst, die angesichts einer sich verfestigenden Wirtschaftskrise und eines sich drehenden politischen Windes schon nach der Europawahl 2024 begonnen hatte, eher von »Wettbewerbsfähigkeit« als von einem »Green Deal« zu sprechen, und die Anfang 2025 in den Rückwärtsgang schaltete. Am 26. Februar 2025 skizzierte Ursula von der Leyen beim Europäischen Industriegipfel die umfangreich überarbeiteten Berichtsregeln: Sie sollen rund 80 Prozent der bisher betroffenen Unternehmen aus der Berichtspflicht nehmen und von den restlichen 20 Prozent deutlich weniger Informationen abfragen, als bis dahin geplant; die Tiefe des Reportings entlang der Lieferkette soll begrenzt werden. Die dadurch eingesparten Verwaltungskosten werden mit 6,3 Milliarden Euro beziffert, mittelständische Unternehmen sollen mindestens 35 Prozent weniger Bürokratieaufwand erfahren. Von ihren ambitionierten Zielen allerdings will die EU nicht abweichen, und auch die Bedeutung der Berichtspflicht an sich stellt sie zumindest nicht explizit infrage.

Über-, Unter- oder Dranvorbeiregulierung oder alles auf einmal?

Nun war und ist das Bürokratieargument nicht von der Hand zu weisen: Taxonomie und Berichtspflichten machen wirklich viel Aufwand. Doch am Anfang der Entwicklung dieser aufwandsschweren Regularien stand ja eine konkrete Idee, die nun im neu entbrannten Kampf gegen die Bürokratie und durch die Einschränkung der Berichtspflichten wieder in den Hintergrund gedrängt wird. Mal abgesehen von der

Ambition, bis 2030 alles dafür getan zu haben, dass Europa im Jahr 2050 CO_2-neutral ist: Wie war das noch mit dem Zugang zu den Informationen, die Investoren und andere Stakeholder benötigen, um allerlei Auswirkungen, Chancen und Risiken rund um Nachhaltigkeit und Klimawandel bewerten zu können? Sollten die neuen Regeln nicht gerade diesen Zugang ermöglichen?

Auf die Neubewertung der CSRD zumindest haben einige Investoren bereits vor von der Leyens CSRD-Rückruf empfindlich reagiert. Anfang Februar 2025 veröffentlichte ein Zusammenschluss verschiedener Investoren ein Statement, das vor juristischen Unsicherheiten warnt und Investitionen ebenso in Gefahr sieht wie die Wettbewerbsfähigkeit. Demnach seien Investoren »entscheidende Akteure, wenn es darum geht, Klimaschutzlösungen und wachstumsstarke Sektoren mit Kapital zu versorgen. Der rechtzeitige Zugang zu qualitativ hochwertigen und vergleichbaren Berichten ist eine Grundvoraussetzung für ihre Investitionsentscheidungen: Investoren sind die wesentlichen Leser von Nachhaltigkeitsberichten.«[5]

Dies bestätigt uns auch unsere Gesprächspartnerin aus einem der größten Private-Equity-Fonds der Welt, die der Berichtspflicht einiges abgewinnen kann. In ihren Augen sind die regulatorischen Maßnahmen ein unverzichtbares Mittel zu einer transparenten und realistischen Risikobewertung. Die Unternehmen, in die sie investieren, sind in einzelnen Bereichen ihrer Wertschöpfung oft Blackboxes gewesen, die keine belastbaren Daten lieferten und wo man sich auf Zusicherungen und Bauchgefühl verlassen musste. Dieses Risiko sei nun deutlich gemildert worden.

Gleichzeitig, so erklärt sie, lasse die Rahmensetzung der Berichtspflichten noch viele Fragen offen, wenn es etwa um relevante, messbare Indikatoren in den ESG-Themenbereichen geht, die nichts oder wenig mit Emissionen und Umwelt zu tun haben, also in S und G, in sozialen und in Governance-Themen. Hier würde ihr Kollege aus dem staatlichen Investmentbereich, mit dem wir für unser Buch sprachen, wahrscheinlich einwenden, dass selbst das E, also die Umweltthemen, noch nicht ausreichend definiert sei. In Fragen der Biodiversität etwa habe sich seine Organisation über Schätzungen und die Berechnung von Ökosystemleistungswerten – also des Barwerts des Outputs von Ökosystemen wie reines Wasser, saubere Luft, Schutz vor Erosion, Bestäubung von Nutzpflanzen – einer Biodiversitätsbestimmung genähert. Doch in der CSRD würden sich solche Bemühungen nicht niederschlagen.

Brauchen wir also eigentlich doch noch ein kleinteiligeres Berichtswesen? Und weil wir noch nicht genug Fragen gestellt haben: Um das europäische Ziel des »Net zero bis 2050« zu erreichen, müssten eigentlich bis 2030 alle Weichen gestellt sein. Ist dann aber eine Nachhaltigkeitsregulierung, die vor allem auf Messung und Bericht abstellt und fünf Jahre vor dieser Deadline noch immer und nun auch von den Regulierern selbst angezweifelt und hinterfragt wird, wirklich das richtige Mittel? Läuft uns nicht die Zeit davon?

Gut gemessen ist halb getan

Nun, da sind wir wieder am Anfang des Kapitels: Wir haben der Zeit wirklich lange beim Davonlaufen zugeschaut und lieber unser Geld gezählt. Ehe wir nun effektiv und nachhaltig tätig werden, schauen wir erst einmal, wo genau wir unsere Nachhaltigkeitshebel ansetzen können. Das ist ein entscheidendes Argument der Berichtspflicht als Baustein für eine nachhaltige Zukunft: What gets measured, gets done – was gemessen wird, wird getan. Mach etwas zu einer Leistungskennzahl, einem »key performance indicator«, kurz KPI, und du erhöhst die Wahrscheinlichkeit, dass sich jemand damit beschäftigt, dass sich Prozesse und Methoden ändern, die für diesen KPI relevant sind. »Wir messen das jetzt« schafft Überprüfbarkeit, wo vorher nur Ignoranz vorherrschte.

In den aktuellen Nachhaltigkeits-Richtlinien, so erklärt es uns zumindest einer ihrer Mitentwickler, ist die Taxonomie am ehesten das Instrument, das unternehmerische Nachhaltigkeits-Performance im Sinne zuvor bereits erlassener EU-Richtlinien zu Emissions- oder Inhaltsstoff-Grenzwerten bewertet. Dabei legt die Taxonomie-Verordnung selbst aber keine Sanktionen im Falle einer schlechten Performance oder der Nichteinhaltung der sechs Nachhaltigkeitsziele fest. Indirekte Nachteile haben die mäßig performenden Unternehmen in der Regel nur durch erschwerte Finanzierung und höhere Kapitalkosten. Nur dort, wo sie tatsächlich gegen Umweltvorgaben und -gesetze verstoßen, können Strafen oder Betriebseinschränkungen die Folge sein.

Berichtspflichtinstrumente wie die Sustainable Finance Disclosure Regulation (SFDR), die Banken, Fonds und Versicherungen zur Nachhaltigkeitsoffenlegung in Bezug auf ihre Investitionen verpflichtet, oder eben die CSRD sind noch weniger mit negativen Folgen verbunden. Sie zielen ausschließlich auf Offenlegung und Transparenz. Unser Gewährsmann im regulatorischen System räumt ein, dass man natürlich hätte vorschreiben können, was Unternehmen konkret machen sollen. Aus regulatorischer Erfahrung sei man jedoch davon ausgegangen, dass die Messung und die Transparenz dieser Indikatoren tatsächlich zu Verbesserungen führen, dass sich diese Offenlegungsstandards im Markt etablieren und es dann auch zu Lösungen zur Verbesserung der entsprechenden Werte kommt. Dieser Effekt lasse sich auch empirisch beobachten.

In der realen Welt der Unternehmen und Vorstandsetagen, unabhängig vom bestehenden Nachhaltigkeits-Engagement, ist das Meinungsbild sehr viel differenzierter: Manchen geht das alles zu weit, anderen nicht weit genug. Manchen grätschen die Standards der EU empfindlich in die eigenen mühsam entwickelten Maßnahmen, andere freuen sich, ihre Bemühungen endlich regulatorisch unterfüttert zu sehen. Mancher stößt sich am engen Fokus der Berichtspflichten auf das Thema Emissionen, aber dieser ist auch der tatsächlichen Messbarkeit ebendieser Emissionen geschuldet. Für die Messbarkeit der Bemühungen um Biodiversität etwa klafft in den entsprechenden Verordnungen noch eine Lücke: »Hier bitte bei Gelegenheit Details nachreichen.«

Im Jahr 2022 hat das Asset Management der französischen Bank BNP Paribas eine Studie veröffentlicht, die den Biodiversitäts-Fußabdruck ihrer Portfolio-Unternehmen, also ihrer Investmenttätigkeit, beziffert. Dazu weist sie ihren Investments in verschiedenen Kategorien – Flächennutzungsänderung, Luftverschmutzung, Wasserverschmutzung, Klimawandel – das Äquivalent zerstörter Landfläche zu. Sie kommt zu dem Ergebnis, »dass die Investitionen des Unternehmens potenziell jedes Jahr zu einer vollständig degradierten Fläche führen, die der fünffachen Größe von London entspricht«[6]. Dieses Ergebnis und seine Messmethodik seien nun die Grundlage für zukünftige Verbesserungen im Dienst der Verkleinerung dieser zerstörten Fläche; Biodiversitätsdaten seien zukünftig Teil ihrer eigenen ESG-Bewertungsmethoden. Weitere Details gibt es nicht, und damit berührt die BNP Paribas gleich zwei empfindliche Punkte: Zum einen wird die Entwicklung neuer Verfahren, Standards und Verordnungen für die heute noch nicht nach EU-Standard messbaren Faktoren den bürokratischen Aufwand der Berichtspflicht definitiv nicht verkleinern. Zum anderen fehlt es bislang an konkreten Ideen dazu, was nach der Erhebung und Bewertung all dieser Daten denn geschehen soll, um echte Veränderungen anzustoßen. Die allgemeine Grundüberzeugung scheint zu sein, dass dann die Investoren, Banken, Versicherungen, Geldgeber nur noch in die richtig supernachhaltigen Unternehmen und Unternehmungen investieren und der Rest irgendwie verschwindet. Daran werden wir später noch im Detail zweifeln, aber wir erlauben uns an dieser Stelle schon einmal eine hochgezogene Augenbraue.

Berichtspflicht am Limit

In den Augen des schon mehrfach erwähnten Finanz-CEOs ist das ganze Vorgehen eine gewaltige Verschwendung anderswo dringend benötigter Zeit und dringend benötigten Geldes. Wenn es darum gehe, echte Wirkung – »real world impact« – zu erzeugen, seien alle diese Maßnahmen »nicht kriegsentscheidend«, würden aber einen gewaltigen Aufwand verursachen. In seinen Augen wäre etwa eine Besteuerung, deren Einnahmen in den Ausbau erneuerbarer Energien gesteckt würden, viel sinnvoller: »Dann stört es uns, dass wir eine Steuer zahlen müssen. Aber wenigstens entsteht etwas.« Ein Investor aus der Lebensmittelbranche zweifelt daran, dass in seinem Sektor überhaupt in allen Teilen aussagekräftige Berichte entstehen könnten: Wie solle man Kosten der Treibhausgasemissionen entlang der Liefer- und Wertschöpfungskette messen, wenn man dabei doch die gesamte Futterproduktion, Flächennutzungsänderungen, das Roden des Regenwaldes, Transporte, Ausschuss und Verluste berücksichtigen müsste. »Wir verlieren ein Drittel der Lebensmittel entlang der ganzen Kette. Da zeige mir einer, wie man das berechnen soll.« Und unser Gesprächspartner der öffentlichen Hand pflichtet ihm bei, wenn es um die Sorgfaltspflichten und die Datenerfassung entlang der Lieferkette geht: Wenn eine Bank Goldbarren in ihrem Bestand habe, dann sei es ihr völlig unmöglich, nachzuweisen, dass bei der Produktion dieser Barren keine Kinderarbeit eingesetzt wurde. Es sei allerdings genauso unmöglich, nachzuweisen, dass eben doch Kinderarbeit eingesetzt wurde. Es ließe sich schlicht nicht rekonstruieren. Die Gewinnung von und der Handel mit Rohstoffen allgemein seien weit weniger gut dokumentiert und nachvollziehbar gemacht, als es sich die Regulatoren offenbar vorstellten.

Immer wieder hören wir in unseren Gesprächen auch Zweifel an der Zwangsläufigkeit der Idee »Transparenz schafft Veränderung in den Märkten«, die von den Regulatoren vorausgesetzt wird. Viele Ressourcen würden aktuell dafür mobilisiert, maschinenverarbeitungsfähige und damit vergleichbare Datenpunkte zu produzieren, die dann irgendwann zu Analysen führen könnten. Während Asset-Investoren und Großbanken zwar tatsächlich verstärkt auf diese Daten schauten, um zu Investmententscheidungen zu kommen, geschehe das eben eher aus Compliance-Gründen als aus tatsächlicher Marktdynamik heraus. Die EU-Kommission treffe doch sehr akademische Annahmen, deren praktische Wirkung nicht unbedingt mit ihren Theorien übereinstimme. Für die Nachhaltigkeitsdebatte sei das ein kritischer Moment:

Dringend nötige Veränderungen zugunsten der Nachhaltigkeit würden nicht umgesetzt, und das Bemühen um diese Veränderungen bekomme durch den regulatorischen Aufwand, die überbordende Bürokratie und die unklare Planung einen allgemein schlechten Ruf.

Das sind samt und sonders Punkte, die uns nachvollziehbar und problematisch erscheinen. Aber war es den Regulatoren nicht auch wichtig, ein Bild von der Gesamtlage zu bekommen, um daraus Maßnahmen ableiten zu können? Und erschien ihnen die Berichtspflicht an sich nicht wie ein ziemlich guter Weg, die Gesamtlage zu erfassen? Selbst dem Regulierungsexperten, der diesen Eindruck eigentlich teilt, kommen mitunter Zweifel. Etliche Aspekte der aktuellen Richtlinien seien eben doch eher politisch als wissenschaftlich getrieben, viele Teile der Berichtspflichten würden sich außerdem eher an dem orientieren, was an Reporting möglich und wünschenswert sei, als an dem, was tatsächlich sinnvoll wäre. Und auch im Private-Equity-Bereich, in dem man die Berichtspflicht grundsätzlich willkommen heißt, werden Zweifel am konkreten Vorgehen laut. Die breite Palette unterschiedlichster Unternehmen, mit denen man zusammenarbeite, heißt es dort, mache eigentlich ein sehr viel differenzierteres und variableres Reporting nötig, als es die aktuelle Regulierung vorsieht. Der »One size fits all«-Ansatz der Kommission sorge hier letztlich für einen Aufwand, der am Wesentlichen oft vorbeigeht.

Das sieht die EU mittlerweile offenbar selbst so. Ob und wann die aktuell angestrebte Überarbeitung der Berichtspflicht aber Verbesserungen zeitigt und wie all das zu »CO_2-neutral bis 2050« führt, scheint uns inzwischen doch eine weit offenere Frage zu sein als zu Beginn dieses Kapitels.

↘ 2.3 Zukunft wird mit Geld gemacht

Die Rolle der Finanzbranche als Nachhaltigkeitsexekutive

Wenn Sie einen Konsumentenkredit aufnehmen wollen, dann geht das mittlerweile recht unkompliziert. Private Kredite werden Ihnen heute sogar praktisch aufgedrängt, ob per noch real verschicktem Brief Ihrer Bank oder Sparkasse oder hochmodern integriert in den Checkout-Prozess Ihres Online-Einkaufs. Klickklick, erledigt, vielleicht irgendwo noch ein Ausweisfoto oder ein kurzes Video-Ident-Gespräch, schon haben Sie Schulden gemacht. Wenn Sie den Kredit tatsächlich in Ihrer Bank abschließen, dann fragen manche Banken und Berater über ein kleines Feld im entsprechenden Formular ab, was sie denn mit dem Geld so vorhaben. Das ist meist ein optionales Feld, kann übersprungen werden, ist für die meisten Konsumentenkredite irrelevant.

Es sei denn, so erzählt es uns der Nachhaltigkeitschef eines deutschen Bankinstituts, Sie schreiben zum Beispiel »Autokauf« in dieses Feld. Denn dann wird das sofort ein Thema für die Nachhaltigkeitsberichterstattung Ihrer Bank, deren Investment nun in ein möglicherweise nicht ausreichend nachhaltiges Projekt geht. Ist es ein Verbrenner? Ist es ein E-Auto? Letzteres wäre schon mal super. Aber was ist es für ein Typ? Wie laut ist es? Wie hoch ist der Rollwiderstand der Reifen? Das müsste, so unser Gesprächspartner, eigentlich jedes Mal abgefragt werden. In den meisten Fällen druckse die Bank mit dem Kunden eher ein bisschen herum, um den »wahnsinnig komplizierten Prozess« hinter der Kreditentscheidung zu vermeiden. Aber eigentlich sei das schon ein Verstoß gegen die Berichtspflicht.

Die regulatorische Verordnung, die hier greift, ist die weiter oben schon einmal erwähnte Sustainable Finance Disclosure Regulation (SFDR). Sie ist das Instrument, mit dem Banken, Versicherungen, Vermögensverwalter – also verschiedenste institutionelle Investoren – zur

Offenlegung in Nachhaltigkeitsfragen verpflichtet werden. Sie müssen aufzeigen, inwiefern ihre Finanzprodukte, ihr Portfolio, ihre Investitionen nachhaltig sind und ESG-Kriterien berücksichtigen. Ein, wir zitieren noch einmal, jeweils »wahnsinnig komplizierter Prozess«, der sich oberhalb des kleinen Privatkredits nicht ohne Weiteres umgehen lässt. Die Idee ist im Grunde jene, die wir kurz vor der letzten Zwischenüberschrift skizziert haben: Finanzinstitute sollen gezielt Kapital in nachhaltige Unternehmen und Projekte lenken, nichtnachhaltige Geschäftsmodelle dagegen erschweren. So sollen sie die Transformation zur nachhaltigen Gesamtwirtschaft anschieben und vorantreiben: nachhaltige Investitionen hui, umwelt- und sozialschädliche Aktivitäten pfui. Damit wird der Finanzsektor zum ausführenden Instrument der Nachhaltigkeitsstrategie der EU, indem er auf seine Art die Sanktionen verhängt, die die Regulierung nicht explizit aufführt: Die einen bekommen Geld, die anderen gehen leer aus.

Wie zu vielen Aspekten der Nachhaltigkeitsregulierung haben unterschiedliche Menschen in unterschiedlichen Positionen auch hierzu unterschiedliche Meinungen. Die Politik habe den Finanzsektor für politische Ziele missbraucht, erklärt uns eine Führungskraft einer Bank, was aber andererseits schon okay sei, da Geld eben nicht neutral sei und immer auch positive und negative Wirkungen haben könne. Die Politik habe den Finanzsektor für politische Ziele missbraucht, erklärt uns sinngemäß ein Politiker, was absolut nicht okay sei, da Nichtfinanzfragen nicht über Finanzregulierung geregelt werden sollten.

Im Finanzsektor, meint wiederum ein Regulierungsverantwortlicher, habe sich nach Jahren der Ignoranz schlicht ein Bewusstsein dafür entwickelt, dass Nachhaltigkeitsrisiken materielle Risiken für die Unternehmen und damit gerade auch für die Finanzinstitutionen selbst sind, weshalb diese offen für regulatorische Maßnahmen seien. Das stellt auch der obige Politiker fest – kopfschüttelnd. Vor einigen Jahren seien auf einmal Investoren und Bankiers in Begleitung von NGOs zu ihm und anderen gekommen und hätten nach Jahren der

Beschwerden über zu viel Regulierung und zu enge Bürokratiekorsette plötzlich das Hohelied der Nachhaltigkeitsregulierung gesungen.

Tatsächlich schrieb auch der Gründer und Vorstand des weltgrößten Vermögensverwalters und Investors BlackRock, Larry Fink, 2022 in seinem jährlichen Brief an die Investoren: »Der Kapitalismus hat die Macht, die Gesellschaft zu formen und als starker Katalysator für Veränderungen zu wirken. Doch Unternehmen können dies nicht allein tun, und sie können nicht die Klimapolizei sein. [...] Wir sind darauf angewiesen, dass die Regierungen klare Leitlinien und eine einheitliche Taxonomie für die Nachhaltigkeitspolitik, die Regulierung und die Offenlegung marktübergreifend vorgeben.«[7] Geliefert wie bestellt, also? Das ist nur ein Teil der Wahrheit, denn der EU kam diese Regulierungsoffenheit sehr entgegen: Finanzmarktregulierung ist hier ein hinlänglich verstandenes Politikfeld. Wenn es dagegen um Industriestrategie geht, tut sich die EU und tun sich einige ihrer Mitgliedsstaaten hingegen seit Jahren schwer. In Zeiten der Disruptionen, der Technologiesprünge und Paradigmenwechsel ist vor allem Deutschland in dieser Hinsicht nach Meinung eines führenden Wirtschaftswissenschaftlers, wir schrieben es bereits, »eine Katastrophe«. Finanzmarktregulierung scheint da der sicherere Weg zu sein.

Die sehr aufwendige Bestandsaufnahme und andere überraschende Folgen

Larry Finks Kommentar von 2022 deckt sich im Grunde mit der Erkenntnis, die wir im Lauf unserer Beschäftigung mit dem Kapitalismus gewonnen haben: Der Kapitalismus allein wird nicht dafür sorgen, dass Mutter Erde weniger ächzt. Das sehen selbst die Regulierungskritiker so, mit denen wir gesprochen haben: Die Renditeorientierung des Finanzkapitalismus steht einer nachhaltigen Transformation erst einmal im Wege, und die tatsächlichen Unternehmensführer – die CEOs, Vorstände und Aufsichtsräte – haben kaum Anreize, im Sinne dieses Wandels tätig zu werden. Ihre Verträge sind zeitlich begrenzt, und ihre Vergütungen und Boni bekommen sie nicht dafür, dass sie zugunsten der Nachhaltigkeit auf kurzfristige Gewinne verzichten. Hier sorgt der Eingriff des Staates also erst einmal für eine Leitlinie und für Augenhöhe unter konkurrierenden Unternehmen: Alle müssen, alle werden. Die, die sich sowieso stärker an nicht unmittelbar renditerelevanten Faktoren ausrichten wollten, haben nicht mehr die Sorge, gegenüber ihren radikalkapitalistischen Wettbewerbern Verluste hinnehmen zu müssen. Teams und Strukturen werden geschaffen, Nachhaltigkeit wird wichtig. Die Regulatorik, so schildert es uns ein Nachhaltigkeitsmanager, schafft neue Ressourcen, ermöglicht andere Allokationsentscheidungen, garantiert die nötige Aufmerksamkeit der Führungskräfte und sorgt dafür, dass das Thema Nachhaltigkeit in der internen und externen Kommunikation an Relevanz gewinnt. »Ich hätte kein Team von zwanzig Leuten, wenn es diese Regeln nicht gäbe.«

Die Realität sieht in vielen Banken und Finanzinstituten freilich anders aus. Der Großteil dieser zwanzig Leute arbeitet nämlich nicht daran, das Unternehmen nachhaltiger auszurichten, neue Produkte und Geschäftsfelder zu entwickeln, die Kommunikation mitzugestalten, aufzuklären und weiterzubilden. Stattdessen nimmt dieser Großteil eine zentrale Rolle in der Umsetzung der Regulierung ein, ist eher nichtfinanzielle Buchhaltung als Nachhaltigkeitstreiber und schlägt sich Tag für Tag mit Taxonomie-Vorlagen, Meldebögen, Scope-3-Offenlegungen herum. Das hat Folgen für die Bewertung des Themas Nachhaltigkeit insgesamt: Anstelle des erhofften Gefühls, die Welt zu verbessern, findet man sich tagein, tagaus in elender Pflicht- und Fleißarbeit wieder. »Eine lästige Scheißaufgabe«, stöhnt der Nachhaltigkeitsmanager stellvertretend für viele andere. Ganz anders geliefert als bestellt also?

Das Argument der Banken für mehr Regulierung und vor allem mehr ESG-Vorgaben, so erzählt es uns ein Experte aus der Politik, habe gelautet, dass der Finanzmarkt als Ganzes sie nun einmal einfordere. Auch Larry Fink als Teil des Finanzmarktes stößt ja in dieses Horn. Wenn dem aber so sei, fragt unser irritierter Gesprächspartner, warum geben die Banken dem Markt dann nicht selbst, was er verlangt, indem man etwa einen dezidierten Markt für ESG-Themen schafft? Dann würden diese Themen dort behandelt, aber marktgetrieben, und man hätte auch die Flexibilität, auf neue Entwicklungen zu reagieren und neue Technologien und Lösungen einzupreisen, für die eine stets mühsam abzustimmende Regulatorik keinen Spielraum bietet. Schon jetzt sehe es so aus, als würde der Glaube der EU, mit ihrer Nachhaltigkeitsregulierung ein Vorbild für den Rest der Welt zu schaffen, nicht aufgehen. Politische und wirtschaftliche Partner in anderen Ländern würden abwinken, wenn das Gespräch auf regulatorische Nachhaltigkeitsbemühungen käme. Das leuchtet uns ein. Tatsächlich reicht aktuell der Blick in die USA, um zu sehen, wie dramatisch eine Volkswirtschaft auch in die andere Richtung pendeln kann.

Überdies zeigt uns eine politische Anekdote, dass Taxonomie und Berichtspflicht Folgen haben, die von ihren Urhebern so nicht erwartet wurden: Im Gespräch mit einem hohen Beamten der Europäischen Kommission, so unser Mann in der Politik, habe dieser sich ziemlich irritiert gezeigt. Er habe nicht damit gerechnet, dass die Taxonomie in dem nun beobachtbaren Maße zu einem Wettlauf darum führen könnte, wer die grünere Bank mit dem grüneren Portfolio sei. Überraschenderweise habe dieser Wettbewerb auch nicht zur Folge, dass man möglichst viel in nachhaltige Unternehmen und Projekte investiert, sondern im Gegenteil werde das jeweilige Portfolio bereinigt. Es werde also nicht zusätzlich »grün« finanziert, sondern »braun« – die schmutzige, dreckige, fossile Geldanlage – einfach nicht mehr finanziert. Tatsächlich wissen wir von Instituten, die sich vor allem dadurch nachhaltiger aufgestellt haben, dass sie ihr Portfolio an Immobilien, die modernen Energiestandards nicht mehr genügen und sanierungsbedürftig sind, komplett abgestoßen haben. Das entspricht natürlich der Intention der Regulierung, Nichtnachhaltiges nicht mehr zu finanzieren. Aber hilft es der Nachhaltigkeit wirklich? Die Immobilien sind ja nicht weggezaubert worden. Sie verbrauchen und emittieren jenseits aller Taxonomien und Berichtspflichten fröhlich weiter vor sich hin.

Die Annahme, die große Nachhaltigkeit würde im Finanzsektor beginnen, trifft nur in Teilen zu

»Stranded Assets« nennt der Investmentexperte Vermögenswerte, deren Ertragskraft oder Marktwert drastisch zurückgeht oder sogar ins völlig Wertlose sinkt. Im Kontext der SFDR-Pflichten betrifft dies auch Vermögenswerte, die aus umwelt- oder klimabezogenen Gründen an Wert verlieren oder im Portfolio eines Investors – einer Bank, eines Fonds, einer Versicherung usw. – sogar zum Ballast werden. Die Hypothese der SFDR ist: Wenn die Banken ihre ESG-Risiken richtig bewerten, dann werden sie unter anderem die frisch identifizierten Stranded Assets wie etwa »braune Immobilien« oder Kohlekraftwerke aus ihren Portfolios werfen. Das hat, wie geschildert, in Teilen funktioniert, ändert jedoch nichts an der Existenz dieser Vermögenswerte. Nur weil europaweit Versicherungen längst keine neuen Kohlekraftwerke mehr versichern, wird keines der bereits existierenden Kraftwerke, bei denen man mit einer Lebensdauer von fünfzig bis hundert Jahren rechnen muss, vom Stromnetz genommen. Der Ausstieg der Versicherungen hat, so fasst es ein CEO aus ebendiesem Geschäft für uns zusammen, »Zero Real World Impact«.

Taxonomie und CSRD führen noch eine zweite Hypothese ein: Wenn Unternehmen ihren ökologischen und andere Fußabdrücke nur richtig dokumentieren und veröffentlichen, dann werden sich die Investoren mit Grauen von den Niedrigperformern ab- und den Vorreitern zuwenden. Diese Hypothese wird nun gerade getestet, aber eine Frage, an die wir in den Gesprächen für dieses Buch häufiger rührten, ist: Wie wünschenswert ist es eigentlich, dass diese Hypothese stimmt? Ist es, wenn es um die nachhaltigkeitsorientierte Transformation der Wirtschaft geht, sinnvoll, sich mit Grauen von heute noch nicht nachhaltig wirtschaftenden Unternehmen abzuwenden? Sollte man ihnen nicht gerade umgekehrt besondere Aufmerksamkeit schenken? Beantworten wir diese Frage erst einmal vom anderen Ende her. Im Grunde stoßen so gut wie alle Großinvestoren, die in »grüne Assets« investieren wollen, früher oder später auf das gleiche Problem: Sie haben mehr

Geld, als sie für grüne Assets ausgeben könnten – zumindest dann, wenn sie dem Kapitalismus noch nicht völlig abgeschworen haben und also ihre Renditeansprüche wahren möchten. Grüne Assets, so wurde uns das auch von sehr wohlmeinenden Gesprächspartnern geschildert, sind schlicht noch nicht in einem Maße rentabel, das den völligen Umstieg rechtfertigt.

Wäre das denn nicht ein Anlass, eben doch in die bisher hochrentablen »braunen Assets« zu investieren und so deren Transformation anzukurbeln? Denken wir mal groß und zugleich vor unserer Haustür: Wir wickeln hier in Deutschland gerade mit Milliardenbeträgen eine Kohleindustrie ab – Entschädigungen, Sanierungskosten, Investitionen in den Strukturwandel. Wenn dieses Geld vom Staat, das Eigenkapital der jeweiligen Unternehmen und das Geld institutioneller Investoren dafür eingesetzt würde, Braunkohlekonzerne zu Erneuerbare-Energie-Konzernen zu machen, etwa durch schwimmende Solarparks auf Tagebauseen – wäre das nicht sehr im Sinne der europäischen Net-zero-Ambitionen?

Sicher wäre es das, bestätigt einer unserer Gesprächspartner und bekommt fast feuchte Augen: »Eine richtig geile Cinderella-Story.« In diesem Bereich wäre das Geld doch am besten investiert, denn diese Unternehmen müssen sich verändern, Veränderung kostet Geld, und mit dem gewaltigen Hebel einer Bank oder eines Fonds könnte man diese Assets von braun über hellbraun bis immerhin zu hellgrün farbtransformieren. Dem steht neben der Regulatorik allerdings auch die für Investoren durchaus relevante öffentliche Meinung im Weg. Sie wird nämlich nicht zuletzt von NGOs geprägt, die sich vehement bis radikal für Nachhaltigkeit einsetzen und wenig Verständnis dafür haben, denen, die jahrzehntelang die Luft verpestet, die Erde aufgerissen, Menschen krankgemacht und die Klimakatastrophe befördert haben, noch Geld zu geben.

Wer bleibt übrig, wenn »die Guten« verschwinden?

Es ist nicht so, als gäbe es keine Präzedenzfälle für das, was passiert, wenn Portfolios bereinigt werden. 2016 zieht sich das staatliche schwedische Energieunternehmen Vattenfall aus dem Braunkohlegeschäft in Deutschland zurück. Die Details des lange vorher angekündigten Rückzugs, seiner Beweggründe, des Bieterverfahrens, an dem sich unter anderem Greenpeace beteiligte, und vor allem des Verkaufs selbst und seiner Folgen, sie würden ein eigenes Buch füllen. Deshalb hier nur der gewohnte Schnelldurchlauf: 2014 »erwägt« Vattenfall Presseberichten zufolge den Ausstieg aus der Braunkohle, wohl vor allem von der rot-grünen schwedischen Regierung getrieben, die die Zukunft des Unternehmens in den erneuerbaren Energien sieht. Vattenfall selbst macht dies zur offiziellen Unternehmenslinie. Parallel bringt sich der damalige deutsche Wirtschaftsminister Sigmar Gabriel recht vehement in die Diskussion um den Kohleausstieg ein, fordert Abgaben, skizziert ein Kohle-Gesetz. Zugleich bangen die Ministerpräsidenten Sachsens und Brandenburgs um die 30 000 Arbeitsplätze, die in ihren Regionen von der Braunkohle abhängen. Nach Abschluss des Bieterverfahrens erhält 2016 die tschechische EPH-Gruppe des Milliardärs Daniel Křetínský und ihr Finanzpartner PPF Investments den Zuschlag.

Für einen symbolischen Kaufpreis wird die Vattenfall-Kohlesparte zur LEAG. Wenig später werden, wie im deutschen Kohleausstieg vorgesehen, einzelne Kraftwerksblöcke abgeschaltet, wofür das Unternehmen und damit sein Eigentümer, wie ebenfalls in den staatlichen Ausstiegsplänen vorgesehen, bis zu 1,75 Milliarden Euro Entschädigung vom Staat erhält. Und das ist erst der Beginn eines »Wirtschaftskrimis«, wie Greenpeace im November 2024 schreibt, »der selbst Finanzprofis sprachlos macht«.[8] Die EPH-Gruppe ist bemüht, das Maximum an Gewinn und Kapital aus dem Geschäft der LEAG zu ziehen, kauft sich mit Millionenspenden von Verschmutzungsvorwürfen frei und schafft allen Anzeichen nach kaum Rücklagen für die nach dem Kohleausstieg nötigen Sanierungen – offensichtlich in der Annahme, dass dafür am Ende staatliche Gelder ausgegeben werden.

2024 steigt Křetínský ins Stahlgeschäft von thyssenkrupp ein – ebenfalls eine Industrie, die vor einer Transformation in Richtung Nachhaltigkeit steht, für die staatliche Gelder fließen werden, welche der neue Teilhaber offenbar freudig erwartet.

Es gilt hier, was auch bei den Versicherungen und den Kohlekraftwerken gilt: Wenn die, denen das Geschäft zu schmutzig ist, der Reihe nach aussteigen, bleiben am Ende jene übrig, die mit Schmutz kein Problem haben. Dabei ist es egal, ob es um Bergbau, Kraftwerke, Immobilien, Stahl oder Lebensmittel geht. Solange noch Gewinne zu realisieren sind, wird jemand diese Gewinne realisieren wollen. Mehrfach sind wir in unseren Gesprächen auf dieses Last-man-standing-Problem gestoßen, dem die jetzige Art und Weise der Nachhaltigkeitsregulierung noch Vorschub leistet.

Die Frage sollte doch sein, meint eine unserer Expertinnen, wie man Innovation beschleunigt und auf diesem Wege dafür sorgt, dass es schlicht wirtschaftlich sinnvoller ist, sich für erneuerbare Energien und gegen Kohleverstromung zu entscheiden. Die Antwort liefert sie gleich mit: Weniger Papierkram, mehr Subventionen, mehr Forschung an Speicherlösungen. Ein anderer Experte fragt sich, warum der Staat bei diesem zentralen Thema seine ordnungspolitischen Mittel so wenig bemüht und die Verantwortung so einseitig auf den Finanzsektor abwälzt. Auch er liefert seine Antwort gleich mit: Vielleicht, weil die Politik weiß, wie schwierig es ist, international Konsens herzustellen. Vielleicht auch, weil sie Sorge hat, mit zu direktem Durchgreifen die Bevölkerung zu verschrecken.

Von unserem politischen Experten bekommen wir dazu eine klare Position: Wenn der Staat der Meinung sei, dass bestimmte Geschäfte und Geschäftspraktiken nicht erlaubt sein sollten, dann sollte er als Gesetzgeber handeln. Dabei spiele es keine Rolle, ob es um Kohleverstromung, Kinderarbeit oder durch Zwangsarbeit ermöglichte Geschäfte mit chinesischen Partnern geht. Wenn Investoren der Meinung seien, dass in diese Bereiche nicht investiert werden sollte, dann sollten sie das lassen. Wenn der Staat aber Finanzmarktregulierung dafür benutze, seine Vorstellungen durchzusetzen, dann diene das weder ihm noch den Investoren – und es schade dem Ansehen und der Wirksamkeit des Regulierungsinstruments.

Der Rückzug von Investoren aus kompletten Sektoren oder die simple Verschiebung kohlenstoffintensiver Vermögenswerte von öffentlichen – und damit streng regulierten – Aktien- und Anleihemärkten auf private Märkte würde die Welt nicht auf netto null bringen, schreibt auch Larry Fink 2022 in seinem bereits erwähnten Investorenbrief. Doch offenbar hat die Nachhaltigkeitsregulierung ebendiesen Rückzug und ebendiese Verschiebung zur Folge. Dennoch scheint die EU davon überzeugt zu sein, dass sich ihr Netto-null-Ziel mit den gewählten regulatorischen Mitteln erreichen lässt. Auch wenn ihr langsam selbst Zweifel gekommen sind, scheut sie und scheuen ihre Mitglieder weiterhin davor zurück, dem Problem mit der Kraft der Ordnungspolitik beizukommen. Warum eigentlich?

↘ 2.4 Die Reprivatisierung staatlicher Verantwortung

Der erste klimaneutrale Kontinent bis 2050 werden, die Netto-Treibhausgasemissionen bis 2030 gegenüber 1990 um 55 Prozent reduzieren, bis ebenfalls 2030 drei Milliarden zusätzliche Bäume in der EU pflanzen – so beschreibt die Kommission die Eckdaten des europäischen Green Deals auch Anfang 2025 noch. Dafür arbeitet sie an verschiedenen Projekten, so etwa an einer effizienten Energiewende, am Schutz der biologischen Vielfalt und der Ökosysteme, an einem nachhaltigen Lebensmittelsystem und an einer Industriestrategie für ein wettbewerbsfähiges, grünes und digitales Europa. So weit, so gut, so klar formuliert – aber weshalb dann der unnötig umständliche Umweg über die Berichterstattung und den Finanzsektor? Warum nicht einfach die Liste der wünschenswerten und weniger wünschenswerten Verhaltens- und Wirtschaftsweisen, Produkte und Methoden, Prozesse und Abhängigkeiten ausformulieren und das eine fördern und das andere bestrafen? Warum das, was schadet, nicht einfach verbieten? Bei Glühbirnen und Plastikstrohhalmen hat das doch auch funktioniert!

»Extrem ärgerlich« sei es, schimpfte der langjährige Europaparlamentarier Herbert Reul Ende August 2012, »dass wir uns dieses Jahr definitiv von der Glühbirne verabschieden müssen. Mit dem Verbot von 40-W- und 25-W-Glühlampen sind wir endgültig auf gesundheitsgefährdende Energiesparlampen, die hochgiftiges Quecksilber enthalten, oder teure LED-Leuchten angewiesen.«[9] Der »Ökodiktatur-Unsinn« und die allgemein übermäßige Regulierungswut der EU gingen dem heutigen Innenminister Nordrhein-Westfalens zu weit: »Die Glühbirnen sind ein Symbol dafür, dass in der allgemeinen CO_2-Hysterie bald alle verbrauchsrelevanten Elektrogeräte ins Visier genommen werden. Von einem freien Markt kann dann keine Rede mehr sein.«[10] Reuls Ärger änderte nichts: Am 1. September 2012 trat die letzte Phase dessen in Kraft, was als »Glühbirnenverbot« lange die deutschen Gemüter erregt hat.

Wir werden uns der Glühbirnendiskussion später noch widmen müssen, doch hier wollen wir nur kurz spitzfindig sein: Im Wortsinn »verboten« hat die EU die Glühbirnen nie. Die Verordnung Nr. 244/2009 formuliert lediglich Kriterien für Energieeffizienz, die klassische Glühbirnen dann halt nicht mehr erfüllen. Diese Form von De-facto-Verbot ist ein gängiges Instrument der EU, eine gezielte Einflussnahme auf Marktmechanismen, die sich mit konkreten Verboten zurückhält, aber klare Kriterien für zulässige Produkte, Produktionsweisen und Maßnahmen formuliert. Die über die Jahre immer weiterentwickelte Ökodesign-Richtlinie bzw. -Verordnung etwa, auf der auch das Glühbirnen-Aus fußt, schließt ineffiziente Geräte nach und nach vom Markt aus. Auch das vieldiskutierte und derzeit bereits wieder auf dem konservativen Prüfstand stehende »Verbrenner-Verbot«

funktioniert ganz ähnlich: Niemand verbietet Verbrennungsmotoren, aber ab 2035 sollen Neuzulassungen bitte emissionsfrei sein.

Das mag tatsächlich nur ein Unterschied für pingelige Autoren wie uns sein, aber vergleichen wir das einmal mit Artikel 5 der Richtlinie »über die Verringerung der Auswirkungen bestimmter Kunststoffprodukte auf die Umwelt«, die uns den Plastikstrohhalm und das Plastikwattestäbchen weggenommen und den Plastikdeckel untrennbar mit der Plastikflasche vereint hat: »Die Mitgliedstaaten verbieten das Inverkehrbringen der in Teil B des Anhangs aufgeführten Einwegkunststoffartikel und von Artikeln aus oxo-abbaubarem Kunststoff.«[11] Letzteres ist Kunststoff, der nach seiner Nutzung schnell zu mikroskopisch kleinen Teilen zerfällt.

Wir werden auch auf die Plastikdeckeldiskussion noch an anderer Stelle näher eingehen müssen, doch wir wollen hier schon einmal eine Vermutung anstellen: Die Temperatur, auf der speziell diese Diskussion speziell hierzulande geführt wird, steht in keinem Verhältnis zur Bedeutung des Themas. Einwegplastik ist ein Problem für die Umwelt, es gibt passable Alternativen, das lässt sich schnell und vergleichsweise unkompliziert regeln bzw. einfach wegverbieten. Ähnlich schnell gelöste Fragen: Quecksilber in Thermometern, Tierversuche für Kosmetikprodukte, nichtzertifizierte Nachhaltigkeitssiegel. Verboten, verboten, verboten. So schnell kann's gehen.

In der Aufzählung wird schon deutlich, was ein Verbrenner-Aus oder die nachhaltige Transformation der gesamten kontinentalen Wirtschaft von solchen Themen unterscheidet: die Komplexität, die weitreichenden möglichen Konsequenzen konkreter Eingriffe sowie die zahlreichen Widersprüche und Interessenkonflikte der beteiligten Regierungen, Organisationen und Interessenverbände. Viele davon lassen sich als Variationen des hier schon wiederholt geschilderten Interessenkonflikts zwischen kapitalistischer Profitvermehrung und nachhaltigem Wirtschaften lesen, aber es wird gelegentlich komplizierter.

Konflikte, Narrative und die große Verantwortung

So ist die Nachhaltigkeitsgesetzgebung selbst voller Zielkonflikte, die meist zwischen den einzelnen Säulen des ESG-Konzepts sichtbar werden: Wer die energetische Sanierung von Wohnhäusern will, muss Antworten auf steigende Mieten finden. Wer erneuerbare Energien ausbauen und gleichzeitig landwirtschaftliche Flächen und Ökosysteme erhalten und schützen will, muss priorisieren. Wer den Ausbau der Solarenergie auf billigen Paneelen aus chinesischer Produktion abstellt, muss sich nach Menschenrechten und Zwangsarbeit in der chinesischen Solar-Kernregion Xinjiang fragen lassen. Wer die Kinderarbeit in einem Land wie Bangladesch nicht mehr in europäischen Lieferketten haben will, sollte nicht ignorieren, dass damit die Situation vor Ort kein Stück verbessert wird.

Die EU und der Staat allgemein haben einen guten Grund, diesen Debatten aus dem Weg zu gehen. Denn auch wenn die öffentliche Diskussion insbesondere die EU als ein übergriffiges Regulierungsmonster zeichnet: Sie ist durchaus konsens- oder doch zumindest mehrheitsgetrieben. Klar und konkret werden staatliche Institutionen eben nur dort, wo sie von einem gewissen Einverständnis ihrer Mitglieder und Stakeholder – Mitgliedsstaaten, Organisationen, Unternehmen, Bürgerinnen und Bürger – ausgehen und die möglichen Konflikte für vernachlässigbar halten. Hinter den oben angerissenen Ziel- und Interessenkonflikten lauern jedoch größere Spannungen und Widerstände.

Denen geht die Regulierung aus dem Weg, indem sie ein übergreifendes Narrativ – den Green Deal und seine Ambitionen – formuliert, dann aber nur einen Rahmen setzt, der zwar allerlei kleinteilige Pflichten und Kriterien definiert, konkrete Entscheidungen aber dann doch dem Markt und vor allem dem Finanzsektor überlässt. Das ist aus verschiedenen Gründen problematisch, doch betrachten wir hier nur einmal die Idee der übergreifenden Erzählung: Warum machen wir das alles?

Die detailliert berichtenden Unternehmen und ihre Banken und Versicherer, so beobachten und erfahren wir es in einigen Gesprächen, stellen in der kleinteiligen Auseinandersetzung mit Taxonomie und

Berichtspflicht fest, dass ihnen die Antwort auf diese Frage zunehmend unklar wird. Die European Sustainability Reporting Standards (ESRS) schreiben bislang insgesamt mehr als 1100 zu erfassende Datenpunkte vor. Auch wenn diese Zahl im Rahmen der Regulierungsreform gesenkt werden soll, bleibt festzuhalten: Die Technisierung und Bürokratisierung dessen, was »moralisch richtig« und im Sinne einer sich nicht länger selbst zerstörenden Welt sein soll, lässt Ambition und Inspiration verpuffen und verwandelt sie in eben die »lästige Scheißaufgabe«, von der im letzten Abschnitt schon die Rede war. Das wird uns auch aus anderen Unternehmen gespiegelt.

Vor fünfzehn Jahren, so erzählt man uns, hätten sich Investoren in der Risikoanalyse vor allem auf die weniger umfassenden und individueller definierten Standards des amerikanischen Sustainability Accounting Standards Boards (SASB) berufen, die die konkreten Berichtspflichten über eine klare Hierarchie von Sektoren, Untersektoren, Stakeholdern und konkreten Brancheneigenschaften festlegten. Die ESRS, so eine unserer Gesprächspartnerinnen, hätten sich zwar am SASB orientiert, dann aber immer mehr Daten hinzugefügt, die kaum noch im Zusammenhang mit dem tatsächlichen Unternehmertum standen. Wie passen diese Daten zu meinem Geschäft, zu meiner Wachstumsstrategie? Welche Innovationsbedarfe lassen sich aus ihnen ableiten? Wo sehe ich mein Geschäft und wo sehe ich meine Stakeholder in fünf Jahren, und wie lassen sich aus diesen Daten Erkenntnisse dazu entwickeln? Dies sei leider nicht die Art von Konversation, die nun zum Thema »Nachhaltigkeit« geführt werde. Da gehe es nur noch um Formulare, Fristen und Methoden.

Nun würden wir meinen, dass im Bemühen um ein nachhaltigeres Wirtschaften die Beschäftigung mit diesen Datenpunkten, also die Einpreisung negativer Effekte auf Biodiversität, Luftqualität oder soziale Systeme, durchaus ein wesentlicher Faktor in der Frage »Wo sehe ich mein Geschäft in fünf Jahren?« sein sollte. Aber diesen Anspruch transportiert die Nachhaltigkeitsregulierung eben nicht konsequent, denn sie definiert keine Grenz- oder Richtwerte für Facetten des unternehmerischen Handelns und sie kennt auch keine Sanktionen. Sie sagt: »Schaut euch das mal an und dann sagt Bescheid«, und überlässt den Rest den Banken, Versicherungen und Investoren.

»Sie dezentralisieren all diese Entscheidungen und machen jeden Teilnehmer individuell dafür verantwortlich, politische und gesellschaftliche Fragen und Zielkonflikte zu lösen«, bringt es ein Investor auf den Punkt. Dadurch entstehe zunächst nicht unbedingt mehr Nachhaltigkeit, sondern mehr Unsicherheit in der Interpretation der Teilziele und Prioritäten. Das wiederum führe zu höchst unterschiedlichen Strategien bei der Priorisierung. Rechtsunsicherheit und Haftungsrisiken seien eine weitere Folge. Das sei schlicht »Feigheit der Regierungsverantwortlichen«.

Wenn Kapitalisten einen mutigen Staat fordern

Dieser Vorwurf, der Staat sei hier nicht mutig genug gewesen, klare Entscheidungen zu treffen und eindeutige Vorgaben zu machen, ist uns häufiger begegnet. Wir finden ihn auch nachvollziehbar: Mit viel Aufwand und Mühe wurden staatliche Nachhaltigkeitsbestrebungen um die mit ihnen verbundenen Konflikte und Widersprüche herum reguliert. Die dabei entstandenen Richtlinien demonstrieren die Ambition und die Unbedingtheit dieser Bestrebungen in erster Linie durch ihren gewaltigen Umfang. Das gilt vor allem für die bis zum Februar 2025 geltenden CSRD-Vorgaben und die Taxonomie. Und mag auch das deutsche Lieferkettensorgfaltspflichtengesetz (LkSG) bissiger und sogar mit Sanktionsmöglichkeiten ausgestattet auftreten – klare Positionen zu globalen Marktintransparenzen, Zielkonflikten und der tatsächlichen Durchsetzungsfähigkeit vermeidet es ebenso.

Wir verstehen die von Unternehmern und Finanziers formulierte Kritik an der Feigheit des Staates weniger als tatsächlichen Aufruf zu mehr staatlichem Durchgriff und Sanktionierung. Sie wirkt eher wie ein allgemeines Hinterfragen der Ambition an sich: Wie wichtig ist es euch wirklich? Wie sehr wollt ihr dieses Ziel tatsächlich erreichen? Denn das, was ihr uns hier hingeworfen habt, ist nicht das richtige

Werkzeug. Wir können das gern machen, aber bringen wird es nichts. Könnte man das Zähneknirschen derer, die sich trotz dieser Gewissheit an die Datenerhebung, Datensammlung und Formularbearbeitung machen, in Elektrizität verwandeln, dann hätte die Regulierung immerhin die Energiewende beschleunigt.

Ein mutiger, ein entschiedener Staat, so einer unserer Gesprächspartner, täte nicht ernsthaft so, als würde sich durch das LkSG und die Berichterstattung die Situation der Kinderarbeit in der Welt verbessern. Er täte nicht so, als würden die für ihre Religion oder sexuelle Identität Verfolgten dadurch weniger verfolgt, dass deutsche Unternehmen nicht mehr mit Unternehmen in ihrem Land kooperieren. Er würde die Lebensgrundlagen dieses Landes verbessern, er würde investieren und Unternehmen dabei unterstützen, vor Ort moderne Arbeitsplätze und Bildungsgrundlagen zu schaffen. Er würde Partnerschaften eingehen, Sonderwirtschaftszonen einrichten; die Chinesen könnten das sehr gut. Dafür müsste er aber bessere Kooperationen mit dem privaten Sektor ermöglichen. Vor allem müsste er sich eingestehen, dass dieser Ansatz auch enormen Aufwand und Verluste bedeutete: Wenn eine deutsche Firma wie zum Beispiel Siemens in diesen Sonderwirtschaftszonen tätig würde, dann würde weniger Siemensinvestition für München und Erlangen abfallen. Sollte dieser entschiedene Staat es jedoch ernst meinen, dann würde er nicht nur Almosen- und Symbolpolitik betreiben, sondern dann ginge er »all-in«.

Damit keine Zweifel aufkommen: Der Ruf nach einem mutigeren Staat ist hier nicht der Ruf nach Kontrolle und Planwirtschaft, sondern der nach dem Einsatz staatlicher Werkzeuge, um globale Opportunitäten für die Werkzeuge des Kapitalismus zu schaffen. Eröffnet uns Märkte, bedeutet das, ermöglicht uns Investitionen, geht Partnerschaften zum beiderseitigen Nutzen ein. Das ist nicht unproblematisch, auch wenn das Plädoyer für eine durch die Kooperation westlicher Staaten und ihrer Unternehmen verbesserte und gerechtere Welt sehr aufrichtig vorgetragen wurde. Der Kapitalismus hat schließlich reale Macht- und Wohlstandsasymmetrien geschaffen, die durch stärkere Eingriffe in ausländische Märkte und Gesellschaften mitnichten kleiner würden.

Gerade die Bemerkung, dass »die Chinesen« damit ja gute Erfahrungen gemacht hätten, ist ein Hinweis darauf, wie schnell neue globale Abhängigkeiten entstehen und wie schnell das hehre Ziel der nachhaltigen Verbesserung dann doch dem der Profitvermehrung geopfert wird. Dennoch hören wir auch einen Ruf nach klaren Anweisungen: Macht globale Nachhaltigkeitsambitionen verpflichtend und spannt uns als Wirtschaft gern dafür ein, aber dann lasst uns konkret tätig werden, statt uns mit Formularen und kleinteiligen Dokumentationspflichten zu pesten.

Wir werden vor allem in der zweiten Hälfte des Buches genauer darauf schauen, wo zwischen dem hier geforderten radikalmutigen Staat und dem Staat, der aktuell mit sehr viel bürokratischem Budenzauber die konkreten Entscheidungen vermeidet, ein guter Weg zu mehr Nachhaltigkeit führt. An dieser Stelle des Buches schauen wir aber erst noch einmal nach Baku.

Wenn die besten Absichten einfach nicht reichen

Chandni Raina, die Vertreterin Indiens auf der Klimakonferenz in Baku im November 2024, war wütend: Nichts als eine optische Täuschung sei die Vereinbarung, nach der die Klimahilfe, die die entwickelten und reichen Industrieländer den armen Ländern jährlich zahlen, bis 2035 auf 300 Milliarden angehoben werden solle. Eine kümmerliche Summe sei das, nicht akzeptabel. Der Abgesandte Panamas pflichtete ihr bei: Chaotisch, schlecht gesteuert und ein absoluter Reinfall in Hinblick auf die eigentlich nötige Ambition sei der Einigungsprozess gewesen. Zwei Wochen lang hatten die Staaten verhandelt, am Ende einigten sie sich in einer nicht verpflichtenden, nur durch eine Art diplomatischen Gruppenzwang gültigen Vereinbarung auf ebendiese 300 Milliarden. Entwicklungsministerin Svenja Schulze räumte ein: »Die Ergebnisse von Baku sind kein Grund zum Feiern, dafür sind die Fortschritte zu klein.« Doch sie seien ein Grund, weiter engagiert zu bleiben und konkrete Lösungen zu entwickeln – und das nicht nur auf staatlicher Ebene: »Die Herausforderungen beim Umgang mit dem Klimawandel sind so groß, dass öffentliche Mittel nie ausreichen werden. Entscheidend ist, dass auch private Investitionen weltweit in großem Maßstab in die richtigen, klimaverträglichen Bahnen gelenkt werden.« Die Rahmenbedingungen dafür zu schaffen, sei eine gemeinsame Verantwortung aller.[12]

Das ist bestenfalls Zweckoptimismus. Was Klimaambitionen und globale Zusammenarbeit angeht, war Baku, wir erwähnten es bereits im ersten Kapitel dieses Buches, ein Reinfall und ein Symptom dafür, wie anfällig der globale Konsens im Hinblick auf »Mutter Erde ächzt, und wir müssen etwas dagegen tun« ist. Seitdem und speziell mit der Wiederwahl Trumps ist dieser Konsens noch brüchiger geworden. Auch in Deutschland hat das Klima, haben Nachhaltigkeit und wirtschaftlicher Wandel im kurzen Winterwahlkampf nur dann eine Rolle gespielt, wenn man sich gegen sie positionieren wollte. Die guten Absichten der Regulierung, sie reichen einfach nicht. Die bisher in den Dienst dieser Absichten gestellten Mittel zeitigen nicht die intendierte Wirkung. Die Ambitionen des Green Deals stehen nach außen im direkten Gegensatz zum globalen Nachhaltigkeitsdissens und nach innen im Gegensatz zur realen Wirkung der Regulierung.

Im besten Fall, so heißt es hier und da hoffnungsvoll, würden die Berichtspflichten in ein paar Jahren etabliert und Routine sein. Die dadurch freiwerdenden Ressourcen könnten dann für wirksame, strategische Nachhaltigkeitsarbeit eingesetzt werden. Das aber wäre nach den bisherigen Zeitplänen viel zu spät, zumal sich aus den aktuellen und nun schon wieder aufgeweichten Regulierungsansätzen nur wenige konkrete Maßnahmen und Strategien ableiten lassen. Vor allem aber sehen wir täglich, wie denen, die sich eben noch auf großer politischer Bühne um Nachhaltigkeit bemüht und für Maßnahmen gegen die Klimakatastrophe eingesetzt haben, ihr eigenes Narrativ entgleitet. Mehr noch: Sie geben es selbst auf und wirken dadurch unsicher, unseriös und – schon wieder – mutlos. Mit den Zweifeln an den gewählten Werkzeugen scheinen auch die Zweifel am Ziel selbst zu wachsen, und mit der Verschärfung des Kulturkampfes um all diese Themen wächst die Angst davor, auf der falschen Seite zu stehen.

↘ 2.5 Deckel, Exporte, Überforderungen

Die Verwerfungen des Wandels

Seit dem 3. Juli 2024 gilt nach Artikel 6, Absatz 1 der in diesem Buch bereits erwähnten EU-Richtlinie 2019/904, auch als »Einwegkunststoffrichtlinie« bekannt, dass Deckel von Einweg-Getränkeverpackungen fest mit dem Behältnis verbunden sein müssen. Wirklich vielen Menschen im Umfeld der Autoren scheint diese Verordnung von ganzem Herzen egal zu sein. Wirklich vielen anderen Menschen ist sie ganz und gar nicht egal. Dazu gehört der in diesem Buch schon jetzt überraschend häufig vorkommende Mike Krüger, der dem fixierten Deckel einen Protestsong samt Video widmete, dem zufolge man unmöglich aus einer richtlinienkonform gedeckelten Flasche trinken könne. Dazu gehören von Spahn bis Merz allerlei Politiker aus dem Umfeld der CDU, dazu gehört der Werteunion-Vorsitzende Hans-Georg Maaßen und dazu gehören viele AfD-Mitglieder, verschiedene Verbraucherschützer, ein sehr sichtbarer Nutzer- und Social-Bot-Kreis der Plattform X (geb. Twitter) sowie zahllose Medien und Journalisten, die sich den Regeln der Aufmerksamkeitsökonomie nicht entziehen können.

Wir wollen an dieser Stelle nicht den konkreten Sinn der Deckelverordnung bewerten. Die Argumente dafür stehen teilweise in der Richtlinie selbst und sind von verschiedenen Seiten auch schon vorgebracht worden. Die Argumente dagegen scheinen uns meist darauf hinauszulaufen, dass es irgendwie umständlich sei, man gar nicht mehr aus den Flaschen trinken könne, ohne sich zu verletzen oder einzusauen, und dass es unsere Freiheit bedrohe, wenn uns die EU verbietet, Einwegplastikdeckel getrennt von Einwegplastikflaschen zu entsorgen. Für den zweiten Punkt bieten wir gern sehr teure Workshops an, alle drei Gegenargumente lassen uns ein wenig ratlos zurück: Das ist offenbar die Ebene, auf der die Diskussion um Nachhaltigkeit und Regulierung derzeit geführt werden kann – und niemand schämt sich dafür. Jahre des Bemühens um nachhaltiges Wirtschaften, um die Eindämmung der Klimakatastrophe, um Ressourcenschonung oder Müllvermeidung haben einen enormen Unmut erzeugt und eine Gegenbewegung ins Leben gerufen, die auch an kleinsten Details ernsthaft Anstoß nimmt.

Die Verbindung von Nachhaltigkeitsthemen mit dem Einsatz für eine gerechtere Gesellschaft, für Resilienz durch Diversität, gegen Diskriminierung und für globale Kooperation in diesen Fragen hat dieser Gegenbewegung noch zusätzlich Feuer gegeben. So begegnet man mittlerweile nicht mehr nur in sozialen Netzwerken und privaten Nischen, sondern auch in der medialen Öffentlichkeit und auf der politischen Bühne vermehrt einer geschlossenen Weltanschauung, die alle irgendwie mit Nachhaltigkeit, globaler Gerechtigkeit, ESG und Transformation verwandten Positionen zu einem »woken Mindset« zusammenfasst, das es zu bekämpfen gilt. Mit dem Wahlerfolg Javier Mileis in Argentinien, spätestens aber mit den ersten Amtshandlungen des zweiten Trumps und den ersten sichtbaren Maßnahmen des von Elon Musk geführten Department of Government Efficiency (DOGE) zu Beginn des Jahres 2025 wurde deutlich, dass es diese Weltanschauung auch in demokratischen Staaten in Regierungsverantwortung schafft.

Trump erklärt Klimaziele, Abkommen und Umweltschutzmaßnahmen für ebenso nichtig wie Initiativen für Diversität, Gleichstellung und Inklusion (Diversity, Equity and Inclusion, DEI). Musk, der schon früher auf Twitter »ESG is the devil« schrieb, nimmt mit seinem DOGE die mit diesen Themen verbundenen Behörden aufs Korn und holt auf Bühnen symbolisch die Kettensäge raus. Mit

Trumps zweitem Amtsantritt hat der »Kulturkampf« um Themen des nachhaltigen Wirtschaftens in den Demokratien des globalen Westens einen kritischen Punkt erreicht. Populistische Kräfte feiern Wahl- und Reichweitenerfolge, während die progressiven Stimmen vor allem in der Mitte leiser werden, wenn es um diese Themen geht.

Wir wollten der Welt doch ein Vorbild sein

Wäre das alles anders, wenn es die Regulatorik nicht gäbe? Würde das Pendel weniger hart zurückschwingen, wenn Taxonomie und Berichtspflicht es nicht so weit in eine Richtung gedrückt hätten? Dies zu behaupten hieße, etliche politische, kulturelle, wirtschaftliche Entwicklungen und jede Menge Partikularinteressen zu ignorieren. So gibt es einige Aspekte an der europäischen Art, mit den ökologisch-ökonomischen Herausforderungen unserer Zeit umzugehen, die wir in diesem Konflikt für relevant und schädlich halten. Die Schieflage zwischen ambitionierten Zielen und regulatorischer Unentschlossenheit, über die wir bereits gesprochen haben, ist einer davon. Der ebenfalls erwähnte Mangel an nachvollziehbarer, konkreter Positionierung angesichts strategischer Zielkonflikte ist ein weiterer. Für einen dritten Aspekt wollen wir hier kurz ausholen.

In der zweiten Hälfte der 2010er-Jahre wurde von manchen Beobachtern politischer, kultureller und wirtschaftlicher Prozesse – auch von den Autoren dieses Buches – die These diskutiert, dass in Zeiten fortschrittsbedingter Dauerdisruption und postindustrieller Wertschöpfung vor allem die Regulatorik an sich zentrales Exportgut der Europäischen Union sein könnte. Die Idee war nicht neu: Dass und wie die Regulierung des EU-Binnenmarktes auch in andere Märkte hineinwirkte und wie EU-Standards zu internationalen Standards wurden, war über die Jahre häufig beschrieben worden. Die Rechtswissenschaftlerin Anu Bradford prägte dafür 2012 den Begriff des »Brüssel-Effekts«.

Mit der von der EU entwickelten Datenschutzgrundverordnung (DSGVO), die tatsächlich weltweit zum Vorbild regionaler und nationaler Regelungen für Daten- und Verbraucherschutz wurde, bekam diese Diskussion neuen Aufwind. Als überraschend gelungener Versuch, technologischen Fortschritt, neue Geschäftsmodelle und datenbasierte Wertschöpfung, aber eben auch Datenschutz und Grundrechte in Einklang zu bringen, war und ist die DSGVO ein klassisches Beispiel für die so oft ins Feld geführten »europäischen Werte«, von denen wir Europäer uns auch in der digitalen Zukunft leiten lassen wollen. In Kombination mit der jahrelang verfolgten »Wandel durch Handel«-Idee, mit der wir diese Werte in die Welt brachten, sollte die Rolle der EU in Zukunft eben die des globalen Regulators sein.

In der Pressemitteilung der EU-Kommission zum Green Deal 2019 wird Kommissionspräsidentin von der Leyen entsprechend zitiert: »Indem wir dem Rest der Welt als Vorbild für Nachhaltigkeit und Wettbewerbsfähigkeit dienen, können wir auch andere Länder überzeugen, mit uns gleichzuziehen.«[13] Die EU war sich sicher, die Welt werde mit Green Deal und Nachhaltigkeitsregulierung mitziehen. Eine kosmische Sekunde lang sah es tatsächlich nicht schlecht aus: Wenn mit BlackRock-Chef Larry Fink einer der größten Kapitalisten der Welt plötzlich von ESG und Nachhaltigkeit spricht und staatliche Eingriffe fordert, dann sind wir doch auf einem guten Weg.

Aber »Wandel durch Handel« ist Geschichte. Wenn die wirtschaftliche Abhängigkeit Deutschlands vom ungebrochen autoritären China dafür nicht Zeichen genug ist, so ist es spätestens der russische Überfall auf die Ukraine im Februar 2022. Auch die globale Adoption von Berichtspflichten verläuft eher schleppend bis schlecht. Das zarte regulatorische Pflänzchen der Climate Disclosures Rule, das die US-Börsenaufsichtsbehörde SEC erst Anfang 2024 ins Beet gestellt hatte, wurde im Februar 2025 von der neuen Trump-Administration schon wieder rausgerupft. In seinem jährlichen Chairman's Letter rief Larry Fink bereits 2023 nicht mehr nach regulatorischen Maßnahmen in Sachen Nachhaltigkeit. Von ESG spreche er nicht mehr, sagte er andernorts, weil das Wort »von der extremen Linken und von der extremen Rechten zu einer Waffe gemacht« worden sei.[14] Die vielgerühmten europäischen Werte haben derweil in den letzten Jahren selbst an Wert verloren – zu groß war oft die Diskrepanz zwischen formuliertem Anspruch und realem Handeln, zu wenig wurde darauf geachtet, dass schwindende wirtschaftliche Relevanz auch schwindenden Einfluss bedeutet und dass wirtschaftliche Relevanz in einer Welt des hochbeweglichen Kapitals leider vergänglich ist. Die Signalwirkung des Green Deals ist verpufft.

Das wäre alles zu verschmerzen, hätte die EU nicht mit der Nachhaltigkeitsregulierung ein diffus wertebasiertes, aber real vor allem Aufwand erzeugendes Instrument in eine Wirtschaft gebracht, die ihrerseits Verantwortung und Werte nur als im System weitgehend aufgelöstes Konzept kennt. Taxonomie und Berichtspflicht treiben diese Auflösung letztlich nur weiter, indem sie die Prioritäten vom konkreten Handeln hin zur peniblen Dokumentation verschieben. Die ohnehin nur selten gestellte Frage »Was muss ich machen, um für den Planeten und die Menschheit das Richtige zu tun und dabei auch noch wirtschaftlich erfolgreich zu sein?« verstummt angesichts einer reinen Fleißarbeit, deren Wertebasis und deren universale Richtigkeit zwar behauptet werden, aber in keiner Weise nachgewiesen sind. Wie soll daraus eine weltweite Vorbildfunktion entstehen? Wie soll das im sich verschärfenden Kulturkampf ein Argument für das weitere Bemühen um Nachhaltigkeit sein?

Der zugleich tobende und längst entschiedene Kulturkampf

In Folge 17 der zweiten Staffel der amerikanischen Serie *South Park* begegnen die Protagonisten dem Volk der – bitte fragen Sie nicht, recherchieren Sie gern selbst – Unterhosenwichtel, die die Unterwäsche der Menschen stehlen und bereitwillig ihr dahinterstehendes, dreistufiges Geschäftsmodell vorstellen. Phase 1: Unterhosen sammeln, Phase 2: ein großes Fragezeichen, Phase 3: Profit. Das große Fragezeichen wird nie aufgelöst, und Phase 2 bleibt somit für alle Beteiligten vage. Jedem Unterhosenwichtel ist jedoch klar, dass das Sammeln von Unterhosen den Profit in Phase 3 ermöglicht. Deshalb wird es auch nicht hinterfragt.

Mit dem gewohnt kruden Humor der Serie entsteht eine bis heute brauchbare Metapher für allerlei Businesspläne, Veränderungsstrategien und Unternehmungen. Sie eignet sich auch als Beschreibung für den Umgang der Regulatoren und politischen Entscheider im EU-Raum mit dem Thema Nachhaltigkeit und dem Ziel einer nachhaltigen Wirtschaft, die CO_2-Emissionen vermeidet und Ressourcen schont. Unsere Phase 3, die wir als Autoren durchaus gutheißen, ist die Rettung der Welt und die Linderung der katastrophalen Folgen des Kapitalismus. Unsere Phase 1 ist ein gewaltiges Regelwerk, das von denen, die auf Phase 3 eingeschworen werden sollen, viel Arbeit verlangt, deren auch von uns schon attestiertes »Was gemessen wird, wird auch adressiert« in der Praxis noch nicht aussagekräftig bewiesen wurde. Phase 2, das wird uns auch in unseren Gesprächen klar, bleibt ein Fragezeichen, eine Leerstelle, die dort, wo der Zusammenhang von Phase 1 und Phase 3 oder gleich die Zielstellung an sich zunehmend hinterfragt wird, in erster Linie mit Unmut gefüllt wird.

Dieser Unmut speist sich, wie man uns gleich mehrfach berichtet, nicht nur, aber auch aus einem Mangel an Bildung und einem Mangel an Interesse für das Thema. Man erzählt uns von Unternehmensführern, gerade aus den USA, die ernsthaft erstaunt sind, wenn ihnen jemand sagt, dass ihre Lieferkette, ihr Recruiting und ihr Blick auf nachhaltiges Wirtschaften für das Risikomanagement ihrer Investoren wichtig seien. Wir hören Geschichten über Vorstände großer deutscher Banken, die sich komplett gegen all diese Themen stellen und ihre Position mit sehr spitz ausgewählten Argumenten und strategischem Halbwissen verteidigen. Milliardenverträge sind akut gefährdet, wenn eine Seite irgendwo in den Unterlagen ihres Gegenübers Hinweise darauf findet, dass das betreffende, durchaus attraktive Geschäft in irgendeinem Punkt Nachhaltigkeitszielen dient oder ESG-Kriterien entspricht.

Gerade mit Blick auf die USA ist der letzte Punkt auch deshalb so frappierend, weil in einigen der individuellen Konfliktarenen die Kämpfe zwar noch toben, Entscheidungen aber längst getroffen sind. 2023 führte der durch und durch republikanische wie fossil geprägte

US-Staat Texas die Liste der US-Staaten mit der höchsten Produktion erneuerbarer Energien mit großem Abstand an. 28,9 Prozent seines Strombedarfs deckte Texas damit, vor allem durch Wind- und Solarkraft. Von den fünf Staaten mit dem größten Produktionsvolumen erneuerbarer Energien in den USA werden vier Staaten republikanisch regiert. Die Ausschüttungen und Förderungen des von der Biden-Administration verabschiedeten Inflation Reduction Acts, der zahlreiche Impulse zur Förderung alternativer und regenerativer Energien sowie nachhaltiger Produktion enthält, sind zu 85 Prozent in republikanisch regierten Staaten gelandet.[15] Trumps direkt zu Beginn seiner zweiten Präsidentschaft abgefeuerte Breitseite gegen Solar und Wind, sein erklärter Förderstopp für erneuerbare Energien und sein Fossilfokus stoßen damit auf einen Widerstand, der größer ist als die Idee, die Welt zu retten: die nüchtern durchgerechnete Realität. Wo weite ländliche Gebiete, ideale Wetterbedingungen, Steueranreize und die Möglichkeit neuer Arbeitsplätze zusammenkommen, wird der Kulturkampf zweitrangig. Geführt wird er trotzdem noch, na klar. Aber das Business hat seine Entscheidung eigentlich schon getroffen.

Unser Eindruck und der unserer Gesprächspartner ist dagegen, dass auf der nachhaltigkeitsorientierten Seite des »Kulturkampfs« viel zu wenig übers Business gesprochen wird. Stattdessen dominiert der unbedingte Glaube an die Richtigkeit der Ziele und Werkzeuge. Das jüngste Gesetz gewordene Beispiel dafür ist die EU-Maßnahme, die dem amerikanischen Inflation Reduction Act nachempfunden ist. Sie trägt nämlich nicht die Wirtschaft, die Wettbewerbsfähigkeit oder gar den Binnenmarkt im Namen. »Net Zero Industry Act« heißt sie stattdessen, damit keiner den entscheidenden Treiber für die darin enthaltenen, durchaus sinnvollen Maßnahmen vergisst.

Wir Nachhaltigkeitsapostel sind es, die aus diesen Maßnahmen eine Weltanschauung machen, das moralisch Richtige und zweifellos Gute. Damit wecken wir aber schon im Vorfeld Widerspruch und Skepsis in Bezug auf die zur Umsetzung unserer hehren Ziele gewählten Werkzeuge. Und wir schaffen durch die Verklärung dieser Ziele eine Umgebung, in der Zielkonflikte uns irgendwie peinlich sind und gar nicht erst benannt werden. Indem wir darauf bestehen, dass im Grunde einfach alle nur das Gute und Richtige sehen und wollen und tun sollten, stellen wir die einwandfreie Absicht, den Planeten nicht zu verbrennen, auf ein wackliges Fundament.

Die überforderte Transformationsgesellschaft

Im August 2017 erschien auf einem privaten Blog ein Axiom für Probleme und Lösungen, das seitdem zwar oft geteilt und zitiert, aber dennoch viel zu wenig beachtet wird: »Wenn Ihre Lösung für ein Problem auf ›Wenn alle einfach nur …‹ beruht, dann haben Sie keine Lösung. Alle werden nicht einfach nur. Zu keinem Zeitpunkt in der Geschichte des Universums haben alle einfach nur, und sie werden auch jetzt nicht damit anfangen.«[16] Unsere Einschätzung: Ein Großteil der Nachhaltigkeitsregulatorik stellt den Versuch dar, dieses »Einfach nur« zu institutionalisieren. Wenn die derart Regulierten es einfach nur machen. Wenn sie es einfach nur sehen wie wir. Wenn sie einfach nur berichten. Gekoppelt mit dem geschilderten Phase-2-Problem, wird die ohnehin große Herausforderung noch größer gemacht und damit noch angreifbarer.

All das wird in eine Gesellschaft gekippt, die sich sowieso schon an allen möglichen Ecken und Enden herausgefordert und durch eine Vielzahl von Veränderungsimperativen zudem massiv kritisiert sieht. Dass jeder Aufruf zur umfassenden Veränderung schnell auch als Kritik an eigenen Lebensentwürfen und Weltanschauungen, als »Du hast es dein Leben lang falsch gemacht« verstanden wird, kennen die Autoren aus ihrer Arbeit mit Unternehmen im digitalen Wandel ebenso gut wie aus Diskussionen im Verwandten- und Bekanntenkreis. Die Reaktionen darauf reichen von der Verklärung des Status quo oder der jüngeren Vergangenheit über Trotz und Unwillen bis zur aktiven Sabotage von Veränderungsbemühungen und der Dämonisierung derer, die sie anmahnen. Klingt bekannt?

Es geht uns in dieser Betrachtung nicht so sehr ums Klima, um Emissionen oder um Nachhaltigkeit, sondern um Komplexitäts- und

Transformationskompetenz. Wie ist es um die Aufnahmefähigkeit der Gesellschaft für schnell eintreffende Veränderungen bestellt? Wie sehr gelingt es ihr, sich damit produktiv und sinnvoll auseinanderzusetzen? Was, wenn es ihr nicht gelingt? Die Globalisierung und die mit ihr zusammenhängenden Krisen und Veränderungen – Finanzcrash, Konkurrenz der Volkswirtschaften, Geopolitik, Covid – machen deutlich, wie rasend komplex das Weltgeschehen geworden ist. Es gibt plötzlich viele Fragestellungen, mit denen sich der Westen, Europa, Deutschland, die Menschen entweder noch nie oder schon lange nicht mehr beschäftigen mussten.

Parallel erleben wir eine seit Jahrzehnten voranschreitende Vereinzelung der Menschen, die das Gefühl, irgendetwas von all den Veränderungen individuell beeinflussen zu können, völlig auflöst. Was bleibt, ist Ohnmacht, die irgendwann in Wut umschlägt. Diese Wut in all ihrer Emotionalität richtet sich dann gar nicht mehr singulär gegen Migration, Klimafragen, Digitalisierung oder Arbeitsplatzverlust, sondern gegen die Gleichzeitigkeit von allem. Die Verbreitungslogik der sozialen Netzwerke – von ihrer Anfälligkeit für Manipulation gar nicht zu reden – vernetzt die Wütenden und positioniert sie gegen die Gruppe derjenigen, die so vehement auf die Auseinandersetzung mit all diesen Themen bestehen. Das Ergebnis ist ein mal diffuser, mal sehr konkret werdender Elitenhass. Der Erfolg von Populisten und insbesondere der Erfolg Trumps sind eine Folge dieser Entwicklung. Der oft irrationale Hass auf die Grünen in Deutschland ein anderer.

Die Frage, wie sich rund um all die Zumutungen unserer Zeit Einigungs- und Verständigungsprozesse organisieren ließen, wird dabei viel zu selten gestellt, so wie auch der Umgang mit diesen Zumutungen viel zu sehr von politischen Stimmungen getrieben ist. Die Hilflosigkeit, mit der heute Politik, Medien und Individuen versuchen, durch eine Diskurslandschaft zu navigieren, die sich in knapp zwanzig Jahren radikal verändert hat, kann Stoff für ein kommendes Buch sein. Deutschland versucht es im Zweifel mit Geld: Die für die Energiewende dringend nötigen Stromtrassen werden nach viel Streit und für gewaltige Mehrkosten unter- statt überirdisch verlegt. Anderswo sprudelt das Geld dann doch nicht: Das im Koalitionsvertrag der Ampelkoalition 2021 angedachte Klimageld zum Ausgleich der Mehrkosten des Klimaschutzes ist bis heute nicht geflossen. Vor der Bundestagswahl 2025 kündigten es alle relevanten Parteien außer der AfD mehr oder weniger direkt in ihren Wahlprogrammen an. Zugleich versuchten vor allem FDP und CDU unübersehbar, bei den Gegnern von Energiewende und Klimazielen zu punkten. Damit zeigten sie auch, warum sich Einigungsprozesse eben nicht so einfach organisieren lassen – solange sich mit dem Dissens noch punkten lässt, wird jemand ihn aufrechterhalten. Solange sich Empörung in Aufmerksamkeitserfolge ummünzen lässt, wird jemand Menschen empören wollen.

↘ 2.6 Altfettbeheizte Schwammstädte und wichtigere Probleme

Am 13. Juli 2023 sitzt FDP-Fraktionschef Christian Dürr im Studio von Markus Lanz und erklärt, dass es dem Klimaschutz diene, sich möglichst viele technologische Möglichkeiten offenzuhalten. Zu dieser Zeit des schwelenden Streits um das Gebäudeenergiegesetz geht es vor allem ums Heizen, und da wird Dürr konkret: Statt sich auf die Wärmepumpe zu fokussieren, solle man die Möglichkeiten hydrierter Pflanzenöle (Hydrogenated Vegetable Oils, HVO) erforschen und ausreizen, die nach Auskunft Dürrs nicht aus nachwachsenden Rohstoffen von Feldern, sondern aus der Aufbereitung von Reststoffen und Altfetten gewonnen werden. Über alle Sektoren verteilt, ließen sich mit der Umstellung auf HVO »in etwa […] wahrscheinlich 5 Millionen Tonnen CO_2« einsparen. Auf Lanz' wiederholte Nachfragen dazu, wie viele Heizungen damit betrieben werden könnten und ob es in Deutschland so viel Altfett gebe, betont Dürr seinerseits mehrfach, dass es sich nur um ein Technologiebeispiel von vielen möglichen handle. Genauere Angaben habe er »nicht im Vorfeld ausgerechnet«, sagt er fast genervt, als wäre die Frage nach genauen Zahlen eine Zumutung. Deutschland, so Dürr, tue sich schwer mit neuen Technologien, dabei sollte man doch dafür offen sein.[17]

Technologieoffenheit ist eine gute Sache. Mit ihr hält man sich Handlungsmöglichkeiten offen und bewahrt sich eine Flexibilität für neue, im Moment noch unbekannte Lösungen für aktuelle und zukünftige Probleme. Die Art und Weise, mit der Dürr hier jedoch Technologieoffenheit predigt, ist wenig aufrichtig und steht leider symbolhaft dafür, dass sich Deutschland weniger mit neuen Technologien, sondern vor allem mit Entscheidungen schwertut. Wir haben gar nichts gegen HVO, die in einigen Bereichen durchaus Vorteile bieten – vor allem den, dass sie in vielen Fällen mit bestehender Verbrennungsinfrastruktur kompatibel sind. Allerdings müssten wir schon sehr viele Pommes, Halloumi oder Marsriegel frittieren, um den HVO-Bedarf Deutschlands komplett aus Altfetten und Reststoffen zu decken. Und insgesamt sind HVO in der von Lanz nachgefragten Skalierungsstufe bei Weitem nicht so frei von nachwachsenden Rohstoffen, wie Dürr behauptet. In Zeiten des globalen Bevölkerungswachstums und der knapper werdenden landwirtschaftlichen Nutzflächen ist das etwas, worüber ein technologieoffener Abgeordneter auf großer Fernsehbühne nicht schweigen sollte.

Aber es geht uns gar nicht im Detail um Vor- und Nachteile von HVO. Es geht uns nicht einmal unbedingt um die Vor- und Nachteile einer Technologieoffenheit, die sich vor allem Technologien offenhalten will, mit denen sich allzu große Eingriffe in die Infrastruktur oder in volkswirtschaftliche Wertschöpfungsmodelle vermeiden lassen. Es geht uns hier schlicht um ein Beispiel für Bewältigungs- und Diskussionsstrategien in Zeiten eines umfassenden Veränderungsbedarfs. Denn was Dürr und andere hier als Lösung verkaufen, ist im Grundsatz nicht verkehrt: Die Bewahrung von Industrien, Wertschöpfungsmodellen oder Technologien und das Bemühen darum, das bestehende System zukunftsfähig zu machen, sind ja nachhaltig im eigentlichen Sinne und also eine Möglichkeit, dem Wandel zu begegnen. Wir beobachten aber, dass diese Möglichkeit von einigen Meinungsführern auf unlautere Weise als Lösung verkauft wird.

Das hat zwei schädliche Konsequenzen. Zum einen werden damit die Veränderungsmüdigkeit und der Wunsch nach Beruhigung bedient, zum anderen wird der Argwohn gegen jene genährt, die eben doch darauf bestehen, dass wir es mit einer echten Notsituation zu tun haben und dass deswegen Veränderungen unausweichlich sind. Stattdessen wird den Menschen gesagt, dass sie gar nichts groß anders machen müssen, denn irgendwem werden schon tolle technologische Lösungen einfallen, wenn wir uns nur nicht festlegen – und wer etwas anderes behauptet, will nur sich bereichern, seine Macht vergrößern, unsere Industrie ruinieren, eine Ökodiktatur errichten oder hat anderweitige Ignoranten- oder Superschurkenmotive.

Einmal kurz ehrlich machen, bitte

Das ist natürlich eine sehr grobe Reduktion komplexer Konfliktpositionen im Wettstreit der Weltanschauungen und Gesellschaftsmodelle. Bitte genehmigen Sie uns diesen Moment einer milden Polemik. Wir können uns nicht des Eindrucks erwehren, dass die eben skizzierte Strategie mittlerweile deutlich zu viele Freunde gefunden hat. Auch ein uns nahestehender Dienstleister im Feld der politischen Kommunikation bringt die dort vorherrschende Kommunikationsstrategie auf einen einfachen Nenner: Alles ist/wird/war gut, wir kümmern uns. Gehen wir nur einmal sehr kurz durch die deutsche Parteienlandschaft Anfang 2025: Olaf Scholz' gegenwartsorientierte und eine Legislaturperiode lang gepflegte »Ich habe mich bereits gekümmert«-Rhetorik ist eine Variante dieser Strategie, die unsterbliche Technologieoffenheit der FDP eine andere, Robert Habecks zukunftsorientierte Zuversicht eine weitere. Selbst die AfD bietet Ähnliches, nur dass sie ein zurückschauendes »Alles war gut« predigt und allerlei bereits erfolgte Veränderungen rückgängig machen will. Graben wir auch noch einmal das Zitat des einstigen CDU-Kanzlerkandidaten Armin Laschet im Nachgang der Ahrtal-Katastrophe aus: »Nur weil jetzt ein solcher Tag ist, ändert man nicht die Politik.« Denn, so die implizite Botschaft, grundsätzlich ist ja alles gut.

Zugegeben: Die Alternativen sind nicht sonderlich verlockend. Die Wärmewende etwa nach dem Vorbild Dänemarks, das im großflächigen und unaufgeregten Einsatz regenerativer Energien rund fünfzig Jahre Vorsprung hat, würde hierzulande nach Schätzungen des Deutschen Städte- und Gemeindebundes etwa 100 Milliarden Euro an Investitionen erfordern. Der Paradigmenwechsel in der Automobilindustrie, also unter anderem der Umstieg auf die Produktion von Elektroautos und eine softwarebasierte Wertschöpfung, wird, wie bereits erwähnt, wesentliche Elemente des heutigen Wertschöpfungsmodells obsolet machen und mit schwindenden Gewinnen, schwindenden Staatserträgen und schwindenden Beschäftigtenzahlen einhergehen. Die Aufgabe oder Umsiedlung ganzer Ortschaften, wie sie in der Schweiz aufgrund des auftauenden Permafrosts bereits Realität wird, wurde im Zuge der Ahrtal-Katastrophe auch bei uns sehr leise und sicher nicht zum letzten Mal diskutiert. Die Zunahme von Extremwetterereignissen, wie wir sie 2024 in ganz Europa beobachten konnten, wird gewaltige Kosten nach sich ziehen, die sich auf Dauer nicht mit »Früher gab es auch Hochwasser« wegreden lassen. Die globalen Folgen des Klimawandels werden Teile der Welt unbewohnbar machen und Migrationsbewegungen zur Folge haben, gegen die uns die »Flüchtlingskrise« unserer Zeit fast entspannt erscheinen wird.

All das sind keine Themen, mit denen man in Wahlkämpfen und in der Logik der algorithmengetriebenen Diskussion nennenswerte Blumentöpfe gewinnt. Sie deshalb aber kleinzureden oder gar nicht anzusprechen, kommt einer politischen Entmündigung gleich. Wie sollen sich die Menschen auf absehbare Krisen vorbereiten, wenn die Realität dieser Krisen immer wieder geleugnet wird? Eine immer wieder bemühte rhetorische Figur, die in der Coronakrise sehr populär wurde, ist die vom »Lernen, mit X zu leben«, wobei X eine beliebige

Herausforderung oder Krise des Systems sein kann. Wer so argumentiert, will meistens darauf hinaus, dass sich das Gegenüber oder die Gesellschaft als solche eben ein dickeres Fell zulegen sollte. Wer allerdings Naturkatastrophen, Versorgungsausfälle, Hitzetode, Waldbrände oder globale Migrationsbewegungen nicht nur stoisch ertragen oder ignorieren will, muss für die Option »Mit dem Klimawandel leben« massiv investieren. Hochwasserschutz, der Schutz von Stromnetzen, die klimagerechte Sanierung von Straßen und Gebäuden, die Neuausrichtung von Lieferketten, die Entwicklung von Katastrophenplänen, die Entsiegelung von Flächen – all das wären Beispiele für Investitionen in die Absicherung des Lebens mit dem Klimawandel, die zusätzlich zu den von den Katastrophen dann immer noch verursachten Kosten anfallen würden.

Wir wollen uns, auch wenn es vorn auf dem Buch draufsteht, gar nicht in die Katastrophenerzählung hineinsteigern. Die will sowieso keiner hören – nicht einmal dann, wenn es die Katastrophe selbst ist, die sich einmal quer durch Europa erzählt. Außerdem sehen wir ja, dass an vielen Stellen durchaus unaufgeregt und zielstrebig an wichtigen Konzepten gearbeitet wird. So werden für viele Städte Deutschlands Resilienz- und Schwammstadtkonzepte entwickelt. Der Umbau von Wäldern und die Renaturierung von Mooren sind ebenso Thema wie die verstärkte Förderung ökologischer Landwirtschaft. Es werden Vorhersagedienste und Warnsysteme entwickelt und Feldhecken zwischen Äcker gepflanzt, um die Erosion der Böden zu verlangsamen. Nur: Wie wirksam können diese Initiativen denn sein, wenn die Frage nach dem Systemwandel und nach entscheidenden Treibern der Klimakatastrophe dabei ausgeblendet wird? Wie viele Moore müssen renaturiert und wie viele Feldhecken gepflanzt werden, um die Folgen der massiven Förderung der industriellen Landwirtschaft in Europa auszugleichen? Wie viele Tropfen braucht ein sehr heißer Stein, bis er ein wenig abkühlt?

Die Welt, in der wir über Nachhaltigkeit und Regulatorik sprechen

Ehe wir uns im nächsten Kapitel wieder konkreter den Folgen des staatlichen Umgangs mit Nachhaltigkeitsfragen und seinen Auswirkungen auf Unternehmen und Gesellschaft widmen wollen, ist uns der folgende Punkt wichtig: Ein European Green Deal, eine Taxonomie, eine Regulierung, ob sie nun mit Grenzwerten, Förderungen oder mit reinen Dokumentationspflichten arbeitet – all das ist immer auch Teil einer Erzählung.

Es war nicht zufällig das Jahr 2019, in dem der Green Deal vorgestellt wurde. 2019, das war ein Jahr des globalen Dialogs über das Klima, nicht zuletzt angetrieben vom Phänomen Greta Thunberg. 2019 sprach Thunberg vor dem Weltwirtschaftsforum, vor der Generalversammlung der Vereinten Nationen und mehrfach vor EU-Ausschüssen. Sie wurde für den Friedensnobelpreis nominiert und war »Person of the Year« des *Time Magazine*. Sie wurde zur Identifikations-, Inspirations- und Hassfigur. 2019 nahmen weltweit Millionen Menschen an »globalen Klimastreiks« teil. Im November 2019 warnten mehr als 11 000 Wissenschaftlerinnen und Wissenschaftler in einer gemeinsamen Erklärung vor einem weltweiten Klimanotstand. In diesem Umfeld schien die Welt bereit für einen ambitionierten, milliardenschweren EU-Aufschlag für einen klimaneutralen und doch wettbewerbsfähigen Kontinent. Allen »Fuck Greta«-Aufklebern und -Facebook-Gruppen zum Trotz war der Green Deal Teil einer schlüssigen Geschichte.

Über die Jahre, die direkt auf dieses narrative Powerjahr des Klimaschutzes folgten, wurde anderswo schon sehr viel geschrieben, also fassen wir es hier nur kurz zusammen: Alles geht kaputt. Die Coronakrise wird zu einer Vertrauenskrise der Gesellschaft, staatliche Institutionen mühen sich redlich mit dem Management und versagen kläglich in der Kommunikation, eine gut vernetzte und zutiefst staatsskeptische Gegenöffentlichkeit entsteht. Eine als Fortschrittskoalition gestartete Bundesregierung wird schon in ihrem ersten Jahr vom russischen Überfall auf die Ukraine überrascht, müht sich redlich mit dem Management und versagt kläglich in der Kommunikation, diesmal vor allem in der internen. Statt die eigenen Ziele angesichts einer radikal veränderten Situation neu zu justieren, zieht man irgendwie durch und beginnt sich zu zerfleischen. Robert Habecks handwerklich und kommunikativ miserabel umgesetztes Gebäudeenergiegesetz wird zum Sinnbild für das Scheitern von Nachhaltigkeitsbemühungen und für einen sich völlig übernehmenden Staat. 2024 wird dann, wenn neben der Debatte um Migration noch Zeit ist, die Bürokratie als der eigentliche Feind des Fortschritts identifiziert und diskutiert – eine Entwicklung, die Javier Milei und Elon Musk weiter befeuern. Im Februar 2025 schließlich wird obendrein sehr deutlich, dass die USA unter Trump sich nicht mehr als Partner Europas verstehen und dass eine globale Zusammenarbeit in praktisch allen Belangen, vor allem aber in Klimafragen, mit ihnen nicht mehr zu machen ist.

In zahlreichen Erhebungen zu den drängendsten Problemen der Deutschen wie auch in vergleichbaren Umfragen auf europäischer Ebene ist der vor Kurzem noch sehr wichtige Klimawandel deutlich zurückgefallen. In den politischen Diskussionen spielt er meist nur noch als Gegenspieler der Wettbewerbsfähigkeit und nicht als ihr möglicher Treiber eine Rolle. Die weiteren Themen des Green Deals und die weiteren Aspekte der Taxonomie scheinen außerhalb der Kreise, die sich wissenschaftlich mit ihnen beschäftigen, gleich gar keine Rolle mehr zu spielen. Dass sich angesichts dessen Beobachtern, Entscheidern und erst recht den Berichtspflichtigen der Eindruck aufdrängt, zwischen dem Umfang und dem Aufwand der regulatorischen Nachhaltigkeitswerkzeuge, ihrer tatsächlichen gesellschaftlichen Bedeutung und nicht zuletzt ihrem Real World Impact herrsche ein eklatantes Missverhältnis, ist da mehr als verständlich. Wenn die auf Nachhaltigkeit abzielenden EU-Richtlinien jemals eine ambitionierte, visionäre, anschlussfähige Geschichte erzählt haben, dann hat diese für den Moment deutlich an Zugkraft verloren.

3

ESGeht noch schlimmer.

Warum die aktuellen Lösungsansätze eher Probleme schaffen, als sie zu lösen

3.1 Gelegenheit macht Gewinne

Wie und für wen die ESG-Regulatorik das Geschäft ankurbelt

Beginnen wir einmal mit guten Nachrichten! Im März 2024 veröffentlichte der Bundesverband der Unternehmensberatungen (BDU) eine Prognose für das Geschäftsjahr 2024. Man erwarte ein »Umsatzwachstum von 9,8 Prozent auf 51,5 Milliarden Euro«, heißt es da, nach Umsatzsteigerungen um 15 Prozent im Jahr 2022 und immerhin noch 7,2 Prozent im Jahr 2023. Während die kleinen Beratungen im Jahr zuvor ein Nullwachstum verzeichneten, seien mittelgroße und große um bis zu 10 Prozent gewachsen. Mit Blick auf die wesentlichen Arbeitsfelder stellt der BDU fest, dass »die Sanierungs- und Insolvenzberatung mit 14,2 Prozent Umsatzwachstum vor Nachhaltigkeit (13,3 %), Changemanagement & Transformation (13,1 %), IT-Datenschutz & Sicherheit (12,2 %) sowie Digital(strategie) mit 12,8 Prozent« lägen.[1] Der Satz bietet einen spannenden Schnappschuss der deutschen Wirtschaftslage Anfang 2024, aber wir bleiben am Anfang dieses Kapitels positiv und freuen uns über das Umsatzwachstum im Segment Nachhaltigkeit.

Bei Redaktionsschluss dieses Buches liegt uns der Bericht für das Jahr 2024 noch nicht vor, doch während wir ahnen, dass die Gesamtprognose angesichts der Wirtschaftslage etwas zu optimistisch gewesen sein könnte, gehen wir davon aus, dass im Themenfeld Nachhaltigkeit weiterhin gute Ergebnisse erzielt werden. Das Thema Nachhaltigkeit ist ohnehin komplex, Taxonomie und Berichtspflichten schaffen zusätzliche Komplexitäten und Aufwände, die möglichen Erweiterungen der entsprechenden Pflichten auf zusätzliche Unternehmenskreise machen eine gute Vorbereitung nötig. Unternehmen brauchen Beratung, Unternehmensberatungen bieten sie an.

Beratungen zu den Methoden, Strukturen, Prozessen und Wertschöpfungsmodellen, die sich aus dem Fokus auf Nachhaltigkeit und aus der Regulierung des Themas ergeben, sind aber nur ein kleiner Teil der externen Dienstleistungen, auf die Unternehmen im Rahmen der Berichtspflicht zugreifen müssen – egal ob in ihrer ursprünglichen ausufernden oder in der am 26. Februar 2025 angekündigten, deutlich reduzierten Version. Die Berichte der Unternehmen werden ja nicht einfach nur in Fleißarbeit erstellt, nach ESRS eingereicht und fertig. Wie es der Name des Vorgängers der CSRD, der Non-Financial Reporting Directive, verrät, geht es hier um nichtfinanzielle Aspekte der Buchführung – und wie die finanzielle Buchführung muss auch die nichtfinanzielle ordnungsgemäß erfolgen. Auftritt der Wirtschaftsprüfer, die in diesen neuen Themenfeldern zwar neue Kompetenzen und Ressourcen aufbauen müssen, sich damit aber auch ein neues Betätigungsfeld erschließen. Neue Prüfaufträge, neue Geschäftsmodelle wie Nachhaltigkeits- und ESG-Prüfungen, Ausbau bestehender Kunden- und Abhängigkeitsbeziehungen, eine wachsende Unverzichtbarkeit bei der Umsetzung der Nachhaltigkeitsregulierung – das sind aus Sicht der Wirtschaftsprüfer die Vorteile aktueller Nachhaltigkeitsregulierung.

Die Förderung des Forderns und das Rechtfertigungsproblem der Transformationsgewinner

Vielleicht haben wir die These »Was gemessen wird, wird auch adressiert« weiter oben etwas vorschnell wieder verworfen, denn sie setzt ja nicht zwingend voraus, dass diejenigen, die messen, und diejenigen, die adressieren, identisch sind. Verständlicher formuliert: Auch für NGOs sind erweiterte Berichtspflicht und Taxonomie ein Geschenk – egal ob ihr Thema Umwelt, Menschenrechte oder Verbraucherschutz ist oder ob es verschiedene Aspekte und Kombinationen dieser Themen sind. Die neuen Transparenzanforderungen eröffnen ihnen neue Möglichkeiten des Monitorings, der Einflussnahme, der politischen Arbeit und der Kampagnenführung. Sie machen sie handlungsfähiger und relevanter. Anstelle selektiver Berichte oder diffuser Greenwashing-Versuche von Unternehmen stehen ihnen durch die Offenlegung umfassendere und verlässlichere Daten zur Verfügung. So lassen sich Unternehmen besser vergleichen, Greenwashing schneller erkennen und Fort- wie Rückschritte bei der Umsetzung von Nachhaltigkeitszielen besser überwachen. Öffentliche Kampagnen, Verbraucheraufklärung, politische Initiativen, Klagen und Beschwerden sowie Kooperationen mit Unternehmen und Investoren stehen damit auf solideren Füßen.

Umgekehrt bieten NGOs ihrerseits den Unternehmen ihre Dienste an. Im Sommer 2024 schreibt die britische NGO-Beratung Sigwatch mit Blick auf die engen Fristen und komplexen Aufgaben der Berichtspflicht: »NGOs arbeiten seit Jahrzehnten auf diesem Gebiet. Ihre Vernetzung und ihre Allianzen an der Basis bedeuten, dass sie nachteilige Auswirkungen auf Gemeinschaften und die Umwelt schnell erkennen können.« Die Erfahrungen und die Daten, die die Organisationen vor Ort sammeln, könnten Grundlage für doppelte Wesentlichkeitsbewertungen sein und damit die Richtlinienkonformität entlang der Lieferkette sicherstellen.[2] Viele NGOs profitieren also von der Regulierung der Nachhaltigkeit, teils finanziell, teils schlicht dadurch, dass ihre Handlungsmöglichkeiten deutlich erweitert wurden.

Wir sehen darin erst einmal kein oder zumindest kein wesentliches Problem. Um noch einmal kurz zu Diskussionskultur und Narrativen zurückzukommen: Die Idee, der Klimawandel und der Drang zur Nachhaltigkeit seien nur Erfindungen einer Klimawandelindustrie, die sich an der Deindustrialisierung gesundstoßen wolle, taucht ja in den etwas dunkleren Ecken des Diskurses und seit Januar 2025 auch auf der Ebene der US-Regierung immer wieder auf. In der Tat ist der Interessenkonflikt evident, wenn dieselben Menschen, die uns vor den Folgen des Klimawandels warnen und das nachhaltige Leben anmahnen, diese Warnungen und Mahnungen in den Verkaufsprospekt ihres Balkonkraftwerks schreiben. Andererseits: Die kommende und dringend notwendige Veränderung zu erkennen und sich so aufzustellen, dass man nicht nur bei ihrer Bewältigung helfen, sondern daraus ein Geschäft machen kann – derlei gilt in anderen Bereichen schlicht als gutes Unternehmertum, scheint hier aber verpönt, ja verachtenswert zu sein.

Wofür all der Aufwand?

Die Fragen, die sich aber auch hier wieder stellen: Wer gibt wofür Geld aus? Wer verdient woran wie viel? Und wie zielführend sind diese Ausgaben eigentlich? So ist es schon irgendwie toll, dass NGO-Arbeit auf die beschriebene Weise aufgewertet und gefördert wird. Doch eigentlich waren die Ziele der NGOs von vornherein in den Green Deal eingepreist, oder nicht? Einige von ihnen haben die konkreten Richtlinien sogar initiiert oder waren beratend an ihrer Entwicklung beteiligt. Beobachten wir hier etwa nur einen regulatorischen Feedback-Loop, der das Thema zwar immer wichtiger und drängender macht, aber kaum reale Fortschritte für die realen Unternehmen bedeutet?

Ebenso ist es ist begrüßenswert, dass in Wirtschaftsprüfungsunternehmen Nachhaltigkeitskompetenz aufgebaut und ein tatsächlich hieb- und stichfestes Berichtswesen etabliert wird. Allerdings berichtete eines der vier größten Wirtschaftsprüfungs- und Beratungsunternehmen, Deloitte, Anfang Januar 2025 eher ernüchtert aus der CSRD-Arbeit im Versicherungssektor: »Als besonders herausfordernd hat sich die Umsetzung der neuen europäischen Umweltberichtsstandards (ESRS E1) erwiesen, vor allem die Berichterstattung zu Treibhausgasemissionen, die nicht in der unmittelbaren Einflusssphäre des Unternehmens entstehen.« Entsprechend werde »die Messung von Emissionen aus der Versicherungstätigkeit aktuell kontrovers diskutiert«.[3] Bedeutet: Die Daten gibt es bislang nicht, ihre Erhebung ist aufwendig, man ist sich nicht sicher, ob der Aufwand gerechtfertigt wäre.

Noch bevor wir also in die Unternehmen gehen, um dort den Aufwand für das Nachhaltigkeitsberichtswesen in Relation zu sonstigen Nachhaltigkeitsbemühungen zu betrachten, beschleicht uns das Gefühl, dass hier ein struktureller Aufwand entsteht, der an den grundsätzlichen Herausforderungen und Notwendigkeiten vorbeigeht. Offenbar fehlt es zum Beispiel an einer Möglichkeit, Daten entlang der Lieferkette zu erfassen und aufzubereiten – ob Rohstoffeinsatz, Wasserverbrauch, Emissionen oder sonstige konkrete Kennziffern.

Was uns insofern verwundert, als uns das zumindest technologisch ein gelöstes Problem zu sein scheint.

Protokolle für Emissionserfassung, für die Nachverfolgung von Kunststoffverbindungen oder für andere Teilaspekte globaler Wertschöpfung und Logistik gibt es bereits in verschiedenen Reifegraden. Diese Ansätze zu standardisieren und zu harmonisieren, ist das eine, Unternehmen vom Nutzen der übergreifenden Bereitstellung der damit gewonnenen Daten zu überzeugen, das andere. Beides wird aktuell nur in sehr spezialisierten Nischen besprochen. Dabei bietet diese Art des Monitorings Optimierungs- und Innovationspotenzial weit über die reine Berichtspflicht hinaus. Letztere übersetzt die Nachhaltigkeitsziele bislang nur technokratisch in Datenpunkte. Das übergeordnete Bild, die leitende Erzählung und die Förderung von Innovationskraft gehen dabei allerdings irgendwie flöten.

Dann wiederum plötzlich: Das Ende eines Milliardenmarkts?

Als Ursula von der Leyen am 26. Februar 2025 eine Reform der Berichtspflicht und der Taxonomie ankündigte, war das ein Sieg der Kritiker und Skeptiker, denn die von der Kommission vorgeschlagene Neuauflage der Nachhaltigkeitsregulierung weicht einige Kriterien und Verpflichtungen wieder auf. So sollen Unternehmen künftig erst ab einer Größe von 1000 Mitarbeitern sowie mit einem Umsatz von mindestens 50 Millionen Euro oder einer Bilanzsumme von 25 Millionen Euro berichten – zuvor lag die erstgenannte Grenze bei 250 Mitarbeitern. Mit der Änderung fallen EU-weit rund 80 Prozent der Unternehmen wieder aus dem Fokus der Berichtspflicht heraus. Außerdem werden die Fristen für die nun noch berichtspflichtigen Unternehmen verlängert.

Während die Gegner des Bürokratiemonsters aufatmeten, reagierte die Beraterbranche leicht panisch. »EU-Kommission killt gerade 80 % des CSRD-Business«, titelte das Start-up-Portal Trending Topics am 26. Februar. Mit den 80 Prozent der Unternehmen verschwinden auch

80 Prozent der Beratungs- und Prüfungsbedarfe vom Beratermarkt. Die 6,3 Milliarden Euro, mit denen die Kommission den Wert der nun wegfallenden Pflichten beziffert, wären sonst sicher zu einem großen Teil bei CSRD-Spezialisten aller Art gelandet.

In uns als Autoren dieses Buches weckt das Wegbrechen dieses Marktes keine größeren Gefühle. Es ist bedauerlich, dass vielen Unternehmen ein Teil ihres Geschäfts für die nächsten Jahre abhandenkommt. Es ist gut, dass in anderen Unternehmen zumindest theoretisch Kapital für die sinnvolle Investition in Nachhaltigkeit frei wird. Die von uns in diesem Kapitel beschriebenen Folgen der Regulierung für Berater, NGOs und Wirtschaftsprüfer gelten aber weiterhin für die verbleibenden 20 Prozent und über die Lieferkette auch für die mit ihnen verbundenen, eigentlich nicht berichtspflichtigen Unternehmen. Solange überdies die SFDR noch gilt, werden Unternehmen ohne direkte CSRD-Betroffenheit sowieso in irgendeiner Form berichten müssen, wenn sie auf den Finanzsektor angewiesen sind.

Was wir mit unverändert skeptischem Blick betrachten, ist die Entwicklung des Gesamtnarrativs und die Schlüssigkeit des regulatorischen Vorgehens. An der fehlenden Erzählung oder Innovationsförderung ändert die nun vorgenommene Modifikation der Pflichten nämlich wenig: Die Verbindung zwischen den formulierten Zielen und den dafür vorgesehenen Mitteln wird ja nicht automatisch klarer, wenn man die vorgesehenen Mittel zu einem Teil wieder einkassiert. Auch wenn von der Leyen keinen Zweifel daran lassen möchte, dass die Ziele aktuell bleiben: Der Schaden für den Beratermarkt könnte vor allem ein Schaden für das europäische Nachhaltigkeitsnarrativ sein.

3.2 Nothing breaks like a rule

Die ungewollten Effekte technisierter Gesetzgebung

Nicht erst angesichts der halben Kehrtwende der EU-Kommission im Februar 2025 wird uns klar: Unsere Kritik an den europäischen Regulierungsansätzen im Segment Nachhaltigkeit ist kein Alleinstellungsmerkmal unseres Buches. Von Unternehmern und ihren Verbänden über Stimmen aus Wissenschaft, Medien und Gewerkschaften bis hin zu rollenunabhängig leidenschaftlichen Regulierungsgegnern haben wir solche Kritik in verschiedenen Variationen bereits gehört. Abstrakt, praxisfern, technokratisch sei die Regulierung, so sagen es noch die netteren kritischen Stimmen. Diese nette Kritik teilen wir so weit. Dennoch wollen wir an dieser Stelle einmal eine Lanze für die Grundidee brechen und festhalten: An einer zielorientierten Berichtspflicht ist nichts falsch. Sie gibt Orientierung, sie schafft Entscheidungsgrundlagen, sie kann über verschiedene positive Effekte und Entscheidungen dazu führen, dass die für diese Berichte nötigen Datenbeschaffungsprozesse etabliert und optimiert werden. Sie macht Details sichtbar, die sonst unwichtig erscheinen, und setzt sie im besten Fall in Beziehung zu konkreten Zielen: Wie sehr dient dieser Prozess, jene Methode, diese Entscheidungsroutine oder jenes Leitbild den gesteckten Zielen, wie sehr schaden sie ihnen? Wenn ich weiß, wo wie viel CO_2 ausgestoßen wird, kann ich korrigierend eingreifen. Wenn ich weiß, wo wie viel Ökosystem zerstört wird, kann ich diese Zerstörung verhindern oder anderweitig ausgleichen.

Wer aber regulatorische Pakete entwickelt, die nicht nur sechs sinnvolle übergreifende Nachhaltigkeitsziele für alle definieren, sondern für ebendiese Ziele auch mehr als 1000 Datenpunkte abfragen, anhand derer sich prüfen lassen soll, ob unternehmerisches Handeln diesen Zielen dient oder schadet, sollte sicherstellen, dass diese mehr als 1000 Datenpunkte ihrerseits einige wichtige Kriterien erfüllen. Sie sollten gemeinsam und jeder für sich die Verbindung zu diesen Zielen klar aufzeigen. Sie sollten in Auswahl und Detailtiefe wohlbegründet sein. Sie sollten zusammengenommen eine Geschichte erzählen und eine Ambition formulieren können. Sie sollten schließlich nah am ökonomischen Alltag der jeweiligen Sektoren, Branchen und Unternehmen sein. Die bis zum 26. Februar 2025 gültige Form der Berichtspflicht hat all diese Bedingungen nur zum Teil erfüllen können.

Auch die angekündigte überarbeitete Version, die die Zahl der zu berichtenden Datenpunkte um bis zu 75 Prozent reduzieren und CSRD, Taxonomie und CSDDD verschlanken und zusammenfassen soll, wird den genannten Bedingungen genügen müssen. Denn der Ansatz bleibt der gleiche: Es wird normativ und übergreifend entschieden, was wie und in welchem Maße untersucht, berichtet und angegangen wird, um Nachhaltigkeitsziele zu erreichen. Es wird ebenso normativ davon ausgegangen, dass die für diese Untersuchungen nötigen Daten bereits verfügbar sind oder verfügbar gemacht werden können. Über allem schwebt dann noch die Annahme, dass das ein entscheidender Schritt für ein Netto-null-Europa bis 2050 sei. Schwierig.

Die erste Fehlannahme betrifft die allgemeine Verfügbarkeit der Daten. Unsere Gesprächspartnerin aus dem Private-Equity-Bereich, die einen wirklich umfassenden Überblick über wirklich viele Branchen und Unternehmen mitbringt, winkt an dieser Stelle schon ab. Große Teile der Asien-Pazifik-Region, die Teil etlicher globaler Lieferketten ist, beschreibt sie als Blackbox, die die konkrete Datensammlung praktisch unmöglich oder fatal aufwendig macht. Die reale Komplexität globalen Wirtschaftens scheint hier jedenfalls nicht angemessen in die Regulatorik eingeflossen zu sein.

Doch Moment, die Berichtspflicht lässt schließlich auch Leerstellen zu und gewährt Ermessensspielräume, etwa bei der Wesentlichkeitsanalyse oder eben dort, wo keine Daten vorliegen – dort reichen Schätzwerte aus. Manche Daten und Informationen müssen Unternehmen außerdem gar nicht vorlegen, wenn sie etwa davon ausgehen, dass die Offenlegung ihre Wettbewerbsfähigkeit schwächt. So lassen sich in vielen Bereichen aus den Emissionsdaten Rückschlüsse auf die Effizienz eines Unternehmens ziehen, und deshalb dürfen die schon mal geheim bleiben. Diese Nachsicht gilt auch für spezifische Informationen über die Strategien, Pläne, Maßnahmen, Innovationen oder das geistige Eigentum eines Unternehmens. Der Ermessensspielraum scheint uns da recht groß zu sein. Die Frage ist natürlich, ob das nicht den ganzen Sinn der Übung konterkariert.

Abstrakte Erfolgsindikatoren und entkerntes Bauchgefühl

Konzentrieren wir uns aber einmal auf die Daten und Informationen, die tatsächlich erfasst und berichtet werden. Hier stoßen wir uns und stoßen sich viele unserer Gesprächspartner an der übergreifenden Annahme, dass die regulatorisch vorgeschriebenen Prozesse und die Relevanz der im ESRS abgefragten Daten per se richtig und alternativlos seien. Die mit ihnen vorgegebene Priorisierungsentscheidung führt nämlich logischerweise dazu, dass die zu berichtenden Positionen, Maßnahmen und Zahlen Vorrang gegenüber den *nicht* zu berichtenden Positionen, Maßnahmen und Zahlen erhalten. Das unternehmerische Bemühen um Nachhaltigkeit wird dann aber nicht mehr auf das ausgerichtet, was das Unternehmen selbst für richtig und sinnvoll hält, sondern einzig und allein auf das Reporting.

In großen und, wie am Anfang des Buches beschrieben, anonymen, gesichts- und eigentümerlosen Unternehmen entsteht so ein Berichtswesen, an dem sich einzelne Unternehmensbereiche komplett auszurichten haben, während es andere Bereiche zunächst gar nicht interessieren muss. Das Reporting wird von der detaillierten und realen Geschäftsebene losgelöst, als künstliches System von KPIs – entscheidenden Erfolgsindikatoren – und abstrakten Annahmen darüber, was die Nachhaltigkeitsziele eines Unternehmens mit denen eines regulierenden Staates verbindet.

Niemand, davon gehen wir einmal aus, will die Erde zerstören. Niemand kippt Quecksilber in den Amazonas, um den Amazonas zu vergiften, und niemand holzt aus Hass auf Ökosysteme Regenwälder ab oder gießt Chemie über seine Monokulturen. Jeder hat ein gewisses Bauchgefühl dafür, was das eigentlich Richtige ist. Dennoch treibt der Goldabbau in Peru die Quecksilberbelastung des Amazonas über die als hinnehmbar definierten Grenzwerte, wurden 2023 mehr als drei Millionen Hektar Regenwald abgeholzt, gehen jährlich Milliarden Tonnen fruchtbaren Bodens verloren. Das ist der Kapitalismus bei der Arbeit, und es ist durchaus sinnvoll, wenn eine regulatorische Macht versucht, dieses Bauchgefühl zu institutionalisieren.

Die Taxonomie ist im Grunde genau dieser Versuch. »Do no significant harm«, sagt sie mit Blick auf ihre Ziele. So schwammig und interpretierbar aber dieser Ansatz ist, so überspezifisch wird das regulatorische Bemühen um Nachhaltigkeit im nächsten Schritt. Indem es das Bauchgefühl radikal technisiert und verwissenschaftlicht, verliert es erheblich an Real World Impact. Dafür zeigt es in ganz anderer Hinsicht sehr wohl Wirkung.

Aus der Berichtspflicht, aus dem Sinn – aber eben nicht aus der Welt

Wir haben schon darüber gesprochen, dass die Drohkulisse einer möglicherweise negativen Nachhaltigkeitsbilanz nicht unbedingt zu Investitionen in mehr Nachhaltigkeit führt, sondern vor allem zum Ausstieg aus weniger nachhaltigen Geschäften und Assets. Solange aber der Finanzsektor als entscheidender Vollstrecker der EU-Nachhaltigkeitsstrategie eingesetzt wird und solange vor allem börsennotierte Unternehmen berichtspflichtig sind, ist dieser Ausstieg aus nicht nachhaltigen Assets oft auch ein Einstieg in neue, eben nicht berichtspflichtige Märkte. Am Ende gibt es für alles einen Abnehmer, der die Gewinne auch aus »braunen« Assets abschöpft. Ein hypothetischer, nicht börsennotierter, sehr reicher kasachischer Ölmulti muss niemandem Rechenschaft darüber ablegen, wie braun sein Immobilienportfolio in Deutschland ist. Der enge Bezug der Reportingpflichten auf bestimmte Eigentümer- und Finanzierungsstrukturen begünstigt

Ausweichbewegungen in den privaten Markt. Schwuppdiwupp ist ein braunes Asset vom Planeten verschwunden, obwohl die Immobilie natürlich noch dasteht.

Aber warum eigentlich nicht börsennotiert? James Lee, Gründer und CEO des sich im Aufbau befindenden Texas Stock Exchange (TXSE) in Dallas, wüsste darauf keine Antwort. ESG sei, so sagt er der *Financial Times*, »eine kurzfristige Verirrung«, der andere Börsen ihr Geschäft opferten, indem sie ihre Emittenten vertrieben. Nachhaltigkeitskriterien seien an seiner Börse zwar optional, er selbst sei da aber agnostisch und die Börse insgesamt völlig unpolitisch.[4] Die Politikberatung Texas Policy Research wird allerdings deutlicher und sieht die neue Börse klar als Gegenpol zu ESG-Initiativen und unternehmerischem Aktivismus der Wall Street: »Texas' strikte Ablehnung von ESG-Investitionstrends macht TXSE auch zu einer einmaligen Alternative für Unternehmen, die vermeiden wollen, in politisch brisante Themen hineingezogen zu werden. So unterzeichnete Gouverneur Abbott im Jahr 2021 die Senate Bill 13, die Texas dazu verpflichtet, sich von Unternehmen zu trennen, die fossile Brennstoffe boykottieren.«[5] Zu den Investoren in Lees neue Börse gehört auch Larry Finks BlackRock – so dreht sich der Wind. Es entsteht ein liquider Gegenkapitalmarkt, der sich als apolitische Börse der Vernunft versteht, aber natürlich durch und durch ideologisch geprägt ist. Braune Assets werden also nicht nicht finanziert, sondern bloß von jemand anderem und an einem Ort, der allem regulatorischen Druck zumindest von EU-Seite ausweicht.

In der Berichtspflicht, aber trotzdem aus dem Sinn

Diese Art der Ausweichbewegung geschieht aber nicht nur aus den berichtspflichtigen Unternehmen heraus, sondern auch innerhalb der Unternehmen selbst. Denn wie wir oben geschrieben haben: Die Berichtspflicht schafft Strukturen, Prozesse und Erfolgsindikatoren, die mit dem klassischen Unternehmen nichts zu tun haben. Am eindrucksvollsten teilt uns das eine Familienunternehmerin mit, die die für das Reporting zuständigen Fachleute im eigenen Unternehmen als externe Kräfte wahrnimmt. Diese würden einfach einmal auf jeden Unternehmensbereich draufhauen und Lieferung fordern: »Mitte des Monats! Was sind eure Maßnahmen, was sind eure Zahlen, was macht ihr konkret, wie seid ihr schon nachhaltiger geworden? Hier sind die Formate und Formulare, die euch sagen, wie ihr berichten müsst.« Offensichtlich gehe es der Regulierung darum, einen gewissen Berichtspflicht-Dominoeffekt im Unternehmen auszulösen, nach oben wie nach unten und quer durch alle Bereiche. Aber selbst wenn das funktionierte, änderte sich erst einmal gar nichts: Es sei immer noch dieselbe Firma, es seien immer noch dieselben Leute. Es sei auch immer noch dasselbe Geschäftsmodell.

Die Berichtspflicht bringt folglich niemanden dazu, das eigene Business so grundsätzlich zu hinterfragen, wie es für die angedachte Transformation nötig wäre. Im Gegenteil: Als im Unternehmen unserer Gesprächspartnerin mal ein Zwischenreporting vorgestellt worden sei, erzählt sie, seien alle fast eingeschlafen, inklusive der Vortragenden. Der Vorstand habe derweil die ganzen neuen Pflichten aus dem eigentlichen Geschäftsalltag des Unternehmens herausgehalten und an interne Spezialisten und externe Dienstleister gegeben. In ihrer jetzigen Form werde die Berichtspflicht alles, was in dem Thema mal an Visionen und Leidenschaft gesteckt habe, vollständig zerstören.

Je engmaschiger und starrer die Berichtspflicht ausfällt, desto schwieriger wird es, alles links und rechts davon wahrzunehmen. Wo Unternehmensführungen strategisch zwischen Status quo und nachhaltiger Zukunftsfähigkeit abwägen müssen, wird persönliche Verantwortung auf einmal durch Compliance, also lediglich die Befolgung von Regeln, ersetzt. Das lässt sich in Fragen der CO_2-Emissionen vielleicht noch verschmerzen, weil das Thema gut messbar und eingeübt ist. Bei so komplexen Themen wie Biodiversität aber, wo immer wieder sehr lokale Entscheidungen getroffen werden müssen und unterschiedlichste Vorgehensweisen möglich und nötig sind, verengt eine Überregulierung Handlungs- und Denkräume und schadet so letztlich ihrem eigenen Ziel.

Das Thema bleibt zu groß für die Kleinen

Ein Aspekt des komplexen regulatorischen Batzens, dessen umfassende Form seit dem 25. Februar 2025 wohl als »War nicht so gemeint, aber irgendwie doch« verstanden werden muss, kann hier nur sehr kursorisch erwähnt werden. Wenn es aber schon um ungewollte Folgen komplexer und spezifischer Regulierung geht, kommen wir nicht an der Frage vorbei, wer das alles leisten soll. Die Kritik, Taxonomie und Berichtspflicht würden die kleineren Unternehmen des Mittelstands überfordern, ist ja nicht falsch. Um das zu erkennen, müssen wir noch nicht einmal in den konkret berichtenden Mittelstand schauen, sondern können einen Blick auf die Beratungs- und Wirtschaftsprüfungsunternehmen werfen, die mit ihm zusammenarbeiten.

Das im letzten Abschnitt bereits erwähnte Wirtschaftsprüfungs- und Beratungsunternehmen Deloitte gilt als eines der »Big Four« in seiner Branche. Pricewaterhouse Coopers (PwC), KPMG, Ernst & Young (EY) und eben Deloitte beschäftigen weltweit Hunderttausende Mitarbeitende. In Deutschland, wo sie zusammen auf einen Marktanteil von 51,5 Prozent kommen, sind es jeweils mehr als 10 000 Beschäftigte.

Die Regulatorik stellt für diese vier ein enormes Konjunkturprogramm dar, während sie anderen Wirtschaftsprüfern und Beratern weniger Auftrieb beschert. Das hat vor allem mit Größe zu tun. So haben die großen Player längst umfangreiche Nachhaltigkeits- und ESG-Abteilungen aufgebaut, können die nötigen Schulungen und Zertifizierungen sehr viel besser stemmen und haben weit besseren Zugriff auf Experten und Kunden als die kleineren und weniger gut aufgestellten Beratungsunternehmen.

Ähnliches gilt für diejenigen, die berichten. Dort, wo bereits umfangreiche Compliance- und Reportingressourcen aufgebaut sind, fällt die Integration zusätzlicher Aufgaben leichter als dort, wo man sich bislang nur aufs Kerngeschäft konzentriert hat. Die für das Reporting anfallenden Kosten können in großen Unternehmen und Konzernen auch besser auf einzelne Unternehmensbereiche, Produkte oder Märkte verteilt und angerechnet werden. Obendrein investiert auch der Finanzsektor als exekutives Nachhaltigkeitsorgan bevorzugt in Unternehmen, die sich den neuen Standards anpassen können. Das sind meist ebenfalls: große Konzerne.

Wir haben es also mit einem sich selbst verstärkenden Effekt zu tun, den auch die im Februar 2025 angekündigte Reform des Ganzen nicht aufhebt. Wenn die Berichtspflicht für die weniger großen Unternehmen wegfällt, werden sie mit ihren gegebenenfalls unzureichenden Nachhaltigkeitsinformationen nicht unbedingt attraktiver für die nach SFDR berichtenden Investoren und Kreditgeber.

Der Regulierungsexperte John Braithwaite untersucht seit vielen Jahren und in mehreren Arbeiten das Verhältnis zwischen freier Wirtschaft und staatlicher Regulierung. In der historischen Betrachtung dieser wechselhaften Beziehung arbeitet er weniger ein gegensätzliches als vielmehr ein sich gegenseitig treibendes System aus Marktentscheidungen und freiem Handeln heraus. Die Entwicklung seit den 1970er-Jahren fasst er als eine des »regulatory capitalism« zusammen, in dem sowohl Märkte als auch staatliche und vor allem nichtstaatliche Regulierung – also die von großen Unternehmen selbst etablierten Standards – aneinander und miteinander wachsen und erstarken.

Braithwaite sieht die Wurzeln für diese Entwicklung bereits im 16. Jahrhundert und zieht eine recht klare, hier von uns stark zurechtgestutzte Linie vom frühen Wertpapierhandel zur Erfindung der Staatsanleihen, von dort zu privaten Anleihemärkten und Börsen und zu halbstaatlichen, global tätigen Unternehmen wie der East India Company und schließlich zur kapitalistischen Eroberung Amerikas. Die Richtlinien für einen freien Wettbewerb, die man dort als Maßnahme gegen den Einfluss skrupelloser Großindustrieller, der sogenannten *robber barons*, erließ, beseitigten laut Braithwaite deren Kartelle aber nicht, sondern führten erst recht zu ihrer Konsolidierung.

Es entstand das Modell der »Megacorporation«, das seitdem rund um die Welt Nachahmer gefunden, neue regulatorische Maßnahmen erzwungen und selbst regulatorische Funktionen übernommen hat. Seitdem, wir kürzen hart ab, pendelt sich das alles irgendwie ein. Gleichwohl wollen wir uns die Marktkonsolidierung durch eine eigentlich gegenteilig intendierte Regulierung noch einmal kurz genauer ansehen.

Wir beobachten heute regulatorische Ansätze zur Umsetzung einer Nachhaltigkeitsstrategie, die über den Finanzsektor als Exekutive eine Berichtspflicht einführen. Diese Pflicht betrifft zunächst und auch nach der CSRD-Kürzung zwar nur große Unternehmen und Konzerne, hat über deren Wertschöpfungsketten und Partnerschaften aber auch schnell Auswirkungen auf die klassischen kleinen und mittleren Unternehmen – kurz KMUs –, die unter der regulatorischen Last vernehmlich ächzen.

Dabei sehen sich die KMUs obendrein allerlei Absurditäten ausgesetzt: Wenn deutsche Provinzbetriebe erklären müssen, dass sie keine Sklaverei betreiben und die Rechte indigener Völker achten, dann ist das vergleichsweise schnell gemacht, fördert aber nicht unbedingt das Vertrauen der Berichtenden in die Sinnhaftigkeit der eigentlichen Maßnahme. Der Aufwand steigt, das Ächzen wird lauter.

Wir wollen hier nicht über das Aus des Mittelstands spekulieren, ebenso wenig über weitere Konsolidierungen, über Unternehmensaufgaben und Verkäufe aus Angst vor dem Gespenst der Nachhaltigkeit. Aber es gibt sehr wohl Präzedenzfälle für unbeabsichtigte Marktbereinigungen als Folge der Regulierung. Darüber hinaus ist es offensichtlich, dass Konzerne die Berichtspflicht leichter schultern können – selbst wenn sie natürlich auch erst einmal ordentlich zu tun bekommen.

↘ 3.3 Der Willigen Lähmung

Regulatorik als Kostenfaktor und Fortgeschrittenenbremse

Wenn ein bestehendes, etabliertes, sehr komplexes System einer wirklich umfassenden Herausforderung und Transformation begegnet, wie es die Umstellung auf nachhaltiges Wirtschaften ist, liegt eine der größten Schwierigkeiten oft in einer eigentlich recht einfachen Frage: Wer ist zuständig? Wer kümmert sich darum, dass alle wesentlichen Fragen beantwortet, Daten gesammelt und Veränderungsprozesse angestoßen werden? Wer trägt die Veränderungsimpulse in die betroffenen Fachbereiche und Abteilungen? Da Letztere keineswegs allesamt Freunde der Veränderung sind, bringt die Zuständigkeit nicht nur große Verantwortung, sondern auch Konflikte mit sich. Seit Jahren erleben wir das bei Fragen des technologischen Fortschritts und des digitalen Wandels, in Unternehmen ebenso wie auf staatlicher Ebene.

Die einfachste Lösung, zu der dann oft gegriffen wird, besteht darin, das Transformationsthema in einer klar definierten, umgewidmeten oder ganz neu geschaffenen Abteilung oder Position anzusiedeln – in einem Innovationshub, bei einem Chief Digital Officer, in einer DEI-Arbeitsgruppe, in einem Nachhaltigkeitsteam. Wie sehr diese Transformationsbeauftragten dann in die ganze Organisation hineinwirken können, ist von Thema zu Thema und von Unternehmen zu Unternehmen sehr unterschiedlich. Eine in der Zusammenarbeit mit mittleren und Großunternehmen sehr erfahrene Interviewpartnerin brachte es für uns aber auf den Punkt: In dem Augenblick, in dem ein solches Thema zum Silo gemacht werde, in das alle zugehörigen Fragen und Aufgaben dann nur mit einem »Bitte kümmern« hineingeworfen würden, begännen die Dinge schiefzulaufen. Was Unternehmen im Wandel bräuchten, seien stattdessen robuste und ernst zu nehmende Sparringspartner in allen Abteilungen, auf allen Ebenen, für alle relevanten Stakeholder und Betroffenen. Dies sei der zwar weit aufwendigere, aber langfristig wirksamere und integrativere Ansatz.

Wir haben es schon im Abschnitt 3.3 kurz angerissen, aber es ist uns in unseren Gesprächen immer wieder und in verschiedenen Varianten begegnet: Die Art und Weise, in der die EU das Thema Nachhaltigkeit und die Netto-null-Transformation in den Märkten und Unternehmen zu regulieren versucht, schafft exakt diese »Bitte kümmern«-Silos, in die sich transformative Themen zum Sterben zurückziehen. Wir ja haben bereits davon gehört, wie Ambitionen und Leidenschaft in Nachhaltigkeitsabteilungen und in ganzen Unternehmen sich plötzlich in den Hintergrund gedrängt sehen, weil auf einmal ein neuer Maßstab für nachhaltiges Arbeiten gilt: das Ausfüllen von Formularen und das Pauken umfangreicher Standards.

Wenn wir die bestehenden Nachhaltigkeits-Abteilungen betrachten, in die wir hineinschauen durften, dann sind dort 70 bis 90 Prozent der dafür bereitgestellten Ressourcen mit dem Aufsetzen von Berichten bzw. erst einmal mit der Entwicklung von Berichtskompetenz gebunden. Wir haben in Abschnitt 2.4 erwähnt, dass das in ein paar Jahren recht routiniert funktionieren könnte. Wir erleben in Sachen Nachhaltigkeit aber heute schon Stillstand und Frustration. Auch dies gilt gerade für kleine und junge berichtspflichtige Unternehmen. Einer ihrer Berater erzählte uns, dass das Einholen von Daten entlang der Lieferkette für sie so gut wie unmöglich sei, weil sie im Gegensatz zu großen Unternehmen praktisch keinen Hebel hätten. Die Zulieferer, auf die sie angewiesen seien, seien schlicht nicht berichtspflichtig und würden sie auslachen, wenn sie versuchten, ihre Lieferkette auf Informationen über Emissionswerte oder Biodiversität hin abzuklopfen.

Die Prüfung der Wesentlichkeit sollte manche Datenpunkte ja eigentlich vernachlässigbar machen, weil sie eben unwesentlich sind. Bei der Bewertung der Wesentlichkeit aber, so ein Finanz- und Strategieexperte, kämen oft wieder die Wirtschaftsprüfer ins Spiel. Was macht ein Wirtschaftsprüfer? Er räumt Zweifel an Berichten und Bilanzen aus. Wie tut er das? Indem er seine randlose Brille zurechtrückt und sich auf die sichere Seite stellt: »Nicht wesentlich? Seid ihr sicher? Lasst uns das mal lieber doch berichten.« Die Komplexität des Themas, so der Experte, sei eine Sache, die noch immer große Unsicherheit bei seiner Umsetzung eine andere. CSRD und ESRS machten nicht hundertprozentig klar, wie tief man in die Lieferkette gehen soll, wird uns aus dem Private-Equity-Bereich berichtet. Wenn man aber vom Maximum ausgehe, seien es unendlich viele Datenpunkte, die die Investoren von ihren Partnern und Kunden einholen müssten.

Nachhaltigkeit kann kein Zusatzmodul für Unternehmen sein. Wer das Thema Nachhaltigkeit ernsthaft angehen und ins Geschäft integrieren will, muss es in Innovationen und Geschäftsmodelle übersetzen. Die Berichtspflicht macht nicht nur genau das nicht, sie würgt auch entsprechende Ansätze ab, indem sie ihnen die Ressourcen entzieht. Indem sie sich von Vornherein derart falsch aufstellt, wird sie selbst ebenfalls nur Fehler produzieren.

»Von vorn anfangen müssen wir nicht, aber …«

Es ist bei aller Kapitalismuskritik nicht so, dass erst EU und Regulierung das Thema Nachhaltigkeit auf den Tisch und ins Bewusstsein gebracht hätten. Der Ambition, nachhaltiger zu wirtschaften, sich für eine postfossile Welt aufzustellen und/oder – und genau so wurde es gesagt – »die Schöpfung zu bewahren«, sind wir auch schon vorher begegnet. Das gilt für alle möglichen Unternehmen und Organisationen, vom lokalen Mittelständler über das global agierende Familienunternehmen bis hin zur weltweit operierenden Investmentorganisation und sogar bis zum gesichtslosen Megakonzern. Besonders tragisch wird die bremsende Wirkung der Regulierung dort, wo bereits seit Jahren an Lösungen für Probleme gearbeitet wird, die in der Regulierung bislang nur diffus definiert sind.

Der Schutz und die Wiederherstellung der Biodiversität und der Ökosysteme ist nicht nur eines der sechs definierten Umweltziele der Taxonomie-Verordnung, sondern ein immer wieder und mit wachsender Dringlichkeit formuliertes Ziel der Europäischen Union. Allerdings lesen sich die Mitteilungen der EU-Organe dort, wo es um die Umsetzung dieser Zielvorgaben geht, stets ein wenig hilflos. »Das Ziel sollte darin bestehen«, empfiehlt beispielsweise die Biodiversitätsstrategie der Kommission von 2020, »dass bis 2050 alle Ökosysteme der Welt wiederhergestellt werden, widerstandsfähig sind und angemessen geschützt werden.«[6] Den Mitgliedsstaaten der EU sind hier auch Ziele und Kennzahlen auferlegt worden, so etwa die Unterschutzstellung von je 30 Prozent der Land- und Meeresflächen bis 2030. Das läuft laut Eigenauskunft der Kommission befriedigend, und immerhin seien bis Ende 2024 schon 50 Prozent der geplanten Maßnahmen erfolgreich umgesetzt worden.

Was das wirklich bedeutet und wie sich das langfristig auswirkt, ist aber nicht klar. So elementar die Vielfalt der Natur für die Welt ist, die wir kennen, für das Leben auf diesem Planeten und für das, was wir Ökosystemleistungen nennen – Luft, Wasser, Rohstoffe, Beiträge zum Nährstoffkreislauf, Lebensfreude und süße Tiere und nicht so süße, aber superwichtige Tiere usw. –, so schwierig ist es, diese Vielfalt direkt zu messen. Wie viel gibt es von diesem und jenem, wie viel produziert es, womit hängt es zusammen, welche Dominoeffekte entstehen, wenn jene Pflanze, dieser Delfin oder die lästige Mücke dahinten ausstirbt? Manche versuchen Antworten zu finden, indem sie Platzhalter-, Näherungs- und Ableitungswerte entwickeln und beobachten.

So beschreibt es uns der Nachhaltigkeitschef einer international tätigen Bank. Dort schaut man auf Wirtschaftssektoren und Tätigkeiten, die eine Wirkung auf Biodiversitätsentwicklung haben. Wie verändert sich die Bodennutzung? Welchen Einfluss hat die Agrarwirtschaft, welchen der Bergbau? Wo wird Wasser verschmutzt und Wasser verbraucht? Welche Rolle spielt das im Leistungs- und Investmentportfolio, welche Habitate werden bewirtschaftet, welche unberührten Flüsse, Tiefseeböden, alten Wälder liegen in diesen Gebieten, welche Tier- und Pflanzenarten, die vielleicht noch nicht geschützt, aber potenziell wichtig sind, kommen darin vor? So werden auch ohne hundertprozentige Messungen Näherungswerte möglich, die die Basis für positiv wirkende Maßnahmen und Investitionsentscheidungen sein können.

Diese Bemühungen und Methoden sind im Moment aber egal, denn aktuell muss in der besagten Bank die komplette Regulatorik nachjustiert werden, da sie sich leider nicht mit dem deckt, was man dort bisher entwickelt und angewandt hat. Wer weiß, meint unser Gesprächspartner, vielleicht seien die dafür ausgewählten und abgefragten Datenpunkte am Ende viel besser und wirksamer. Wir bewundern seine gelassene Nüchternheit in diesem Punkt durchaus, denn der Großteil seiner Arbeit besteht derzeit aus der Erfüllung von Pflichten und dem Berichten von Dingen, die momentan in ihrer Aussagekraft sehr limitiert sind. Die Betonung, so betont er selbst sehr sachlich, liege dabei jedoch auf *momentan*.

Nun gut, aber *momentan* sind die eigenen Bemühungen der Bank ausgebremst. Damit steht sie nicht allein da. Die Fokussierung auf Pflichtreportings führt erkennbar dazu, dass dort, wo zuvor schon freiwillig und über das nun zu berichtende Maß hinaus Fortschritte verfolgt wurden, diese Fortschritte nun eine kleinere Rolle spielen. Die Kritik, der wir immer wieder begegnen, gilt der Enge und Starrheit der definierten Pflichten und dem Mangel an Spielraum für eigene Ansätze. Die Annahme hinter der Regulierung lautet ja, dass die Regulierenden oben drüber es besser wissen als die, die unten drunter die Daten liefern. Die Frage ist nur: Wissen sie es wirklich besser? Die Antwort: Wahrscheinlich nicht. Selbst im Gespräch mit Verantwortlichen für Direktiven und Taxonomien kommen wir an Punkte, an denen klar wird, dass vieles eben primär aus politischen Erzählungen heraus gestaltet und etabliert wird, weniger aus wissenschaftlichen Erwägungen und echtem Fachwissen.

Von Laien reguliert

»Es gibt schon ein paar Punkte«, so ein Experte auf EU-Ebene, der selbst Regulierung gestaltet, »wo auch ich sage: Das hat man handwerklich schlecht gemacht.« Allein die Abstimmung zwischen den verschiedenen Standards, also Taxonomie, CSRD, CSDDD, die sei einfach schlecht, das dürfe nicht passieren. Den Grund dafür sieht er in den unterschiedlichen Zuständigkeiten innerhalb der Kommission, wo verschiedene Generaldirektionen in Zusammenarbeit mit verschiedenen externen Experten verschiedene Themen bearbeiten. Zugleich aber seien ebendiese Experten oft nur ein kleiner ausgewählter Kreis aus einem eigentlich sehr komplexen Netzwerk an Stakeholdern, Interessenten und Betroffenen. Natürlich gebe es zu jeder Regulierung Dialoge und Austauschformate mit denen, die die Regulierung vorantreiben, deren Erfahrung und Wissen ihre Ausgestaltung bestimmen und die sie dann umsetzen und anwenden müssten. Aber.

Für die Entwicklung der Berichtsstandards beispielsweise, also der ESRS, sei die European Financial Reporting Advisory Group (EFRAG) zuständig, die in Brüssel arbeite und alle zwei Wochen zu Board-Sitzungen einlade, an denen dann auch Unternehmensvertreter teilnähmen. Doch welche Unternehmen könnten denn alle zwei Wochen jemanden nach Brüssel schicken? Eher nicht die kleinen und mittleren Unternehmen, eher nicht die Vertreter der unteren Ränge der Lieferketten. Wenn man darüber hinaus mal über die europäischen Gremien schaue, so der EU-Experte, dann kämen die Deutschen in den meisten Fällen erst am Ende der Entscheidungsketten vorbei, um zu nörgeln.

Dieses Genörgel, so nun wiederum unsere Einschätzung, dient dann aber auch weniger den Interessen der KMUs, sondern eher denen der deutschen Kernindustrie und ihren Konzernen. Wie in einem solchen Prozess aber bestehende Ansätze, Maßnahmen oder Strategien eine Berücksichtigung in einer Einmal-alles-für-alle-Regulierung finden sollen, ist eine leicht zu beantwortende Frage: gar nicht, null, kein bisschen oder höchstens mit Glück an einem sehr guten Tag.

Das ist nicht nur deshalb ein Problem, weil es bedeutet, dass an den Methoden, Strategien und Arbeitsweisen von Unternehmen heute vorbeireguliert wird. Es ist auch ein Problem, weil es Methoden, Strategien und Arbeitsweisen für einen sehr langen Moment auf ihrem aktuellen Stand festschreibt und erst einmal in die Analyse geht. In einer Zeit, in der Verbesserungen der echten wirtschaftlichen Nachhaltigkeitsbilanz auf eine intensive Innovationstätigkeit angewiesen sind, ist das fatal.

Natürlich ist es wichtig und wesentlich, dass der eventuell emissionsintensive Herstellungsprozess oder Transport eines Herstellers medizinischer Einweg-Plastikprodukte gemessen, dokumentiert und irgendwann adressiert wird. Wie viele Ressourcen werden aber gebunden, wie viel Geld wird auch von Investoren in übersichtlichere taxonomiekonforme Projekte und Anpassungen gesteckt, statt innovativ das evidente Hauptproblem anzugehen, dass das oft nur einmal genutzte Produkt aus Jahrhunderte überdauerndem Plastik besteht? Eine solche Denkweise gibt das Reporting nicht her. »Business reporting developed by non-business insiders«, seufzt eine Investorin.

Es funktioniert einfach nicht

Viele der regulatorischen Probleme, denen wir bis hierhin begegnet sind, beginnen also schon bei den Regulierungsimpulsen, werden im Entwicklungsprozess festgebacken, in der konkreten Ausarbeitung der Standards dann noch einmal abgenickt und schließlich in die Märkte gekippt. Dort werden daraufhin entweder bereits bestehende Initiativen ausgebremst, oder »Nachhaltigkeit« wird ganz generell als frustrierendes Pflicht- und Bürokratiethema verbrannt. Unser wissenschaftlicher Regulatorik-Experte hat Verständnis für das Stöhnen angesichts der Taxonomie, ihrer Komplexität und der Unklarheit darüber, was mit den gewonnenen Informationen eigentlich passiert. Die Berichtspflicht an sich sieht er in ihrer nun angestrengten Überarbeitung und Zusammenfassung dennoch auf einem guten Weg.

Wie und wann wird denn aber überprüft, wie gut sich all die Regulatorik auf die Ziele des Green Deal, auf eine nachhaltige Wirtschaft, auf eine neue grüne Wettbewerbsfähigkeit auswirkt? Hat die Tatsache, dass etwa die Berichtspflicht nun noch einmal überarbeitet wird, noch andere Gründe als den Bürokratiefrust, das Stöhnen des Mittelstands oder den allgemeinen Unmut? Wie sehen die Szenarioberechnungen aus, in denen jeweils ermittelt wird, was eine Regulierung bzw. eine Nichtregulierung kostet? Welche Schäden könnten entstehen, wenn nicht oder anders reguliert würde? Das alles sind nicht nur rhetorische Fragen. Interessant ist allerdings, dass sie in dieser Form nur von einer unserer Gesprächspartnerinnen aufgeworfen wurden, nämlich einer ziemlich hohen Führungskraft einer Bundesbehörde mit internationaler Verantwortung. Und wenn selbst sie keine Antworten darauf kennt, wer dann?

Sicher scheint zu sein, so eine andere Stimme aus der Bundespolitik, dass die Art des regulatorischen Prozesses es sehr, sehr schwer macht, die bereits in den Finanzmarkt hineinregulierten Vorgaben wieder aus dem Finanzmarkt herauszuregulieren. Die Situation ist also schwierig, die Aussichten sind nicht rosig. Wir beenden diesen Abschnitt angemessen schulterzuckend.

↘ 3.4 Du bist schuld, dass die Welt verbrennt

Die Individualisierung des Problems und die Ohnmacht des Einzelnen

Glücklich und voller Freude ist, wer von der Richtigkeit und der Wirksamkeit dessen, was er tut, überzeugt ist. Noch glücklicher ist, wer sich Richtigkeit und Wirksamkeit auch bescheinigen lassen kann. 2022 veröffentlicht das für die Entwicklung der Berichtsstandards verantwortliche EU-Gremium EFRAG die Ergebnisse einer Kosten-Nutzen-Analyse zu CSRD und ESRS, die seine Verantwortlichen beim Centre for European Policy Studies (CEPS) in Auftrag gegeben hatten. Ihr Fazit: »Die Anwendung des ESRS wird voraussichtlich auch zu zahlreichen Verhaltensänderungen führen, insbesondere bei den Unternehmen, die derzeit keine Nachhaltigkeitsinformationen vorlegen.« Diese Verhaltensänderungen brächten dann wiederum entscheidende Vorteile mit sich, vor allem »die größere Nachhaltigkeit von Produktionsprozessen und Produkten sowie eine erhöhte Mitarbeiterzufriedenheit«.[7] Dem stellt die Studie einen Rahmen für die gesamten Verwaltungskosten der erstmaligen Berichterstattung großer Unternehmen gegenüber, nämlich bis zu ca. 1,7 Milliarden Euro Erstkosten und 1,9 Milliarden Euro an jährlich wiederkehrenden Kosten. Hinzu kämen pro Jahr weitere Milliarden für die Überprüfung der Berichte durch externe Wirtschaftsprüfer.

Na gut, könnte man jetzt sagen – wenn wir für das viele Geld nicht nur zufriedener, sondern vor allem nachhaltiger wirtschaften können und dadurch die Milliardenverluste vermeiden, mit denen uns die katastrophalen Folgen des Kapitalismus im Falle ihres endgültigen Eintretens die Bilanz verhageln, dann ist das keine grundsätzlich schlechte Investition. Zwischen den seit dem Ende des letzten Abschnitts ratlos dauerzuckenden Schultern der Autoren dieses Buches sitzt allerdings jeweils ein Kopf, in dem sich nun folgende Frage aufbaut: Ist das, was da auch nach der Überarbeitung 2025 noch immer für viel Geld und mit viel Aufwand entwickelt wurde, nicht vielleicht doch nur ein sehr teures Tool zur Berechnung des ökologischen Fußabdrucks letztlich aller Unternehmen Europas, also auch jener, die über Abhängigkeiten und Partnerschaften nur indirekt berichtspflichtig sind? Wäre das nicht auch günstiger gegangen oder hätte man die Unternehmen für die geschätzten Kosten nicht effektiver zu »Verhaltensänderungen« inspirieren können?

Das ist polemisch gefragt, aber bleiben wir für einen Moment ruhig in diesem Modus: Wir arbeiten jetzt also mit einer Durchleuchtung der Emissions- und Taxonomiebilanz einzelner Unternehmen und ihrer Lieferketten. Wir stecken Geld und Energie in eine gigantische, aufwendige und in Teilen auch ausbremsende und lähmende Bestandsaufnahme, die uns das, was wir schon wissen, noch einmal etwas weniger dramatisch sagt. Denn das, was wir schon wissen oder zumindest wissen könnten, *ist* dramatisch: Wir, die Menschen auf diesem Planeten, haben ein Problem im System, in unserer Wirtschaftsweise, in fundamentalen Aspekten unserer zivilisatorischen Existenz. Unsere Art, Wirtschaft, Mobilität, Landwirtschaft und vor allem Energie zu verstehen und zu organisieren, gefährdet unser Fortbestehen und unseren Frieden. Die Art und Weise, wie wir uns dieses Problems annehmen, ermöglicht uns eine willkommene Entdramatisierung. Denn mit den aktuellen ESG-Regelungen und -Pflichten brechen wir das Problem auf individuelle Handlungen sowie auf Prozesse und Strukturen einzelner Unternehmen und Branchen herunter, um es mit den Mitteln des Finanzmarktes dann so anzupacken, dass die eigentlich notwendige grundlegende Systemreform erst einmal verschoben werden kann. Dieses Vorgehen hat Tradition, nur keine gute.

Die ökologischen Fußstapfen von British Petroleum

Mitte der 1990er-Jahre entwickelte der Schweizer Ingenieur Mathis Wackernagel im Rahmen seiner Dissertation eine Formel, mit der sich der Einfluss der Menschheit auf die Welt als eine von ihrem Lebensstil beanspruchte, biologisch produktive Fläche darstellen lässt. Wie viele Ressourcen, wie viel Weide- oder Waldfläche, wie viel Wasser werden beispielsweise für die Produktion von Rindfleisch oder den jährlichen Papierbedarf einer bestimmten Stadt, Region, der ganzen Welt verbraucht? Es ging Wackernagel dabei nicht primär um die individuelle Perspektive. Auch das Global Footprint Network, das er 2003 mitgegründet hat und das seither Standards für die ökologische Bilanzierung entwickelt, denkt, wie sein Name schon sagt, globaler. Organisationen wie der WWF, der das Konzept schon früh in seine Kommunikation übernommen hat, bieten heute gleichwohl vor allem individuelle Rechner an, um das Bewusstsein für eine nachhaltige Lebensweise zu schärfen und Tipps für die Umstellung zu geben. Umweltbundesamt, Brot für die Welt, Anbieter von Parkettböden: Überall können Sie

Ihren ökologischen Fußabdruck berechnen lassen, der heute meist mit dem CO_2-Fußabdruck gleichgesetzt wird.

Der Fossilindustrie, die mit ihrer seit den Siebzigern gepflegten Strategie des Kleinredens und Schlechtredens von Klimawandel und Wissenschaft um die Jahrtausendwende in eine kommunikative Sackgasse geraten war, machte Wackernagel damit unbewusst und ungewollt ein Geschenk. Insbesondere der Fossilriese British Petroleum – seit 2001 nur noch BP, seit 2002 mit gelbgrüner Sonne als Logo, seit Mitte der Nullerjahre mit einigen Zehen im Erneuerbare-Energien-Business – stellte den leicht abgewandelten »carbon footprint« ins Zentrum seiner PR. »It's time to go on a low-carbon diet«, schrieb das Unternehmen auf seiner Website, obwohl das eigentliche Fossilbusiness natürlich kein Stück schrumpfte.

Die von BP beauftragte Werbelegende Ogilvy & Mather lieferte ein Kampagnenmeisterstück ab, das Preise gewann und eine Idee etablierte, die bis heute funktioniert: Nicht das Produkt oder das Geschäftsmodell der fossilen Industrie sind das Problem – die Verantwortung liegt in erster Linie beim Konsumenten. In Werbeclips wurden Menschen dazu befragt, ob ihnen der Klimawandel Sorgen bereitet. Indem das Unternehmen Menschen derart aus ihrer persönlichen Perspektive sprechen ließ, so die britische Kommunikationsprofessorin Julie Doyle, nahm sich BP linguistisch aus der Rolle des Mitverursachers des Problems heraus und »präsentierte sich stattdessen als aktiver Teil der Lösung«.[8] So verwies das Unternehmen auf Energieeffizienzprojekte und eigene Emissionsreduktionen, die es allerdings nie im Detail erklärte. Die Ölproduktion des Konzerns blieb über die Jahre relativ konstant, bis die Trennung von Rosneft nach dem russischen Angriff auf die Ukraine 2022 zum ersten Mal zu nennenswerten Rückgängen führte.

Sicher: Individuelle Konsumentscheidungen sind durchaus relevant für den Fortbestand der Welt. Gebündelt sind sie ziemlich kraftvoll. Je nach Studie könnten etwa bis zu 70 Prozent der lebensmittelbezogenen Emissionen eingespart werden, wenn sich alle Menschen auf der Erde nur noch vegetarisch ernährten. Das ist nicht nichts. Schalten Sie auch gern und unbedingt ihre Geräte bei Nichtnutzung ab, löschen Sie das Licht in Räumen, in denen sich niemand aufhält, heizen Sie die Bude im Winter nicht auf 25 Grad und nehmen Sie gern das Fahrrad. Sie sehen sehr gut darauf aus.

Eine derartige Individualisierung von Verantwortung, gekoppelt mit dem impliziten Vorwurf individueller Schuld und moralischen Versagens, ist angesichts des großen systemischen Problems dann aber doch nur die unangemessene Überbetonung eines Nebenschauplatzes des Klimawandels. Dazu zwei Datenpunkte.

Erstens: In ihrem Optimismusbestseller *Hoffnung für Verzweifelte* stellt die Datenwissenschaftlerin Hannah Ritchie fest, ihr CO_2-Fußabdruck sei »weniger als halb so groß wie der meiner Großeltern, als sie so alt waren wie ich. Denn als sie in den Zwanzigern waren, [verursachte] die durchschnittliche Person im Vereinigten Königreich 11 Tonnen CO_2 pro Jahr. Jetzt sind es unter 5 Tonnen.«[9] Der weltweite CO_2-Ausstoß hat sich seit 1960 dennoch vervierfacht und Studien des Fossilkonzerns BP, ausgerechnet, prognostizieren einen weiteren Anstieg bis 2035. Und ja, wir können die naheliegenden Einwände – »Chinas Rekordemissionen!« – nicht nur hören, wir haben sie selbst auf der Zunge. Doch für welche Märkte haben denn chinesische Fabriken jahrzehntelang produziert und emittiert?

Zweitens: Studierende des Massachusetts Institute of Technology (MIT) stellten 2008 einen Grundemissionswert von jährlich 8,5 Tonnen CO_2 fest, den zumindest in den USA niemand unterschreiten könne. Dieser Wert entstehe dadurch, dass öffentliche Leistungen wie die Justiz, Straßen, Bibliotheken oder das Militär allen gleichmäßig angerechnet würden. 8,5 Tonnen entsprächen in dieser Berechnung den jährlichen Emissionen »eines Obdachlosen, der in Suppenküchen isst und in Obdachlosenunterkünften schläft«.[10] Der Fehler liegt offenbar im System.

Die große Verantwortung, die große Ohnmacht und das große Desinteresse

Eine von der Industrie propagierte Idee wie der CO_2-Fußabdruck stellt eine gewollte Asymmetrie im Macht- und Verantwortungsverhältnis her – im doppelten Sinne sogar. Zunächst sitzt auf der einen Seite der globale, tatsächlich mächtige und tatsächlich verantwortliche Konzern, und auf der anderen Seite berechnen ganz viele weitgehend machtlose Einzelne ihren Fußabdruck. Im Ergebnis bekommen sie dann eine Verantwortung zugeschoben, die – Asymmetrie, die Zweite – in völligem Missverhältnis zu ihrem tatsächlichen, individuellen Einfluss auf das System steht. Das ist die beabsichtigte Erzeugung von Machtlosigkeit.

Wie kann ich als einzelner Konsument dafür sorgen, dass es an der Tankstelle eine Ladesäule gibt? Hätten wir in den Untergrund gehen und den bewaffneten Kampf aufnehmen sollen, um Energiesparlampen oder gar LEDs früher zum Marktstandard zu machen? Muss der sprichwörtliche Mann in seinem sprichwörtlichen Leben ein Haus bauen, ein Kind zeugen und 18 000 Bäume pflanzen, um die Emissionen der ersten zwei Punkte zu kompensieren?

Der Nachhaltigkeitschef eines deutschen Finanzinstituts erklärt uns, es gebe unzählige Start-ups, die ihm Produkte anbieten würden, die anhand von Kontobewegungen die individuellen ökologischen Fußabdrücke seiner Kunden und Kundinnen berechnen und gleichzeitig individuelle Kompensationsmöglichkeiten aufzeigen könnten. »Das habe ich immer abgelehnt und werde es immer ablehnen«, winkt er ab. Da stecke ihm zu viel individuelle Anklage drin. Gleichzeitig stellt er aber auch fest, dass Nachhaltigkeitskriterien nur einen geringen Einfluss auf Kauf- und Produktentscheidungen seiner Kunden hätten. Natürlich laufe die grüne Baufinanzierung gut – dies aber vor allem, weil sie viel besser gefördert sei und günstigere Konditionen biete als der Standard. Der Preis mache den Unterschied, nicht das schlechte Gewissen.

Dies wiederum ist die Kehrseite der Verantwortungsindividualisierung: Wenn alle Schuld auf dich abgeladen wird, du aber im

Grunde kaum Gestaltungsspielräume und keinerlei Einfluss auf das Gesamtsystem hast, dann löst sich das Gefühl von Verantwortung schnell auf. Der Mensch ist dann doch das gewohnheits- und impulsgesteuerte Konsumtier und nicht der Homo oeconomicus der Wirtschaftswissenschaften, der seine Konsumentscheidungen erst nach sorgfältiger oder auch nur unbewusster Abwägung aller kurz-, mittel- und langfristigen Vor- und Nachteile und Verantwortlichkeiten trifft. Die Tatsache, dass die App des chinesischen Superbilligmarktplatzes Temu 2024 die Top-Gratis-App im deutschen App-Store war, ist da ein ausschlaggebendes Indiz. Wie viele von den Menschen, die in ihren jeweiligen Unternehmen aktuell das Nachhaltigkeitsberichtswesen etablieren und unterhalten, haben da eigentlich schon mal eingekauft?

Die richtigen Hebel hebeln

Die Idee, heute einen Verzicht zu üben, der nur langfristig und nur dann, wenn ganz, ganz, ganz viele mitverzichten, eine eventuelle, sich heranschleichende Katastrophe verhindert, kann nur wenige begeistern. Die Idee der Katastrophe selbst, das haben wir ja bereits festgestellt, macht ebenfalls keinen Unterschied. Das fossile System läuft eh weiter und verdient daran auch immer noch gut. Das Moralisieren mancher Klimaaktivisten, die ihrerseits wieder auf die persönliche Verantwortung pochen, verpufft am Ende doch und setzt wieder nur die falschen Maßstäbe.

Als Greta Thunberg 2019 nicht mit dem Flugzeug, sondern mit einem Segelboot zum UN-Klimagipfel reiste, wurde das als starkes Signal wahrgenommen: Es geht auch anders, ganz individuell. Dass das im konkreten Fall mehr Medienspektakel als tatsächliche Lösung war, eine narrative Aufmerksamkeitsrampe zu Thunbergs eigentlichem Auftritt – geschenkt. Wir wollen an dieser Stelle auch nicht kleinlich über die Ökobilanz der dafür verwendeten Yacht, der Flugreisen der mit dem Rücktransport des Bootes beauftragten Besatzung oder des Segelsports an sich reden.

Aber was hätte die junge Schwedin in zwei Wochen alles erreichen, mit wem hätte sie reden, welche Reden hätte sie halten, wen für ihre Sache gewinnen können, wenn sie einfach in ein Flugzeug gestiegen wäre, statt zwei Wochen lang auf hoher See in – wir denken uns das nicht aus, blättern Sie gern in Artikeln von damals – einen Eimer zu pinkeln? Wir bleiben in unserem Gespräch mit dem eben genannten Nachhaltigkeitschef tatsächlich länger an dieser Tatsache hängen: Greta Thunberg, so meint er, habe einen der größten Hebel in der Hand gehabt, die man mit einem Anliegen wie ihrem überhaupt haben könne: die Aufmerksamkeit der Vereinten Nationen und Redezeit vor den Staats- und Regierungschefs der Welt. Die Welt an sich sei ihr sowieso schon zugewandt gewesen. Aber statt diese Aufmerksamkeit in maximale Wirksamkeit zu verwandeln, war es ihr und ihrem Team wichtiger, die unfehlbare Aktivistin mit der tadellosen Ökobilanz zu präsentieren.

Das, worum es unserem Gesprächspartner geht, ist ein Bewusstsein für die Hebel, die man tatsächlich bedienen kann, um die Welt zu verändern. Das seien in seinem Fall nun einmal nicht in erster Linie die Bäume, Mangrovenwälder oder Moore, die zum Ausgleich der Geschäftsreisen seines Unternehmens kultiviert würden. Das sei nicht einmal die Nachhaltigkeitskommunikation oder die Produktentwicklung für Privatkunden. Der Hebel sei vor allem das milliardenschwere Kreditbuch seines Instituts, mit dem es nachhaltige Projekte unterstützen könne, die tatsächlich gesellschaftliche und/oder ökologische Wirkung hätten – Real World Impact eben. Um dies zu realisieren, seien aber vor allem der Dialog mit Stakeholdern, die Klarheit über die eigenen unternehmerischen Prioritäten und das konstante Abwägen und Auflösen von Zielkonflikten entscheidend. Ein standardisiertes Berichtswesen habe da deutlich weniger Einfluss, erst recht ein vom immergleichen Moralisieren geprägter öffentlicher Diskurs.

Folgt man dieser Argumentation, so sind die einzelnen Konsumentscheidungen des Individuums nur sehr, sehr kleine Hebel. Seine politischen Wahlentscheidungen stellen dagegen einen zwar immer noch kleinen, aber schon deutlich größeren Hebel dar. Bei Investmententscheidungen und tatsächlichem politischem Engagement beginnt es dann interessant zu werden. Doch der wichtigste Hebel, um nachhaltig etwas zu verändern, liegt bei den staatlichen und politischen Diskussionen, die den Willen einer Gesellschaft im besten Fall ohne Reibungsverluste in Regulatorik und Gesetze übertragen. Mit dieser Hebelmacht kommt auch hier große Hebelverantwortung. Zu dieser wiederum gehört es, ein Marktversagen als solches zu benennen und entsprechend zu handeln, statt die Hebelverantwortung in viele Datenpunkte aufzulösen und sie so an andere zu übertragen. Um ein kleines, praktisches Beispiel zu nennen, sprechen wir mal über Apples Lightning-Stecker: ein nur mit Apple-Geräten kompatibler Standard, der zusätzlichen Müll verursacht und an dem Apple ausgezeichnet verdient hat. Den Umstieg auf USB-C, der unter vielen Gesichtspunkten sinnvoll und ratsam ist, musste allerdings die EU erzwingen. Kein einziger Nutzer, der sein iPhone aus Protest durch ein Android-Gerät ersetzt hätte, hätte diese Veränderung erwirken können.

Wir als europäische Gesellschaft verfügen mit unseren Institutionen und ihren Kompetenzen über einen ziemlich gewaltigen Hebel. Nur verfestigt sich immer wieder der Eindruck, dass niemand so richtig weiß, wo man ihn ansetzen und was er wie wohin hebeln soll. Mehr Bürokratie, mehr Formulare, mehr ziellose Big-Data-Transparenz können ebenso wenig der richtige Weg sein wie die ewige Beschwörung des durch und durch Guten, moralisch Verpflichtenden. Wie jedes Individuum, jedes Unternehmen und jede weltweit wirkende Klimaaktivistin müssen auch Staat und Behörden herausfinden, mit welchen Hebeln sie die katastrophalen Folgen des Kapitalismus nicht nur sauber dokumentieren, sondern auch tatsächlich in den Griff bekommen können.

3.5 In die Sackgasse und dann immer geradeaus

Staat, Wirtschaft und Gesellschaft in der Vertrauenskrise

Herzlichen Glückwunsch, wir haben den Tiefpunkt erreicht. Zeit für eine kurze Ansprache. *Real World Impact* – also das Buch, nicht der Impact – würde eine V-förmige Erzählung werden. Das wurde uns in den Gesprächen miteinander und mit den Menschen, die uns Dinge erklärten und näherbrachten, immer klarer. Wir würden bei einem erfolgreichen Superkapitalismus beginnen, uns seiner katastrophalen Folgen gewahr werden, dann auf die Mittel schauen, die in unserem Teil der Welt zur Linderung dieser katastrophalen Folgen eingesetzt werden, und uns dann ein paar Abschnitte lang über die Wahl und die Folgen dieser Mittel ärgern. Zum Ende des dritten Kapitels würden wir schließlich recht resigniert auf den Nullpunkt knallen, um die dann folgenden Abschnitte dafür zu nutzen, uns und alle, die mitkommen wollen, Stück für Stück wieder nach oben zu hieven.

Wie sieht er denn aber aus, der Tiefpunkt? Abgesehen davon, dass man hier und da – globale Verteilungskämpfe, Oligarchie-Coup in den USA, wachsende Ungleichheit, näher kommende Kipppunkte – tatsächlich noch tiefer steigen könnte, ist das alles schon finster genug. Global finden wir keine Einigkeit, vor allem nicht darüber, wer wann und in welchem Umfang in Vorleistung gehen sollte. Wer sich jetzt zu früh engagiert, zahlt viel für die anderen mit. Deswegen warten alle ab. Die Tatsache, dass ein Land wie China nicht nur weltgrößter CO_2-Emittent, sondern auch führend im Ausbau der erneuerbaren Energien ist und heute sowohl bei der Wind- als auch bei der Solarenergie mit jeweils mehr als einem Drittel der weltweit installierten Gesamtkapazität an der Spitze steht, macht ein wenig Mut. Aber auch dort wird die fossile Industrie noch so lange gewinnbringend eingesetzt, wie sie eben Gewinne bringt. Und Chinas Rohstoffdominanz in der globalen Erneuerbare-Energien-Lieferkette macht es für die anderen Länder auch nicht einfacher oder attraktiver, nachzuziehen.

Unabhängig von der globalen Uneinigkeit sind wir uns nicht einmal im eigenen unmittelbaren Einflussbereich einig. Die Erzählung, wonach der Preis für den auf Nachhaltigkeit ausgerichteten Umbau der Wirtschaft eine schlechtere Positionierung im internationalen Wettbewerb sei, ist in Deutschland und Europa durchaus populär und auch nicht ganz falsch. Doch der Preis wird mit wachsendem Transformationsdruck nicht niedriger – die Milliardenbeträge, die Deutschland ausgeben müsste, um Dänemark in Sachen Wärmepumpendichte einzuholen, erwähnten wir bereits. Während Norwegen den Ausbau der Elektromobilität großzügig steuerfinanziert, diskutiert Deutschland über Reichweiten. Die lange Zeit hocherfolgreiche deutsche Industriegesellschaft steht nach einem Vierteljahrhundert der Veränderungen mitten im Paradigmenwechsel und kann ihn einfach nicht akzeptieren.

Mit der Bewältigung der globalen Folgen ihrer Industrieerfolge möchte sie aber ebenso wenig behelligt werden. Die Kritik an deutscher und europäischer Entwicklungspolitik und ihren globalen Entwicklungsinvestments hat zwar noch nicht das US-amerikanische »USAID abfackeln!«-Level erreicht, in gewissen Kreisen wird jedoch durchaus neidisch darauf geschaut. Dass Entwicklungsarbeit und Investitionen in den ärmsten Regionen der Welt aber genau das sind, was die Gegner einer globalen Mobilität fordern, nämlich ein Mittel zur »Bekämpfung von Fluchtursachen«, wird dabei gern ausgeblendet. Das mag nicht im Detail für jedes von christlicher Barmherzigkeit getriebene Sozialprojekt gelten, für die Mehrzahl der Maßnahmen aber eben doch.

Die da oben und so weiter

Dass sich Politik, Staat und Verwaltung ihrerseits schwer damit tun, ihre strategischen Motivationen und Konflikte transparent darzulegen, haben wir in Abschnitt 2.4. kurz erörtert. In Kombination mit technologisch-industrieller Unbeweglichkeit, ambitionierten Nachhaltigkeitszielen und überbordender, nicht nachvollziehbar zielgerichteter Regulierung ergibt sich daraus aber eine fatale Dynamik. So erodiert das Vertrauen in einen Staat, in eine Regierung und in die Behörden, die die negativen Folgen eines per Definition ausbeuterischen, profitgetriebenen, kurzfristig agierenden Kapitalismus für die Gesellschaft abfedern und dessen positive Folgen im weitesten Sinne vergesellschaften sollten. Der Vorwurf, die wüssten ja gar nicht, was sie tun, ist leider nicht immer nur aus der Luft gegriffen. Der Blick in die entsprechenden Regulierungsunterlagen zeugt meist vor allem von einer großen juristischen Kompetenz – seltener von einer wirtschaftlichen, sozialen oder geostrategischen Expertise. Dabei wären alle drei essenziell.

Ein besonders tiefes Rabbit Hole haben wir dabei bislang umschifft und wir werden auch hier nur kurz hineinlinsen können. Denn die Kritik am potenziell undemokratischen Charakter des Brüsseler Komitologieverfahrens, also der Richtlinienentwicklung in Verwaltungs- und Expertenausschüssen, wird auch in unseren Gesprächen gelegentlich laut. So hätten sich in der eigentlichen Regulierung plötzlich sehr viel strengere Standards wiedergefunden, die über die eigentlichen gesetzlichen Vorgaben hinausgingen – eine Anmaßung des Gremiums, so einer unserer Gesprächspartner, gegen die dann wiederum erst Mehrheiten im Parlament organisiert werden müssten. Was konkret die Nachhaltigkeitsregulierung betrifft, habe sich dort letztlich ein Ansatz durchgesetzt, der eher schulterzuckend hingenommen als euphorisch verabschiedet worden sei. Dabei müsste man doch endlich einsehen: Das kann nicht besser, das kann nicht gut werden, das müssen wir einfach bleiben lassen. Unserem Experten zufolge gilt das umso mehr, als die noch gar nicht umgesetzte S-Säule des zu regulierenden ESG-Pakets nun auch in Form von Vorgaben für Mindestlohn oder Altersvorsorge in die Finanzmarktregulierung eingeschrieben werden soll. Dies aber sei ein unmittelbarer Eingriff in die Rechte der Mitgliedstaaten und dürfte daher noch vor dem EuGH verhandelt werden.

Es wird also alles nicht einfacher, nicht weniger komplex, nicht billiger. Vor allem dürften wir auf diesem Wege nur sehr schwer an den Punkt gelangen, an dem Nachhaltigkeit, Berichtspflichten, Grenzwerte und sonstige Vorgaben abschließend definiert und geregelt sind und europäische Unternehmen endlich in die Umsetzung kommen können.

Aus dieser Schwierigkeit wiederum schöpfen Populisten und politische Karrieristen ihre Energie. Sie senden regelmäßig eigene Störimpulse in das immer anfälliger werdende System. Diffuse und punktuell gerechtfertigte Unzufriedenheiten werden gebündelt und die Organisation und Prinzipien unseres Zusammenlebens immer lauter und exzessiver infrage gestellt. Schaffen es die Verfechterinnen und Verfechter dieser letztlich ziellosen, nur den Modus der Dauerkritik kennenden Unzufriedenheit dann in Entscheidungspositionen oder mit 20 Prozent und mehr Stimmanteil sogar ins Parlament, steht zu befürchten, dass progressive Ambitionen schnell leiser werden und schließlich ganz verschwinden.

Gemischte Signale für eine unsichere Welt

Befördert Regulierung also Populismus? Nein. Schlechte Regulierung dagegen sehr wohl, ebenso wie die Vermeidung von Richtungsentscheidungen und die Scheu vor deren konsequenter und durchdachter Umsetzung. Wer eine Wirtschaft mittel- und langfristig auf Nachhaltigkeit ausrichten will, muss dem diese Wirtschaft konstituierenden Unternehmer- und Investorentum langfristige Planungs- und Rahmenbedingungen sichern, die unternehmerische Entscheidungen überhaupt erst möglich machen. Wo aber Rahmenbedingungen immer wieder infrage gestellt, Regulierungsansätze neu justiert oder Förderungen je nach tagespolitischer Wetter- oder Haushaltslage gekürzt oder bewilligt werden, kann keine langfristige Sicherheit entstehen.

Im Jahr 2023 kaufte das US-Unternehmen Carrier Global die Wärmepumpen-Sparte des deutschen Heiztechnik-Champions Viessmann – in den Augen beider Partner eine Investition in eine Zukunftstechnologie und in den Aufbau eines zukunftssichereren globalen Klima-Champions. Doch während 2023 zum Rekordjahr für die Branche wurde, erzeugte zunächst die monatelange Diskussion ums Gebäudeenergiegesetz und schließlich der lange absehbare und doch schmerzhaft zähe Zusammenbruch der Ampelkoalition ein Klima der Unsicherheit. 2024 brach die Nachfrage ein, der Klima-Champion geriet ins Schwitzen. Statt eine mögliche Schlüsseltechnologie zu fördern, in der ein deutsches Unternehmen ziemlich weit vorn ist, machte die politische und mediale Kommunikation die Wärmepumpe zum Symbol eines Öko-Irrsinns. Solche Episoden werden aber von Investoren nicht als Einzelfall gewertet, sondern als Symptom für ein grundlegendes Problem.

Gerade Deutschland schafft es wirklich oft und auf dramatische Weise nicht, sich festzulegen. In den Nullerjahren dieses Jahrtausends war die deutsche Photovoltaik-Industrie nicht weniger als Weltspitze – großzügig und mit sichtbaren Ergebnissen staatlich angekurbelt. Der größte Solarzellenproduzent der Welt, Q-Cells, saß in der Solarmetropole Bitterfeld, rund 133 000 Menschen arbeiteten in der Industrie. Dann aber kam der Altmaier-Knick: Der damalige Umweltminister Peter Altmaier strich die im Rahmen des Erneuerbare-Energien-Gesetzes festgelegte Förderung für den Solarstrom rigoros zusammen – um den Strompreis zu deckeln und den in seinen, Altmaiers Augen zu flinken Ausbau zu bremsen. Die Lage wurde obendrein dadurch erschwert, dass die für den koordinierten Ausbau relevanten Kompetenzen zwischen Umwelt- und Energieministerium und dem Kanzleramt verteilt waren und es bis heute sind. Als »unheilige Dreifaltigkeit«, beschrieb der Wirtschaftsjournalist Frank Dohmen dieses wiederkehrende und bis heute vertraut wirkende Kompetenzwirrwarr: »Das Umweltministerium prescht vor, das Wirtschaftsministerium warnt vor dramatischen Arbeitsplatzverlusten und das Kanzleramt vermeidet es, eine Entscheidung treffen.«[11] Eine ihrerseits massiv geförderte, teilweise auf europäischer Technologie aufgebaute chinesische Solarindustrie machte schließlich den

Deckel drauf. Heute steht die deutsche Solarindustrie nicht an der Weltspitze, sondern nahe am Abgrund.

In einem solchen wirtschaftspolitischen Umfeld lässt sich tiefgreifender Wandel nur sehr schwer anschieben. Wie genau die aktuellen europäischen Formen staatlicher Regulierung dies ändern sollen, ist uns nicht klar. Hier scheint uns eher eine sehr aufwendig orchestrierte, grundsätzliche Konflikte vermeidende Prokrastination gepflegt zu werden. Doch wie der ehemalige Präsident der Europäischen Zentralbank, Mario Draghi, in seinem viel diskutierten, bislang aber folgenlos richtigen Bericht *The future of European competitiveness* im September 2024 schreibt: »Wir sollten uns von der Illusion verabschieden, dass Konsens nur durch Prokrastination bewahrt werden kann. Tatsächlich hat Prokrastination nur zu weniger Wachstum und kaum zu mehr Konsens geführt. Wir haben den Punkt erreicht, an dem wir, wenn wir nicht handeln, entweder unser Wohl, unsere Umwelt oder unsere Freiheit aufs Spiel setzen.«[12]

Handeln wir also. Oder werfen wir zumindest mal einen Blick auf unsere Optionen.

4

Actual Impact.

Wie und wo es besser geht und wie sich das skalieren lässt

4.1 Planen, starten, durchziehen

Eindeutigkeit und Konsequenz als wesentlicher Faktor bei der Zielerreichung

»Okay ... here you go.« Am 16. August 2022 unterzeichnete US-Präsident Joe Biden feierlich den Inflation Reduction Act (IRA). »Eines der bedeutenden Gesetze unserer Geschichte« nannte Biden den IRA in seiner kurzen Ansprache, das »endlich ein Versprechen einlöst, welches Washington dem amerikanischen Volk seit Jahrzehnten gegeben hat«. Der IRA bringe Entlastungen im Gesundheitssystem, werde die Staatsschulden über die kommende Dekade deutlich reduzieren und dafür die großen Unternehmen stärker in die Pflicht nehmen. Mit diesem Gesetz, so betonte es Biden gleich doppelt, habe das amerikanische Volk gewonnen und hätten die Partikularinteressen verloren. Vor allem aber investiere der IRA 369 Milliarden Dollar, um »the most aggressive action ever – ever, ever, ever« gegen die Klimakrise zu unternehmen und die Energieversorgung zu sichern.[1]

Zu diesen aggressivsten jemals – jemals, jemals, jemals – ergriffenen Maßnahmen gehörten Steuergutschriften und Basisförderungen für Wind- und Solarenergie, Subventionen für Speicherlösungen und Netzausbau, Vergünstigungen für E-Autos und die Förderung der Ladeinfrastruktur, die Subventionierung und Förderung der CO_2-Abscheidung und der Wasserstoffproduktion, Zuschüsse zur energetischen Sanierung von Häusern und Gelder für den Strukturwandel in Gegenden, die vom Kohleausstieg betroffen sind. Unternehmen konnten durch den IRA leichter an günstige Finanzierungen kommen, weil Banken und Investoren wussten, dass der Staat große Teile der Investition stützte. Das reduzierte das Kapitalrisiko und machte es attraktiver, auch in große, teure Projekte zu investieren. Die großzügigen Bedingungen führten dazu, dass Unternehmen viel größere Projekte umsetzten, als sie es ohne den IRA getan hätten. »Bau eine

Batteriefabrik und wir als Staat bauen dir eine zweite daneben!« trifft es nicht ganz, aber irgendwie dann doch. Das Gesetz werde, so die Annahme, die Transformation der Industrie und die Entwicklung der grünen und der Clean-Energy-Wirtschaft massiv ankurbeln und die Treibhausgasemissionen der USA bis 2030 – im Vergleich zu 2005 – um 33 bis 40 Prozent senken.

Das Gesetz, so die *New York Times* im Februar 2024, habe tatsächlich »die Investitionstätigkeit in amerikanische Fertigungsanlagen für bestimmte Niedrigemissionstechnologien [...] massiv angekurbelt, vor allem in Bezug auf Solarmodule, verbesserte Batterien und die gesamte Lieferkette für Elektrofahrzeuge«. Gleichzeitig habe die Nachfrage nach den Förderungen die Erwartungen übertroffen – und die Kosten der staatlichen Maßnahmen dadurch in die Höhe getrieben. Laut der Zeitung versuchte ein Sprecher des Weißen Hauses jedoch, diesbezügliche Sorgen zu mildern, indem er das Langfrist-Argument bemühte: Der IRA werde das Haushaltsdefizit langfristig verringern, indem er verschwenderische Aufwendungen für Partikularinteressen kürzt, Großunternehmen dazu bringt, ihren angemessenen Anteil zu zahlen, und gegen reiche Steuerbetrüger vorgeht. Vor allem aber mobilisiere er Milliarden an privatem Kapital, das in Amerika investiert.[2]

Erneut begegnen wir hier einem Muster, das schon an anderen Stellen dieses Buches sichtbar geworden ist: Vier der fünf Bundesstaaten, die 2023, gemessen an ihrer Wirtschaftsleistung, die höchsten Clean-Investment-Raten vorwiesen, werden republikanisch regiert. Auch insgesamt kam ein Großteil der IRA-Förderung republikanischen Staaten zugute. Dennoch kündigte Donald Trump schon im Wahlkampf an, den IRA einzustampfen, und erließ unmittelbar nach Amtsantritt die entsprechenden Executive Orders.

Trump konnte die Finanzierung von IRA-Programmen zunächst allerdings nur formell aussetzen. Für eine Abschaffung aller Steuergutschriften bräuchte er eine Kongressmehrheit, die er zwar zahlenmäßig hat, die aber in der Sache zumindest bis zu unserem Redaktionsschluss nicht sicher ist. Im Februar 2025 unterzeichneten 133 Bürgermeister und Kommunalpolitiker aus 39 Bundesstaaten und aus beiden politischen Lagern ein Schreiben, in dem sie den US-Kongress drängten, alle Steuergutschriften, die staatlichen und kommunalen Behörden für saubere Energie zur Verfügung gestellt wurden, zu erhalten, um Tausende von Arbeitsplätzen zu bewahren und Investitionen in Milliardenhöhe abzusichern. Mit anderen Worten: Auch wenn mit Trump eine neue Ära der Fossilförderung anbrechen wird, so ist doch Bewegung in die amerikanische grüne Wirtschaft und in die erneuerbaren Energien gekommen. Damit stellt der IRA eine enorm wichtige Anschubfinanzierung dar, die die Entstehung eines erfolgreichen Musterbeispiels für emissionsarmes und nachhaltiges Wirtschaften wahrscheinlicher macht.

Europa zwischen Kritik, Imitation und eingeschränkten Spielräumen

Nun drehte sich Bidens Monumentalgesetz nicht nur um Energie, Klima und Medicaid. Im Bemühen um den Aufbau einer vor allem von China unabhängigen Wirtschaft enthielt der IRA auch etliche protektionistische Made-in-USA-Vorgaben, an denen sich viele Kritiker stießen. Während Ausnahmeregelungen für Länder galten, die Freihandelsabkommen mit den USA abgeschlossen haben, gab es für die EU keine: Die Verhandlungen zum entsprechenden Freihandelsabkommen TTIP lagen bereits seit der ersten Präsidentschaft Trumps auf Eis. Entsprechend fiel die initiale europäische Reaktion aus: Gegenüber US-Abgeordneten bezeichnete etwa der französische Präsident Macron den Protektionismus des IRA als »superaggressiv«: »Ihr werdet damit vielleicht euer Problem lösen, aber ihr werdet mein Problem verschärfen.«[3] Die EU brauchte eine Antwort, die allerdings jeden Hauch eines Handelskriegs vermeiden, erst recht keinen Subventionswettbewerb starten und nicht zuletzt zum Green Deal passen sollte.

Der dann am 1. Februar 2023 vorgestellte Green Deal Industrial Plan hielt sich im Vergleich zu den ersten Panikimpulsen eher zurück. Im Ringen innerhalb der Kommission und zwischen den Mitgliedsstaaten wurde vor allem die Idee eines europäischen »Souveränitätsfonds« für IRA-ähnliche Investitionen ausgebremst. Übrig blieben der Net-Zero Industry Act (NZIA) und der Critical Raw Materials Act (CRMA) als gezielte Maßnahmen zur Förderung sauberer Technologien und zur Sicherung kritischer Rohstoffe. Während der NZIA die Genehmigungsverfahren für strategische Industrien vereinfachen und Investitionen in saubere Technologien beschleunigen sollte, konzentrierte sich der CRMA darauf, die Versorgung mit essenziellen Rohstoffen zu sichern. Der CRMA setzte auf internationale Bündnisse, der NZIA auf Förderung innerhalb der EU – keiner von beiden erreichte die Flughöhe des IRA.

Vor allem der NZIA macht deutlich, wie sehr die EU der reinen Bürokratie als regulatorischer Kraft vertraut. Komplexe Genehmigungsverfahren oder die nicht ganz saubere Verknüpfung verschiedener bestehender und neu zu entwickelnder Förderbudgets machen den NZIA nur zu einem weiteren Nachhaltigkeitsimpuls der EU – in seiner Zielsetzung ambitioniert, aber nicht in der Lage, diese Ambitionen reibungslos in wirksame Maßnahmen und Aktivitäten zu übertragen. Der im Februar 2025 im Zusammenhang mit der Reduktion der Berichtspflicht vorgestellte Clean Industrial Deal gibt ihm zwar noch einem einen leichten Schub, verfestigt aber den Eindruck, es handle sich bei all dem vor allem um kommunikative Maßnahmen – nach dem Motto: »Wir bleiben dran, also bleibt bitte auch ihr alle dran.«

Die wichtigste Wirkung des IRA war exakt die, welche die EU und ihre Mitglieder bislang einfach nicht erreichen und an der sie auch konsequent vorbeizuzielen scheinen: die Verknüpfung von nachhaltiger Transformation mit Wettbewerbsfähigkeit und zahlenorientiertem Powerbusiness. Wo die US-Regierung zumindest für einen Moment mit Druck, Geld und dem Glauben an die besonderen Fähigkeiten Amerikas volles Rohr ins Business ging und so auch die roten, also republikanisch regierten Bundesstaaten ins Boot holen konnte, kommt die EU nicht über freundliches Bitten und »Es wird schon wehtun, aber wenn ihr die richtigen Anträge stellt, lindern wir den Schmerz« hinaus. Das muss sie aber, wenn sie Real World Impact erzeugen will.

Das wirtschaftliche Potenzial umarmen

Die Sicherung von Wettbewerbsfähigkeit ist jedoch nur die eine Seite der Idee »Mehr gutes Geschäft durch nachhaltiges Wirtschaften«. Die andere ist ganz einfach die Vermeidung realer Geschäftsrisiken. Im Juli 2024 kippte die Porsche AG kurz vor der Verkündung der Halbjahreszahlen die bis dahin geltende Gewinnprognose, bedingt durch einen Lieferengpass bei bestimmten Aluminiumlegierungen, der die Produktion einiger Baureihen ausbremste. Mit konkreten Details hielt sich das Unternehmen zwar zurück, aber der wesentliche Zusammenhang ließ sich schnell zusammenreimen: Anfang Juli hatten starke Unwetter und Regenfälle den Fluss Rhone im Schweizer Kanton Wallis über die Ufer treten lassen. Die Werke der Aluminiumhersteller Novelis und Constellium waren überflutet worden. Novelis ist Zulieferer von Zulieferern von Porsche und produziert das Material für von diesen Zulieferern gepresste Bauteile.

Verzweigte Lieferketten, wie sie weltweit üblich und in diesem speziellen Fall noch halbwegs übersichtlich sind, machen Unternehmen angreifbar. Wenn Unwetter an Anzahl oder Schwere zunehmen, dann bremst das die Wirtschaft aus. Es entsteht eine Situation, in der die Nichtbeachtung von Nachhaltigkeitsprinzipien nicht mehr nur ein irgendwie von Investoren oder Ideologen getriebenes Risikopotenzialthema ist, sondern tatsächlich Geschäftsrisiko. »Nature risk is business risk«, formuliert es ein Berater in unseren Interviews. »Echte Klimarisiken?«, fragt eine Investorin rhetorisch. »Da wird sich eine Erkenntnis durchsetzen, nämlich die, von einem auf den anderen Tag das Geschäft aufgeben zu müssen, weil eine Flut oder ein Hurrikan zuschlägt. Es geht darum, das ernst zu nehmen, Gegenmaßnahmen auf mehreren Ebenen zu treffen und die Menschen entsprechend zu befähigen.«

Das Verrückte ist: Das alles hat die Regulierung durchaus bereits begriffen. Die Berichtspflicht, kombiniert mit der ESG-Risikoperspektive des Finanzsektors, ging ja schon in die Richtung, fehlendes Nachhaltigkeitsbewusstsein und fehlende Nachhaltigkeitsstrategien im Geschäft als Risiko zu verstehen – nur leider nicht als reales Welt-,

Existenz- und Mutter-Erde-ächzt-Risiko, sondern mehr als Risiko innerhalb eines willkürlich gewählten Wertereferenzsystems. Das Risiko ist: Ihr bekommt kein Geld mehr, weil der Finanzsektor die Ziele und Wertvorstellungen, die wir als Regulierer ihm aufgehalst haben, jetzt für uns auf den Markt überträgt.

Die Logik des auch nach dem 26. Februar 2025 gültigen Taxonomieansatzes bleibt ja bestehen: Wir quantifizieren die Risiken, erklären das Risiko einer bestimmten, nicht nachhaltigen Investmentklasse als »sehr hoch«, und dann investieren die, die mit solchen Risikobewertungen arbeiten, in andere, wünschenswerte Investmentklassen. Was aber fehlt und womit sich der Staat auch weiterhin zurückhält, ist, dass er die tatsächlich richtige und sinnvolle Handlung auf dem Weg ins nachhaltige Wirtschaften aufzeigt und möglichst einfach stimuliert. Es wird zwar ein Pfad gezeigt, den man nicht begehen soll. Aber auf den Pfad, der begangen werden sollte, wird nur verstohlen gedeutet.

Von »Bau eine Batteriefabrik und wir als Staat bauen dir eine zweite daneben!« ist das noch sehr weit entfernt. Aber genau diese Form der Absicherung, die sehr langfristige Investitionen ermöglicht, wird schlicht nötig sein, um nachhaltiges Wirtschaften, Emissionsreduktion und Dekarbonisierung ohne Deindustrialisierung zu ermöglichen. Denn wann wird es für die deutsche Automobilindustrie nicht mehr sinnvoll sein, auf den Verbrenner zu setzen? Richtig: Dann, wenn sie mit Elektromobilität ein neues, funktionierendes und deutlich attraktiveres Geschäft aufbauen kann. Das alte Geschäft nur unattraktiv zu machen, reicht nicht. Die Kipppunkte in den Märkten erreichen, an denen das Ganze zum Selbstläufer wird – das ist es, was jemand, der einen Green Deal ernst meint, schaffen oder doch zumindest vorantreiben muss.

Pläne machen und durchziehen

Das ist der Punkt, an dem die EU aktuell scheitert und an dem vielleicht jedes von einer übergeordneten Instanz langfristig gewollte, aber zu sehr an den kurzfristigen Interessen untergeordneter Instanzen ausgerichtete Transformationsprojekt scheitern wird. Dabei wollen wir die Interessen der untergeordneten Instanzen im Falle der EU nicht pauschal schlechtreden – es geht uns nicht darum, das Hohelied des supranationalen Nachhaltigkeitsdiktats zu singen. Es geht uns darum, die übergeordnete Instanz dazu zu bewegen, ihre Ziele realistisch zu setzen, ihre Geschichte klarzukriegen, die eingesetzten Mittel konsequent an beidem auszurichten und dabei die maximal mögliche Einigkeit zwischen den untergeordneten Instanzen herzustellen.

Ja, der globale Grundkonsens in Sachen Nachhaltigkeit und Klimawandel fehlt aktuell noch, und ja, extra eingerichtete nichtnachhaltige Börsen und »last men standing« werden ihr Geschäft weiter betreiben. Ja, die Golfstaaten mögen sich für eine grüne Transformation aufstellen, werden diese aber konsequent und bis zum letzten verkauften Tropfen aus den Erlösen ihres Fossilgeschäfts finanzieren. Ja, es gibt ein funktionierendes fossiles Wirtschaftssystem, in dem einige Länder Europas bislang noch halbwegs gut performen. Sich davon zu verabschieden, erfordert Mut. Aber dieser Mut sollte auch geweckt werden und aktive, ambitionierte Unterstützung erfahren, nicht bloß ein »Ja, es wird schwer, aber wir schaffen das zusammen« ins Ohr geflüstert und ein Berichtsformular in die Hand gedrückt bekommen.

Ehe wir versuchen, uns weiter in konstruktive und optimistische Höhen aufzuschwingen, hier zwei Punkte vorweg, auf die wir in den folgenden Abschnitten detaillierter eingehen werden, und ein Punkt, den wir in unserer Einleitung erwähnten und hier noch einmal betonen wollen.

Zum einen: Das fossile Zeitalter, das wir überwinden müssen, und die industriellen Erfolge, die wir in ihm erreicht haben, sind weder rein organisch aus der Kraft der freien Märkte entstanden noch wurden sie der Menschheit voll ausgebildet in die zivilisatorische Wiege gelegt und nur noch mit Rädern, Schornsteinen und Sensoren ausgestattet. All das ist vielmehr auch das Produkt staatlicher Einflüsse, staatlicher Förderung, massiver Investitionen und staatlicher Ausbremsung von Alternativen. Die nachhaltige Transformation ist kein Aufzwingen widernatürlicher Zustände im Kampf mit einer menschlichen Natur des »Wir müssen unsere Welt verbrennen, um das Glück zu finden«. Sie ist einfach das nächste Level. Wird eventuell super.

Zum anderen: Anhand von ETFs, Fonds und Indizes lässt sich schon heute feststellen, dass die Korrelation von nachhaltigerem Wirtschaften und positivem Geschäftsergebnis überraschend undramatisch ist. Ein Finanzwissenschaftler hat das für uns wie folgt aufgeschlüsselt: Bei 10 Prozent lässt sich ein negativer Zusammenhang zwischen Nachhaltigkeit und Performance herstellen, bei immerhin 15 Prozent ein positiver Zusammenhang. Der Unterschied klingt jetzt nicht irre attraktiv. Was wir allerdings ziemlich spektakulär fanden: Bei rund 75 Prozent ist der Zusammenhang weder klar positiv noch klar negativ. Sie machen einfach weiter. Das Business läuft. Aber es verbrennt ein ganzes Stück weniger Welt. Geht doch.

Und damit sind wir beim letzten Punkt: Der Untertitel dieses Buches – »Wie sich mit den Mitteln des Kapitalismus und des technologischen Fortschritts die katastrophalen Folgen von Kapitalismus und technologischem Fortschritt lindern lassen« – ist eher ein Mission Statement unserer gemeinsamen Lernreise als das Versprechen einer konkreten Gebrauchsanleitung. Wir sehen auch, dass es kompliziert ist. Daher werden wir auf den folgenden Seiten nur Impulse geben und Ansätze vorstellen, jeweils Vor- und Nachteile abwägen und schauen, wo welche Vorteile überwiegen.

Wovon wir aber überzeugt sind: Der Weg durch die notwendige Transformation hin zu einer Wirtschafts- und Lebensweise, die uns nicht das Zuhause unterm Hintern wegfackelt, kann nur funktionieren, wenn Regulierung und Gesetzgebung harmonisieren. Sie kann nur dann ein Erfolg werden, wenn »der Staat« als Manifestation gesamtgesellschaftlichen Wollens seine Handlungsspielräume nutzt, um dem Kapitalismus einen Rahmen zu geben und ein Anreizsystem für diese Transformation zu schaffen. Dieser Rahmen und dieses Anreizsystem können wiederum nur dann wirken, wenn sie stabil und verlässlich bleiben, wenn sie zwar Flexibilität und unseretwegen auch gern

Technologieoffenheit zulassen, aber Momente wie die Aufweichung der Berichtspflicht – »Ja, nee, sorry, war nicht so gemeint, hier stattdessen noch etwas mehr Geld« – von vornherein vermeiden.

4.2 Im Kreis und dann alle zusammen

Alternative Wirtschaftsmodelle und die Hindernisse auf dem Weg dorthin

Die Regierung möge, so empfahl es der US-amerikanische Immobilienmakler Bernard London 1932, »allen Erzeugnissen der Industrie, des Bergbaus und der Landwirtschaft eine begrenzte Lebensdauer« zuweisen, innerhalb derer die individuellen Produkte verkauft und benutzt werden. Nach Ablauf dieser Zeit »wären diese Dinge rechtlich ›tot‹ und würden von der ordnungsgemäß ernannten Regierungsbehörde kontrolliert und bei weit verbreiteter Arbeitslosigkeit vernichtet«. In der Sparsamkeit der Menschen, die zur Zeit der amerikanischen Great Depression ihr Hab und Gut länger als gesamtökonomisch wünschenswert nutzten, pflegten und reparierten, sah London ein großes Hindernis für den Weg aus ebendieser Great Depression. Fände sein Vorschlag Umsetzung, schrieb er, so würden »in den Fabriken und auf den Märkten« fortan »ständig neue Produkte entstehen, die den Platz der veralteten einnehmen, und die Räder der Industrie würden in Gang gehalten und die Beschäftigung für die Massen reguliert und gesichert werden«.[4]

Der in Londons Essay *Ending the Depression Through Planned Obsolescence* formulierte Vorschlag erfuhr keine direkte Umsetzung. Doch er gab der schon damals zu beobachtenden und über die Jahrzehnte weit verbreiteten Praxis, Produkte so zu gestalten, dass sie kurz- bis mittelfristig ersetzt werden müssen, einen Namen: »planned obsolescence«, geplante Obsoleszenz. Beispiele gibt es genug und über die Dekaden verteilt, von anfangs viel zu langlebigen und deshalb noch einmal neu entwickelten DuPont-Nylon-Strumpfhosen über die Zählwerke in Epson-Druckern bis hin zu Apples Gerätedesign, das den Wechsel der schnell schwächer werdenden Akkus unmöglich machte. Ziel ist stets der kontinuierliche Verkauf – ein für die Ewigkeit designtes und verkauftes Produkt bedeutet in dieser Perspektive immer auch eine ausgetrocknete Umsatzquelle. Über die Jahre wurde diese Idee von der halblegalen Geschäftspraktik fast zu einem natürlichen Zustand: So führt die rasante Entwicklung von Prozessorleistung einerseits und immer komplexerer Software andererseits heute zu einer sich immer schneller drehenden Spirale aus Software-Upgrades und immer leistungsfähigeren Geräten, die die jeweils vorherige Generation deklassieren. Bei »Fast Fashion« ist die Kurzlebigkeit vollständig ins Geschäft eingewoben und von den Konsumenten weitgehend ohne Proteste angenommen worden. Bernard London wäre sicher glücklich.

Nachhaltig, klimafreundlich, umweltschonend und mit den Zielen der Taxonomie kompatibel ist das alles natürlich kein bisschen. Ebendeshalb enthält der europäische Green Deal unter anderem auch das Verbot von geplanten Obsoleszenzen, die Förderung von Reparatur und Recycling, sektorspezifische Nachhaltigkeitsvorschriften und Recyclingquoten sowie Anreize für neue Technologien. Zusammengefasst sind diese Aspekte im seit 2015 entwickelten Circular Economy Action Plan (CEAP) der Kommission, aber auch in der 2024 veröffentlichten deutschen Nationalen Kreislaufwirtschaftsstrategie (NKWS). »Die Wirtschaft der Zukunft muss eine ressourcenschonende Kreislaufwirtschaft sein, die den Wert von Rohstoffen und Produkten so lange wie möglich erhält«, schrieb die Bundesregierung anlässlich der Veröffentlichung der NKWS durch das Umweltministerium.[5] Von Recyclingquoten bis zum vollständig zirkulären Wirtschaften steckt dieses Papier voller Ambition und durchaus richtigen Punkten. Dass es erst nach dem Platzen der Ampelkoalition im frühen Winterwahlkampf veröffentlicht wurde, macht in Sachen konkreter Umsetzung allerdings wenig Hoffnung.

Dabei wäre die Umsetzung wünschenswert. Die Kreislaufwirtschaft bietet mehr als nur Vermeidung der Ausbeutung von Mutter Erde am Anfang und ihrer Zumüllung am Ende der Wertschöpfungsketten. Eine Wirtschaft, die auf ein umfassendes Recycling ausgerichtet ist, auf Cradle-to-cradle-Konzepte, also auf nachhaltige Designprinzipien, die Abfälle vermeiden und Materialien in möglichst endlosen Kreisläufen halten, mag der Albtraum von Bernard London sein. Unter Nachhaltigkeitsgesichtspunkten ist sie jedoch eine hervorragende Utopie, und auch das Geschäftspotenzial für die Wirtschaft und für individuelle Unternehmen kann sich sehen lassen: Kostenreduktion, Ressourceneffizienz, weniger Abhängigkeit von knappen Rohstoffen, weniger Abfall- und Entsorgungskosten, weniger empfindliche Lieferketten, neue Geschäftsmodelle und Marktzugänge – all das kann morgen schon Ihre Art des Wirtschaftens sein!

Wo beginnt ein Kreis?

Selbstverständlich ist das alles nicht so einfach. Eine globale Wirtschaft, die zugleich komplex und verwoben und dann doch sehr linear orientiert ist – Rohstoffe gewinnen, Rohstoffe verarbeiten, Dinge herstellen, Dinge verkaufen, Dinge entsorgen –, lässt sich nicht von heute auf morgen umkrempeln. Davon abgesehen gibt es selbst in halbwegs übersichtlichen Beziehungsstrukturen Anreizsysteme, die die Vorteile zirkulären Wirtschaftens ungleich verteilen: Was bringt es mir als Unternehmen am Anfang einer Lieferkette, auf meine Kosten Materialien oder Produkte mit maximalem Recyclingpotenzial zu entwickeln, wenn die konkreten Vorteile erst am anderen Ende der Wertschöpfungskette realisiert werden? Was bringt es mir, meine unsichere Rohstofflieferkette nur durch eine eventuell ähnlich unsichere Recycling-Lieferkette zu ersetzen?

CEAP und NKWS skizzieren zwar Antworten auf diese Fragen, lassen aber auch viele Punkte offen. Wie es sich für ein Strategiepapier made in Germany gehört, führt die NKWS eine recht kluge Liste der möglichen Lösungsansätze zusammen, präsentiert sie jedoch größtenteils in Form von Man-müsste-mal-Impulsen. Der CEAP wird da ganz im Sinne eines Action Plans etwas konkreter – legislative Initiativen, Verpackungsverordnung, Recyclingquoten. Aber die Umsetzung bleibt ebenso kompliziert, wie sie wünschenswert wäre.

Die Veränderung muss in den Unternehmen selbst beginnen. Staatliche Vorgaben zu Recyclingquoten, Produktrücknahmen oder Recht auf Reparatur sind wichtige Impulse, aber die Geschäftsmodelle und Gewinne entstehen in der Praxis, wenn sich Unternehmen die richtigen Fragen stellen: Wie kann Zirkularität ein Hebel sein, um die Lieferkette zu stabilisieren? Wie kann ich meine Abhängigkeiten diversifizieren? Was für Geschäftsmodelle lassen sich auf einer Rücknahme- oder Reparaturpflicht und der Wiedernutzung von Materialen aufbauen? Wie verkaufen wir unsere Produkte und Leistungen eigentlich und kann unser Produkt nicht auch eine Leistung sein?

Das klingt vielleicht abstrakt, daher hier wenigstens ein konkretes Beispiel: Für den Werkzeughersteller Hilti ist das Konzept »product to service«, also die Fokussierung des Geschäfts vom angebotenen Produkt auf den eigentlichen Produktnutzen, ein wichtiger Baustein der Nachhaltigkeitsstrategie. Seine Kunden zahlen für auf ihre Bedürfnisse zugeschnittene Portfolios und Sortimente, die Hilti nach Ablauf des Vertragsverhältnisses zurücknimmt. Die individuellen Komponenten werden je nach Zustand in weitere On-demand-Sortimente eingepflegt oder in Einzelteile zerlegt, die dann wiederum als Reparaturteile dienen können oder ins Recycling gehen.

Sowohl auf der Input- als auch auf der Outputseite braucht dieser Ansatz Partner, er braucht Datenökosysteme, die die Rohstoff-, Material- und Produktverfolgung und den unternehmensübergreifenden Datenaustausch ermöglichen, und er braucht einen gesellschaftlichen Konsens darüber, dass das eine gute Art zu wirtschaften ist. Hier kann und muss Regulierung und muss der Staat als Rahmengeber ansetzen, um die dafür nötigen Infrastrukturen zu entwickeln, Anreizasymmetrien auszugleichen und die Entwicklung nicht nur politisch gewollter, sondern tatsächlich auch funktionierender Märkte zu befördern. Das sind Ansätze und Methoden, die sich zu Wettbewerbsvorteilen ausbauen lassen, wenn man sich aktiv für sie entscheidet, sie entsprechend plant und dann auch durchzieht.

Tragisch, nachhaltig, lokal, zukunftsweisend? Ein Blick aufs Gemeingut

Gesellschaftlicher Konsens darüber, dass ein rohstoffschonendes Wirtschaften möglich ist – das sagt sich so leicht dahin. Dabei hat der Ökologe Garrett Hardin schon 1968 in seiner Metapher von der »tragedy of the commons«, also von der »Tragödie der Allmende« bzw. des Allgemeinguts dargelegt, warum dieser Konsens gar nicht so leicht herzustellen und zu erhalten ist. Für diejenigen, denen die von Hardin popularisierte Denkfigur hier zum ersten Mal begegnet, sei sie kurz erklärt: In einer allen zur Verfügung stehenden, gemeinschaftlich genutzten Weide wird jeder Hirte versuchen, so viele Tiere wie möglich zu halten, was kein Problem ist, solange die Gesamtzahl der Tiere nicht die Regenerationsfähigkeit des Landes übertrifft. Mehr oder weniger bewusst denkt nun aber jeder Hirte bei sich: »Was könnte mir noch ein weiteres Tier einbringen?« Der Gewinn gehört ihm allein, der Schaden durch Überweidung wird von allen getragen. Folglich maximiert jeder seine Herde, bis die Weide zerstört ist. »Der Ruin ist das Ziel, dem alle Menschen entgegeneilen«, schreibt Hardin, »jeder seinem eigenen Vorteil folgend in einer Gesellschaft, die an die Freiheit der Allmende glaubt.«[6]

Vom weltweiten Ressourcenraubbau bis zum Klimawandel, von der Picknickwiese im Park bis zum Bürokühlschrank lässt sich Hardins Metapher mal mehr, mal weniger akkurat anwenden und bestätigen: Dort, wo etwas allgemein verfügbar ist, vielen Nutzen bringt und von vielen ein Maß an Verantwortung verlangt, wird es die geben, die Nutzen maximieren und Verantwortung minimieren wollen. Hardins Tragödie der Allmende ist jedoch nicht nur in dem von ihm gewählten Kontext der Überbevölkerung und der latent rassistischen Pseudowissenschaft, mit der er arbeitete, problematisch. Sie ist auch in großen Teilen falsch. Das jedenfalls zeigen die Arbeiten und Fallstudien von Elinor Ostrom, Politik- und Wirtschaftswissenschaftlerin und Trägerin des Alfred-Nobel-Gedächtnispreises für Wirtschaftswissenschaften.

Hardins undifferenziertes Bild, so Ostrom, ließe sich zwar durchaus auf bestimmte Ressourcen wie etwa Fischfanggründe auf hoher See anwenden, aber gerade das Bild der Gemeindeweide trage den entscheidenden Fehler in sich: Eine begrenzte Zahl von Nutzern, die gemeinsam regeln, wie ein Gemeingut zu bewirtschaften sei, würde eben nicht in den Ruin treiben. Menschen seien mitnichten immer darauf aus, ihren persönlichen Gewinn zu maximieren. Entsprechend seien die zwei von Hardin empfohlenen Lösungen – Privatisierung oder zentrale staatliche Kontrolle der Gemeingüter – keineswegs stets die besten, ja, sie seien mitunter sogar schädlich.

Die bekannteste der Ostrom'schen Fallstudien ist wahrscheinlich die der Hummerfischer von Maine. Dort drohte die Hummerpopulation in den 1920er-Jahren tatsächlich durch Überfischung zu kollabieren. Die Gemeinschaft der Fischer reagierte jedoch, entwickelte eigene Regeln und führte Kontrollen ein. Diese Selbstregulierung, die bis heute praktiziert und immer wieder angepasst wird, machte Maine zu einem der erfolgreichsten Hummerfischereizentren weltweit. Vergleichbare Studien zu anderen Ressourcen, von Bewässerungssystemen bis zu öffentlichen Dienstleistungen, brachten vergleichbare Ergebnisse.

Warum ist das in einem Buch relevant, in dem es um die katastrophalen Folgen eines kapitalistischen, global komplex vernetzten Wirtschaftssystems und um ihre Bewältigung geht? Nun, zum einen sind vergleichsweise überschaubare Ressourcenpools ja ein wesentliches Element dieses komplexen Wirtschaftssystems, und eine nachhaltige Transformation des Letzteren hat viel mit dem Management Ersterer zu tun. Vor allem aber haben Ostrom, ihr Ehemann Vincent und ihr Team aus mehr als 1000 Fallstudien acht zentrale Prinzipien für die Organisation erfolgreicher Allmenden abgeleitet. Dazu gehören:

- → **Abgrenzbarkeit:** Ein »free for all« ist keine Allmende.
- → **Kohärenz mit lokalen Bedingungen:** Regeln und Vorgaben werden nicht universell aufgestellt, sondern lokal definiert.
- → **Gemeinschaftliche Entscheidungen:** Wer Regeln mitgestaltet, neigt eher dazu, sie auch zu befolgen. Betroffene Nutzer sind aktiv involviert.
- → **Monitoring:** Die Nutzung der Ressource wird durch die Nutzer selbst oder von ihnen beauftragte Instanzen überwacht.
- → **Abgestufte Sanktionen:** Die Nutzer oder die beauftragten Instanzen ahnden Regelverstöße abhängig von Schwere und Kontext.
- → **Konfliktlösungsmechanismen:** Streitfälle werden schnell und kostengünstig geklärt, damit sie nicht eskalieren oder ignoriert werden.
- → **Anerkennung des Rechts zur Selbstorganisation:** Der Staat gesteht den lokalen Gemeinschaften ein Minimum an Regelautonomie zu.
- → Für Gemeingüter, die Teil größerer Systeme sind, etwa Bewässerungssysteme entlang eines Flusses, macht Ostrom ein achtes Prinzip aus, nämlich das der **verschachtelten Unternehmungen**. Hier werden die anderen Prinzipien von mehreren kooperierenden Ebenen organisiert.

Global denken, lokal handeln

Dieses letzte Prinzip führt Ostrom 2009 in ihrer Arbeit »A Polycentric Approach for Coping with Climate Change« aus, in der sie den Umgang mit dem Klimawandel als Allmendeproblem behandelt. Ostrom stellt fest, dass eine ausschließlich auf globaler Ebene verabschiedete Klimapolitik es erschwert, »das Vertrauen von Bürgern und Unternehmen darin zu stärken, dass andere Bürger und Unternehmen am anderen Ende der Welt ähnliche Maßnahmen ergreifen wie sie daheim«. Wenn einzelne Akteure befürchten müssen, die Deppen zu sein, auf deren Kosten globale Emissionen reduziert werden sollen, »wird mehr Energie darauf verwendet, nur den Anschein zu erwecken, Emissionen zu reduzieren, ohne es aber tatsächlich zu tun«.[7]

Es ist verblüffend, an wie viele in diesem Buch bereits beschriebene Probleme allein diese kurze Passage rührt. Angesichts der Schwierigkeiten einer globalen Lösung versucht Ostroms »polyzentrischer Ansatz« das Potenzial lokaler und miteinander vernetzter Maßnahmen zur Reduzierung des Energieverbrauchs und der Emissionen zu verdeutlichen. Ein entscheidender Vorteil sei dabei, dass dieser Ansatz »experimentelle Maßnahmen auf mehreren Ebenen ebenso fördert wie die Entwicklung von Methoden zur Bewertung der Vor- und Nachteile bestimmter Strategien, die in einem bestimmten Ökosystem umgesetzt werden, und den Vergleich dieser Ergebnisse mit denen aus anderen Ökosystemen«.[8]

Tatsächlich wird dieser Ansatz schon auf verschiedenen Ebenen angewandt, etwa im globalen Städtenetzwerk C40, dessen Mitglieder unabhängig voneinander Klimaschutz- und Resilienzlösungen entwickeln, Best Practices austauschen und Fortschritte innerhalb gemeinsam festgelegter Parameter verfolgen und dokumentieren. Auch die von Olaf Scholz zwar nicht erfundene, aber doch stark vorangetriebene Idee eines Klimaclubs einiger Länder geht in Richtung des polyzentrischen Ansatzes, weicht allerdings in einigen entscheidenden Punkten wie der ungleichen Macht- und Bedeutungsverteilung seiner Mitglieder oder der stärkeren Zentralisierung seiner Regeln von ihm ab.

Ähnliche polyzentrische und Allmende-Vereinbarungen gibt es weltweit für Fragen kritischer Ressourcen, für Biodiversitätsprojekte oder für die damit eng verbundene nachhaltige Nutzung landwirtschaftlicher Anbauflächen. Auch Institutionen wie die Science-Based Targets Initiative, die in Zusammenarbeit mit den Vereinten Nationen und mehr als 1000 Unternehmen weltweit fundierte Klimaziele entwickelt, lassen polyzentrische Ansätze erkennen.

Auf unternehmerischer Ebene begegnet uns der Blick auf lokale Lösungen oder doch zumindest ein wachsendes Bewusstsein für die endliche Wirkmacht globaler Perspektiven ebenfalls. So wird uns aus einem weltweit führenden Logistikunternehmen berichtet, dass die Branche zwar vor einer gewaltigen Transformation steht, dass diese aber anhand zahlreicher lokaler Fragestellungen und Lösungsansätze realisiert werden muss. Wo traditionell einzelne Unternehmenssparten wie die globale Seefracht aus einer geschlossenen Produktperspektive betrachtet wurden, geht es heute mehr um Standorte, um Märkte, um die Beziehungen zwischen ihnen und die dafür nötigen Lösungen. Wie muss ich wo agieren, um nachhaltiger zu werden? Wo ergeben sich alternative Transportlösungen, die sowohl unternehmerisch als auch ökologisch sinnvoll sind? »Du brauchst einen Spielplan, der relativ lokal ist«, sagt unsere Gesprächspartnerin.

Ein wesentliches Hindernis: »[Beliebiges Land] first!«

Das Zusammenspiel zwischen globalem Handlungsbedarf und lokalen Lösungsansätzen ist natürlich nicht einfach. Selbst auf unternehmerischer Ebene muss ein solcher lokaler Ansatz nicht nur mit dem Gesamtsystem kompatibel sein, er muss auch viel Rücksicht auf lokale Erwartungen, Verpflichtungen, Verträge und sonstige Gegebenheiten nehmen. Für den supranationalen Umgang mit der ächzenden Mutter Erde gilt das erst recht. So mag es lokale und regionale Lösungen für den Emissionshandel geben, doch ein polyzentrisches System, das den Klimawandel tatsächlich effektiv adressiert, würde nicht nur eine stärkere Integration und verbindliche Regeln auf globaler Ebene erfordern, sondern auch härtere Sanktionen und einen klareren Mechanismus zur Verknüpfung regionaler Märkte. Da schreiben sich im Zeitalter der Deglobalisierung die Einwände von selbst.

Selbst innerhalb der Kreise, die sich aktiv um Nachhaltigkeit und um den Kampf gegen die Klimakatastrophe bemühen, gibt es Uneinigkeiten. »Wenn ich mit meinen brasilianischen Kollegen spreche«, so ein deutscher Kreislaufwirtschaftsexperte, »die ihre nationale Kreislaufwirtschaftsstrategie entwickeln, dann raten die mir zur Vorsicht in Bezug auf meine Ansprüche.« Warum, so laute dann deren Frage, sollten sie ihre biologischen Ressourcen denn nicht ausnutzen? Damit stellen sie genau die Frage, die Donald Trump in seiner Antrittsrede für sich beantwortet, wenn er sagt, dass die USA wieder eine reiche Nation würden und der Schlüssel dazu »das flüssige Gold unter unseren Füßen« sei.[9]

Wir halten es für offensichtlich, dass und warum der durch Trump vertretene Radikalnationalismus und die von ihm angestrebte Rückkehr der die Welt unter sich aufteilenden Großmächte ein Hindernis darstellt, wenn man eine globale Herausforderung angehen möchte. Dafür müssen wir noch nicht mal auf Trumps immer wiederkehrende Rede vom »climate hoax« eingehen oder darauf, dass »Drill, baby, drill« klimaspezifische Herausforderungen nur verschlimmern wird. Die Sehnsucht nach einer Rückkehr der Nationalstaaten entsteht ja in den meisten Fällen nicht aus dem Glauben heraus, die Probleme von heute besser lösen zu können, sondern aus einer fatalen und gewollten Ignoranz ebendieser Probleme bzw. dem Glauben, dass es vor ihnen einen Zustand nationaler Größe gegeben habe, den man nicht neu definieren und anstreben, sondern zu dem man zurückkehren müsse. Da unterscheidet sich »Make America great again« nicht von der pseudohistorischen Großmachtssehnsucht Putins.

Wir haben an verschiedenen Stellen des Buches davon gesprochen, dass wir in unserer Zeit den Bedarf für gewaltige Anstrengungen und Investitionen sowie für übergreifend koordinierte lokale, regionale und globale Maßnahmen sehen. Dabei geht es nicht nur um die Erzeugung von Real World Impact im Bemühen um eine frei durchatmende Mutter Erde, sondern auch um die Bewältigung von sozialen, wirtschaftlichen und technologischen Herausforderungen sowie von zivilisatorischen Sprüngen. Ganz grundlegend: Die problematische Kombination aus schwindenden landwirtschaftlichen Nutzflächen und wachsender Weltbevölkerung wird sich nicht im erodierenden Mittleren Westen der USA lösen lassen.

Wir wollten in diesem Teil des Buches freilich weniger Probleme wälzen und uns mehr dem Tageslicht entgegenarbeiten. Insofern: »[Beliebiges Land] first!« kann ein Lösungsansatz im Sinne einer dezentralen Kooperation sein, die am Ende tatsächlich allen nützt. Wenn Singapur sich darum bemüht, bis zum Ende der Dekade von 2 Prozent

Eigenversorgung im Lebensmittelbereich auf 30 Prozent zu kommen, dann ist das ein ambitioniertes, dem Wohl und der Unabhängigkeit des Landes dienendes Ziel. Aus den Erfahrungen dort werden sich nützliche Erkenntnisse für den Rest der Welt gewinnen lassen. Das setzt im Anschluss aber globale Kooperation ebenso voraus wie die Bereitschaft zum gemeinsamen Wachsen und Wandeln.

Diese Bereitschaft wiederum erfordert es, sich von genau den Ideen zu verabschieden, für deren krawallige Rückkehr ein Donald Trump oder seine Epigonen und Partner stehen. Ein zentrales Drama des wiederkehrenden Nationalismus ist ja seine verknöcherte, hohle Fantasielosigkeit. Es ist völlig egal, ob jemand wie Trump an den Klimawandel glaubt. Für ihn ist der nur ein Hindernis auf dem Weg zurück in die Wertschöpfung, den Reichtum, die Energiegewinnung, die er halt kennt – den Kapitalismus, den er halt kennt. Nun wäre seine Prämisse, die unter seinen Füßen schlummernde billige Energie könne zu enormem Wirtschaftswachstum und Reichtum führen, ja nicht falsch – wenn das, was da seit Jahrmillionen im Boden modert, tatsächlich die günstigste Form der Energie wäre. Doch der Kapitalismus, den Trump halt kennt, hat sich inzwischen weiterbewegt.

↘ 4.3 Der Kapitalismus ist nicht das Problem

Warum die Regeln des Wirtschaftens auch Regeln des nachhaltigen Wirtschaftens sein können

»Wenn jemand sagt, wir würden uns für grüne Energie erwärmen«, sagte Matt Welch, Chef der Conservative Texans for Energy Innovation (CTEI), 2023 dem *Economist*, »dann ist es, als würde man uns einen

Eispickel in die Ohren rammen.«[10] Seinem konservativ-ökologischen Lobbyverband geht es nicht um Green, sondern um Clean Energy – und zu lange, so seine Botschaft, sei das Thema den progressiven Liberalen überlassen worden. Die Argumentation der CTEI ist klar und pragmatisch: Mit dem Aufkommen kosteneffizienter, wettbewerbsfähiger Technologien für erneuerbare Energien biete sich den Konservativen die Chance, die Energiewirtschaft nach marktwirtschaftlichen Grundsätzen umzugestalten. Es sei nicht ungewöhnlich, zitiert der *Economist* einen Professor für Energiewirtschaft von der University of Texas, dass Texas das Richtige aus den falschen Gründen tue.[11]

Nun rührt das an einen wesentlichen Punkt unseres Buches: Finanzielle, also ökonomische Gründe sind nicht per se falsch. Im Fall erneuerbarer Energien schaffen sie längst den Real World Impact, an dem das moralisch Richtige oft scheitert – denn sie, die Gründe, sind über die Jahre wirklich sehr überzeugend geworden. Dafür genügt der Blick auf die Stromgestehungskosten oder Levelized Cost of Electricity (LCOE) verschiedener Erzeuger, die die Kosten für die Errichtung und den Betrieb einer entsprechenden Anlage ins Verhältnis zur Menge an Strom setzen, welche die Anlage über ihre gesamte Lebensdauer hinweg erzeugt. Für Deutschland stellt das Fraunhofer Institut für Solare Energiesysteme folgende LCOE fest[12]:

- → Photovoltaik: 4,1 bis 14,4 Cent/kWh
- → Windenergie: 4,3 bis 10,3 Cent/kWh
- → Biomasse und Biogas: 11,5 bis 32,5 Cent/kWh
- → Kohle: 15,1 bis 29,3 Cent/kWh
- → Erdgas: 10,9 bis 35,6 Cent/kWh
- → Kernkraft: 13,6 bis 49,0 Cent/kWh

Kenner merken sofort, dass wir mit den Fraunhofer-Daten hier ein wenig unsauber umgehen und etwa Braun- und Steinkohle sowie die verschiedenen Arten, mit Erdgas Strom herzustellen, zusammenfassen. Außerdem sind die Kosten für Speichertechnologien und Infrastruktur noch nicht in vollem Maße berücksichtigt. Generell lässt die reine

Betrachtung der LCOE einige wichtige Aspekte der Stromwirtschaft aus, auf die wir später noch zu sprechen kommen werden. An der Tatsache jedoch, dass die reine Erzeugung von Strom aus Wind und Sonne nicht nur bereits billig ist, sondern auch immer billiger wird, ändert auch die detaillierteste Betrachtung nichts.

Dass vor allem Solarstrom billiger ist als alles andere, haben wir maßgeblich dem industriellen Hochlauf der Zellenfertigung in China zu verdanken. Die chinesische Solarindustrie wurde und wird zwar stark mit Subventionen befeuert, hat inzwischen aber auch rein durch die produzierte Menge und die dadurch erzielten Kostenvorteile – Skaleneffekte – sowie durch konsequente Investition in Forschung und Entwicklung weltweite Technologieführerschaft erreicht. Auch der texanische Ausbau basiert zu einem großen Teil auf dieser Entwicklung: 2023 kam rund die Hälfte der in den USA verbauten Solarmodule aus chinesischen Unternehmen.

Die konsequente Kommerzialisierung und Kommodifizierung nachhaltiger, also grüner oder unseretwegen auch gern »cleaner« Technologien macht diese wettbewerbsfähig. Das Beispiel zeigt damit auch, dass Business und die Sorge um Mutter Erde einander keineswegs ausschließen müssen. Wenn China jetzt weiterhin ambitionierte Ziele verfolgt und die Klimaneutralität des 1,4-Milliarden-Menschen-Landes bis 2060 anstrebt, dann hat das ohne Zweifel nicht nur ökologische Gründe.

Für diese Business-Erkenntnis müssen wir übrigens gar nicht nach China oder in die USA schauen. Der Nachhaltigkeitsverantwortliche eines deutschen Kreditinstituts gerät fast ins Schwärmen, wenn er von den monatlichen Marktberichten seiner Bank spricht. Immer wieder, so erzählt er, könne er den Beweis liefern, dass seine Erzählung von der Nachhaltigkeit als erfolgreichem Geschäft stimme. Nicht nur führe der enorme Finanzbedarf in Nachhaltigkeitsfragen zu hohen Erträgen, der Fokus auf dieses Thema verringere perspektivisch auch die Risikokosten und die Zahl der Ausfälle. Das, so meint er, nehme auch ein bisschen die Ängste, die mit dem Thema oft zusammenhingen: »Weil es keine Verzichtsdebatte ist. Das ist wichtig. Nachhaltigkeit funktioniert am schlechtesten, wenn wir sie als Verzicht und Verbot erzählen. Das ist der Tod für das Thema.«

Der Bosch-Faktor und das kapitalistische Wühlen und Drängen

Zu den ersten Unternehmern, zumindest zu den ersten Unternehmern in Deutschland, die dem Kapitalismus bis dato fremde Werte zu Unternehmenswerten machten, zählte wohl Robert Bosch. 1906 führte er gegen die Proteste anderer Unternehmer die Acht-Stunden-Schicht in seinem Betrieb ein – sicher auch aus sozialen, aber vor allem aus betriebswirtschaftlichen Gründen. Unternehmerisch ging es ihm sicher nicht um Verzicht: Die verkürzten Schichten erlaubten einen Doppelschicht-Arbeitstag, mit dem das Unternehmen die enorme Nachfrage nach dem von ihm entwickelten Magnetzünder besser bedienen konnte. Wenn Bosch sagte, er halte die achtstündige Arbeitszeit »für die wirtschaftlichste [...] und für am zuträglichsten für die Erhaltung der menschlichen Arbeitskraft«,[13] dann ging es ihm auch darum, einen Produktionsfaktor leistungsfähig zu halten.

Für die Mitarbeiter war der Effekt kaum von dem der reinen Fürsorge zu unterscheiden. Mit dem Samstag als Arbeitstag ergab sich für sie eine 48-Stunden-Woche, während in anderen Industrieunternehmen um die 60 Wochenstunden die Regel waren. Grundsätzlich hatte Bosch das Wohl seiner Mitarbeiter im Sinn: Die Arbeitsräume im Unternehmen sollten hell und gut belüftet sein, ab 1939 gab es Betriebsärzte. Eine Krankenversicherung gab es bei Bosch ebenso wie Urlaub, er zahlte vergleichsweise hohe Löhne – und der Erfolg gab ihm recht. »Ich zahle nicht gute Löhne, weil ich viel Geld habe«, so wird er zitiert, »sondern ich habe viel Geld, weil ich gute Löhne bezahle.«[14]

Das ist der wesentliche Punkt: die Erkenntnis, dass zunächst nicht unmittelbar oder sogar auf negative Weise rendite- und bilanzrelevante Faktoren durchaus einen positiven Effekt auf den Unternehmenserfolg haben können. Bosch stand zwar der SPD nahe und sah in der Kluft zwischen Arm und Reich ein gesellschaftliches Problem, aber er war auch klar Unternehmer und Patriarch. Es war nicht das blutende Herz, das ihn »sozial« handeln ließ, sondern ein unternehmerisches Verständnis von Nachhaltigkeit als Erfolgsfaktor.

Auch heute gibt es viele Unternehmen, die den Wert nachhaltigen Wirtschaftens erkannt haben – bei der Beschaffung, beim Materialeinsatz, im Vertrieb, in der Entsorgung, im Recruiting und in der Personalführung, im Fuhrpark, im Geschäftsmodell oder schlicht in Form von Sonnenkollektoren auf dem Bürogebäude. Das geschieht nicht immer aus regulatorischen Zwängen oder Ängsten heraus, sondern oft aus unternehmerischer Überzeugung. Das Servicemodell des Werkzeugherstellers Hilti erwähnten wir bereits – es erhöht die Recyclingquote, klar, aber es schafft auch eine andere, langfristiger wirkende Art der Wertschöpfung und der Kundenbindung.

Es braucht auch nicht überall die totale Transformation – und gerade in Bereichen, in denen Unternehmen als Sündenböcke markiert wurden, gibt es längst Bemühungen um mehr Nachhaltigkeit und Effizienz. Für die Luftfahrtindustrie wäre der vollständige Umstieg auf nichtfossile sogenannte Sustainable Aviation Fuels – nachhaltige Flugtreibstoffe – der radikale Schritt. Doch davor gibt es zahlreiche Teilschritte wie die Slot-Optimierung auf den Flughäfen, das Vermeiden von Leerflügen oder aerodynamischere Sharkskin-Oberflächen. Natürlich spart das Emissionen. Aber vor allem spart es Kerosin.

Ein Max Viessmann investiert in CO_2-neutrale Technologien und ist damit auch dem deutschen Diskurstrend voraus. Was er tut, ist kein Altruismus, sondern eine unternehmerische Wette auf gesellschaftliche Veränderungen, die die Geschäftsentwicklung ermöglichen. Selbst eine durch und durch ökologisch auftretende Initiative wie die Arbeitsgemeinschaft Bäuerliche Landwirtschaft e. V. hat neben ihrer ökologischen Überzeugung auch ein unternehmerisches Anliegen. Ihr geht es unter anderem darum, für junge Menschen die Hürden einer Existenzgründung in der Landwirtschaft zu senken und die Gründung oder Erweiterung eigener Höfe in einer Branche zu ermöglichen, die von Großbetrieben dominiert und mittelfristig dringend auf Nachwuchs angewiesen ist.

Was Jürgen Kocka »das dem Kapitalismus eigentümliche dauernde Wühlen, Drängen und Umgestalten« nennt,[15] kann auch der Schlüssel zu einem sozial-, umwelt- und Mutter-Erde-verträglichen, kurz: nachhaltigen Wirtschaften sein. Robert Bosch führte zum Wohle seines Unternehmens eine soziale Komponente ein, die zu seiner Zeit absolut unüblich war. Die Idee der sozialen Marktwirtschaft skaliert den Ansatz Boschs auf einen ganzen Staat – als Erkenntnis, dass eine gesunde, glückliche, gut ausgebildete und dadurch selbst innovationsfähige und unternehmerisch handeln könnende Bevölkerung eine wesentliche Voraussetzung für den wirtschaftlichen Erfolg und die Wohlfahrt eines Staates darstellt.

Die katastrophalen Folgen des Kapitalismus und des technologischen Fortschritts stellen allerdings eine neue Problemdimension dar. Wir müssen erkennen, dass es sich in einer katastrophenarmen und nicht vollständig verbrauchten, verbrannten und zugemüllten Welt einfach besser leben und wirtschaften lässt. Da wir in das Wirtschaftsmodell, das uns zu Verbrauchern, Verbrennern und Zumüllern gemacht hat, aber schon wirklich viel investiert haben, wird die anstehende Veränderung mindestens genauso teuer, muss aber viel schneller stattfinden. Wir sehen Unternehmen, die das erkannt haben. Wir sehen Staaten und Staatenverbände, die das erkannt haben. Jetzt sollte es darum gehen, die jeweiligen Mittel bestmöglich zusammenzubringen.

Mit dem Traktorkorso an der Veränderung vorbei

Für die globale Logistikbranche ist der Ausstieg aus fossiler Energie eine Art Kodak-Moment. So erklärt es uns eine Unternehmerin. Nur zum Verständnis: Der Fotografie-Gigant Kodak Eastman ging 2012 in die Insolvenz, weil er den Umstieg auf die digitale Fotografie komplett verpasst hatte – obwohl das Ur-Patent der Digitalkamera auf einen Kodak-Ingenieur zurückgeht. Das bedeutet also: Für die aktuellen Akteure der klassischen Logistik ist der Übergang ins postfossile Zeitalter ein existenziell wichtiger Moment. Hier wächst ein unternehmerisches Risiko, davon ist unsere Gesprächspartnerin überzeugt. Die Zahl derjenigen in der Branche, die ihre Einschätzung teilen, steige. Diese Einschätzung zu unternehmerischen Leitlinien zu machen, erfordere jedoch Überzeugungsarbeit im Unternehmen sowie in seinen Partnerschaften und politischen Zusammenhängen.

Generell stoßen viele Impulse zu unternehmerischer Nachhaltigkeit und Veränderung auf systemische Herausforderungen. Wir haben dies im Zusammenhang mit der Kreislaufwirtschaft und auf unserer Abwärtsreise im ersten Teil des Buches ab und an thematisiert: Veraltete Anreizsysteme, Führungsstrukturen, kurzfristige Vorstands- und Börsenzyklen und allgemeiner Kapitalmarktdruck machen es unattraktiv, Transformationsrisiken einzugehen. Dazu kommt oft eine Scheu innerhalb des Partnernetzwerks oder der Wertschöpfungskette, unternehmensübergreifend zusammenzuarbeiten sowie Ressourcen und vor allem Daten miteinander zu teilen. Die größten Hindernisse für eine Transformation sind jedoch oft die reine Gewohnheit und die Angst vor der Veränderung an sich bzw. davor, sie verantworten zu müssen. Die Wirkweisen und Abstraktionen des Kapitalismus, die wir im ersten Kapitel skizziert haben, haben sein Wühlen und Drängen stellenweise in eine Tendenz zur Zementierung des Status quo verwandelt, die sich selbst gegen das rational und ökonomisch Richtige stemmt. Vielleicht ist der Kapitalismus einfach alt geworden.

Besonders deutlich wird diese Unbeweglichkeit in der Lebensmittelindustrie und in der Landwirtschaft. Die bereits erwähnte Arbeitsgemeinschaft Bäuerliche Landwirtschaft ist zumindest uns auch deswegen bekannt, weil sie sich in der Zeit der Bauernproteste 2024 gegen deren Vereinnahmung von rechts und für eine differenziertere kritische Auseinandersetzung mit Jahrzehnten verfehlter Agrarpolitik eingesetzt hat. Damit steht sie überraschend allein da in einer Bewegung, der es um eine nicht immer greifbare Melange aus »Weniger Staat« und »Mehr Staat« zu gehen scheint. Man protestiert zugleich gegen die Agrarpolitik und für die Sicherung der Pfründe, die ebendiese Agrarpolitik mit sich bringt.

Wir wollen nicht allzu tief in die oft problematischen Strukturen von Lebensmittelindustrie und Bauernverbänden eintauchen und beschränken uns hier auf die Erkenntnisse aus unseren Expertengesprächen. Demnach hat die Lebensmittelindustrie, auch dank staatlicher Förderung, seit dem Zweiten Weltkrieg eine Menge Gutes geleistet. Versorgungssicherheit und Versorgungsqualität hatten Priorität, im Dienst dieser Ziele standen Profitabilität und Kostenreduktion. Ein ungutes Wechselspiel von Kapitalismus, staatlichen Vorgaben und zur Bequemlichkeit neigenden Konsumgewohnheiten hat dann aber zu verkrusteten Strukturen geführt, die sich heute nur noch schwer korrigieren lassen.

Für eine Korrektur bräuchte es jedenfalls Reformen auf allen Ebenen – eine grundlegend andere Agrarpolitik auf der einen Seite, eine starke Veränderungs- und Innovationsbereitschaft auf der anderen Seite und schließlich den Willen und die Fähigkeit zur Kooperation auf allen Seiten. Obendrein bräuchte es Kapital, mit dem sich wirkliche Neuerungen finanzieren und skalieren lassen. Denn es ist absehbar, dass beispielsweise die Verfütterung endloser, aus weltweit bewirtschafteten Monokulturen stammender Mengen Soja an ebenso endlose Mengen industriell gehaltener Tiere ein endliches Versorgungsmodell ist – ineffizient, destruktiv, nicht zukunftsfähig.

Es ist ebenso absehbar, dass wir a) auf Landwirtschaft und Lebensmittelindustrie nicht verzichten können und dass b) in neuen Methoden und Innovationen neue Markt-, Wachstums- und Beschäftigungspotenziale stecken. Es gibt die Menschen, Unternehmen und Investoren, die diese Potenziale heben wollen. Es gibt in allen Branchen und Industrien diejenigen, die in »nachhaltigem Wirtschaften« ein ziemlich gutes Geschäft sehen. Wie kommen die aber nun mit einem Staat zusammen, der all das zwar auch irgendwie will, jedoch nicht wirklich zu wissen scheint, wie es geht?

Neues Wirtschaften braucht neue Rahmen

Der Kapitalismus kann ein rettender Faktor sein, aber er ist oft auch ein Arsch. Er maximiert Gewinne und minimiert Kosten häufig zu Lasten Schwächerer, er nimmt wenig Rücksicht, er bevorzugt kurzfristige Vorteile. Deswegen ist es völlig angebracht, dass der Staat ab und an korrigierend eingreift und ein paar Anstöße gibt. Gerade weil der Kapitalismus so effizient im Nutzen wirtschaftlicher Chancen ist, kann er auch in nachhaltige Bahnen gelenkt werden und dort Lösungen entwickeln. Wenn der Kapitalismus nun, wie oben beschrieben, von sich aus entdeckt, dass Nachhaltigkeit und die Nichtverbrennung der Erde gute Ideen sind und sich damit sogar etwas verdienen lässt, dann sollte ihn der Staat unbedingt darin bestärken. Und wenn es, wie ebenfalls oben angedeutet, Kräfte gibt, die dagegenwirken, sollte der Staat zusehen, dass er diese Kräfte auffängt, Bedenken ausräumt und gezielt gute Anreize setzt.

Ob Finanz-CEO, Investor, Verwaltungsexpertin, Wirtschaftswissenschaftler oder Unternehmerin – unabhängig voneinander waren sich unsere Experten und Expertinnen zumindest sinngemäß einig: Das wichtigste Werkzeug des Staates für die eben genannten Aufgaben ist eine Kombination aus durchdachten und modernen Rahmenbedingungen, der Übernahme oder zumindest der Abfederung von aktuell noch zu großen unternehmerischen Risiken, klarer und verlässlicher Regulierung und punktuellen Anstößen. Beschreiben wir diese Ingredienzen der Reihe nach etwas genauer.

Durchdachte und moderne Rahmenbindungen betreffen im Grunde die Dinge, die wir im Laufe des Buches schon einige Male skizziert haben – Infrastruktur, Bildungssystem, Verwaltung –, nur modernisiert und auf die Bedürfnisse des Wirtschaftens von morgen abgestimmt. Da steckt viel Digitalisierung drin, da steckt auch immer noch Breitbandausbau drin, aber auch eine sinnvolle Energiepolitik, der Ausbau des Stromnetzes wie überhaupt die Bereitstellung jener Faktoren, die kein kapitalistischer Player allein finanzieren kann.

Damit sind wir schon bei der Übernahme bzw. der Abfederung von Risiken. Wer kann mit den großen Risiken umgehen, die das Umkrempeln einer Wirtschaftsweise und die Errichtung neuer Infrastrukturen unweigerlich mit sich bringen? Eigentlich nur der Staat, weil er die Größe und Langfristigkeit dieser Risiken häufig als Einziger oder zumindest besser als alle anderen abdecken kann. Dazu gehören auch und gerade die Risiken, die dort entstehen, wo es noch keine effizienten Marktmechanismen gibt – wir sprachen in Abschnitt 4.1 darüber. Der Staat geht in Vorleistung, um Veränderungen zu beschleunigen und die gesellschaftliche Dividende der Zukunft zu sichern.

Eine klare und verlässliche Regulierung sollte vor allem die Internalisierung externer Kosten betreffen. Die Weiterentwicklung der CO_2-Bepreisung und der Emissionsmärkte ist ein Baustein dafür, die angestoßenen Recyclingquoten sind ein weiterer. Für beides ist wiederum eine durchdachte, eindeutig mit den Nachhaltigkeitszielen verbundene und dadurch weniger angreifbare Berichtspflicht durchaus sinnvoll.

Die punktuellen staatlichen Anstöße und Impulse können dann finanzielle Anreize und Förderungen sein, aber auch Investitionen in die Forschung. Der Staat müsse katalytisch in die Gesellschaft und ins Wirtschaftsleben reinfunken, so einer unserer Gesprächspartner, um dann zu schauen, ob und inwiefern die derart stimulierte Dynamik weitere staatliche Investitionen rechtfertigt – oder wo sich durch entsprechende Anreize private Investitionen ankurbeln lassen. Tatsächlich kann mit staatlichem Investment in den als richtig erkannten Pfad und in die Infrastruktur sowie mit Anreizen für Investitionen der Kapitalismus auch ohne Verbote oder De-facto-Verbote und vielleicht sogar ohne eine als gängelnd empfundene und das Thema abwürgende Bürokratie in Richtungen komplimentiert werden, die der Gesellschaft, dem Staat und der Welt nutzen.

Coole Idee so weit, aber bislang haben wir den Eindruck, dass viele der staatlichen Gestaltungsinstrumente eher dahin gehen, alles so zu lassen, wie es ist – allen gegenteiligen Zielsetzungen und Bekundungen zum Trotz. Nehmen wir das einfach nicht totzukriegende Dienstwagenprivileg. Nehmen wir die Agrarförderung der EU, die zum größten Teil in Form von an die jeweilige bewirtschaftete Fläche gekoppelten

Direktzahlungen an die Landwirte geht – was bedeutet, dass das meiste Fördergeld bei Großbetrieben und in der industriellen Landwirtschaft landet. Nehmen wir die Subventionierung fossiler Brennstoffe, die in Deutschland je nach Quelle und konkretem Fokus mit 14 bis 129 Milliarden Euro beziffert wird.

Wenn der Staat Ziele hat, die er mit allen gemeinsam erreichen will, dann muss er sie konsequent verfolgen und stützen. Er muss all seinen Stakeholdern ein guter Partner sein. Und selbst wenn wir den Staat als reinen Rahmensetzer betrachten wollen, braucht dieser von ihm gesetzte Rahmen Mechaniken, mit denen sich Ideen wie Langfristigkeit, gesellschaftliche Perspektiven oder die Internalisierung externer Kosten in die Märkte und Unternehmen tragen lassen. Allerdings muss dieser Rahmen allen, den Eifrigen wie den Zweiflern, auch positive Effekte sichtbar machen: Das bringt euch das alles, das kriegt ihr quasi umsonst mit. Um das leisten zu können, braucht der Staat aber vor allem Kompetenz.

↘ 4.4 Chancen, Risiken, Glühbirnen

Wie weit kann der Staat in die Zukunft sehen, wie sehr muss er sie gestalten?

Angesichts der in den letzten zehn, zwanzig Jahren über uns alle gekommenen Verschärfung und Neuentstehung zahlreicher Krisen in einer immer komplexeren Welt hat ein interessantes mediales Genre Aufwind bekommen: der Präventionsparadoxon- und Survivorship-Bias-Content. Gewohnt kurze Erklärungen: Das Präventionsparadoxon besagt, dass erfolgreiche Prävention oft den Eindruck erweckt, sie sei eigentlich nicht nötig gewesen, da das, was sie verhindern sollte, ja nicht eingetreten ist. Survivorship-Bias wiederum ist eine kognitive Verzerrung, die die Bedingungen oder Wahrscheinlichkeiten eines Erfolgs dadurch falsch einschätzt, dass sie vornehmlich Erfolgsfälle betrachtet. Beide übersehen relevante Informationen, beide führen zu Fehleinschätzungen.

Eine klassische Alltagsvariation ist: »Wir haben früher keinen Kindersitz/Fahrradhelm/Sicherheitsgurt gebraucht.« Die mediale Aufbereitung denkt ein wenig größer und verweist angesichts heutiger Herausforderungen gern auf die Dramen jüngerer Vergangenheit: Ozonloch! Waldsterben! Saurer Regen! BSE! Seriöse Medien untersuchen, ob all die Aufregung denn jeweils nötig war, und kommen zu gemischten Ergebnissen. In weniger seriösen Kreisen wird die Aufregung um den Klimawandel mit Memes belächelt, nach dem Motto: Was hat es nicht schon alles für Bohei um den kommenden Weltuntergang gegeben, und trotzdem sind wir immer noch da. Kommt alle mal wieder runter.

Wir streiten nicht mit irgendwelchen Heinzis im Internet, wir schreiben unsere Einwände wie Ehrenmänner in ein Buch: Natürlich hat die Tatsache, dass saurer Regen, Ozonloch und BSE heute nicht mehr oder doch deutlich weniger auf der Tagesordnung stehen, weniger mit ihrer Ungefährlichkeit als mit staatlichen und regulatorischen Eingriffen zu tun. Aus konkreten Notsituationen heraus wurden regional, national und global Maßnahmen getroffen, um ihnen zu begegnen. Und obwohl damit auch in die Wirtschaft, in Materialien, Prozesse, Prinzipien und Methoden eingegriffen wurde, brummte der Laden – vielleicht gerade deshalb. Klare Regeln, klare Grenzwerte, neue Lösungen. Gut gemacht, gern weiter so.

In den Bemühungen gegen die Ausbeutung, Verbrennung und generelle Überlastung von Mutter Erde scheint diese Strategie jedoch an ihre Grenzen zu stoßen. Das Thema ist komplex, die Verharrungsanreize sind stark, das Misstrauen gegenüber staatlicher Steuerung hat zugenommen. Besagte »staatliche Steuerung« wiederum hat sich in den letzten Jahrzehnten vielleicht ein wenig zu sehr in die regulatorische Idee verliebt, hat Regularien einfach immer weiter aufeinandergestapelt und ineinander verschachtelt, ist jedem neuen Problem mit einer neuen regulatorischen Maßnahme zu Leibe gerückt, jedem Teilaspekt mit einer Subregelung. Als die Autoren dieses Buches vor der Bundestagswahl 2021 die Entwicklung eines Positionspapiers zu den Rahmenbedingungen einer erfolgreichen Energiewende begleiteten, wurde ihnen deutlich, in was für einem verstrickten, zurechtgeflickten, bürokratisch erstickten und wenig geglückten Zustand sich die Energieregulierung befindet und wie viel Transformationsambition in diesem Richtliniendickicht verloren gehen muss.

Kapitalismus auf Partnersuche

Wir sehen in diesen Tagen zweifellos Entwicklungen in die entgegengesetzte Richtung. Die Aufweichung der Berichtspflicht und der Taxonomie Ende Februar 2025 setzte da ein klares Zeichen. Allein, wir können noch nicht recht dran glauben. Wir haben, so viel ist klar, gar nicht unbedingt ein Problem mit Regulierung und stoßen uns noch nicht einmal an Berichts- und Sorgfaltspflichten. Wir haben nur den in vielen Gesprächen gespiegelten und hier auch schon recht breitgetretenen Eindruck, dass aktuell an Themen und Zielen vorbeireguliert wird. Das geschieht auch, weil diejenigen, die regulieren, trotz enger Verbindung mit der Wirtschaft oft gegen diese arbeiten – offenbar in der Überzeugung, sie eigentlich vor allzu strengen Eingriffen zu schonen.

Dabei stehen auf der anderen Seite zahlreiche Unternehmen, die sich vor allem klare Leitlinien wünschen. »Make it mandatory« – »Macht es zur Pflicht« –, forderte im Jahr 2022 ein Zusammenschluss von 400 internationalen Unternehmen im Vorfeld der UN-Biodiversitätskonferenz COP 15 in Montreal. Das waren nicht nur Klima-Start-ups, sondern auch Konzerne wie Anheuser-Busch InBev, Fujitsu, IKEA oder Nestlé. Das von ihnen geforderte »es« mag an dieser Stelle des Buches überraschen: Dem Bündnis Business for Nature ging es um eine Berichtspflicht – die Offenlegung sowohl der Auswirkungen des unternehmerischen Handelns auf die Natur als auch der Abhängigkeiten von der Natur, namentlich der Biodiversität. Mit dem »Target 15« wurde auf der Konferenz dann ein Rahmen für eine entsprechende

Offenlegungsverpflichtung beschlossen. Auch wenn die internationale Umsetzung seitdem erwartbar langsam vorankommt, bleibt festzuhalten: Das Business for Nature hatte Erfolg.

Die Stimmen, die wir sonst zum Thema hören, lassen uns fragen: Ist die Forderung des Bündnisses nicht blanker Masochismus? Nicht, wenn man in die Details des Aufrufs schaut. Eine Offenlegungspflicht nach den Vorstellungen der Unterzeichnenden soll effizient sein und überbordende Bürokratie vermeiden. Sie soll international, standardisiert und vergleichbar und möglichst in bestehende Offenlegungsstandards integrierbar sein. Ihre Umsetzung soll überwacht und ihre Nichteinhaltung sanktioniert werden können. Sie soll Raum für Innovationen und Weiterentwicklungen lassen, um weder eine regulatorische Obergrenze noch eine reine Abhak-Übung darzustellen. Sie soll einen fairen Wettbewerb gewährleisten und Investoren aktivieren. Staatliche Institutionen werden als Partner verstanden, die mithilfe klarer Richtlinien den Rahmen für nachhaltiges Wirtschaften und fürs Wirtschaften im Allgemeinen setzen.

Nun war 2022 aus heutiger Sicht eine andere Zeit: Damals rief selbst BlackRock-Chef Larry Fink nach staatlicher Regulierung. Wer im Hier und Jetzt aber nur eine ins Gegenteil umgeschlagene Stimmung sieht, macht es sich zu einfach. Was »Make it mandatory« und der heutige Widerstand gegen Bürokratie und einen über Gebühr eingreifenden Staat gemeinsam haben, ist ein Wunsch nach Klarheit, Verlässlichkeit und Kompetenz. Staatliches Handeln und Lenken gern, aber informiert und in Partnerschaft.

Mutter Erde braucht neue Energie!

Wer über nachhaltiges und über erfolgreiches Wirtschaften und über die dafür nötigen Rahmenbedingungen sprechen will, der darf über Energie nicht schweigen. Günstige Energie ist der wesentliche Faktor erfolgreichen Wirtschaftens – und grüne bzw. cleane Energie der wesentliche Faktor nachhaltigen Wirtschaftens. Bringen wir beides zusammen, ist eine wirklich wichtige Hürde genommen. Ohne die

Energiewende, auch das wurde uns in vielen Gesprächen klar, werden weder die Klimaziele noch die Vision einer von ökologischer und sozialer Nachhaltigkeit geprägten Wirtschaft jemals Realität.

In reinen Mengenzahlen und allein auf die Energieform Strom beschränkt läuft diese Energiewende nicht schlecht. Der Erzeugerausbau geht voran, die Stromgestehungskosten sinken, und im Januar 2025 verkündet die Bundesnetzagentur, dass der Anteil erneuerbarer Energien am Bruttostromverbrauch im Vormonat bei rund 54 Prozent lag. Eine auf ganzer Linie gescheiterte Energiewende, wie sie ja auch gern und immer wieder postuliert wird, sähe sicherlich anders aus.

Leider erzählen 54 Prozent des Bruttostromverbrauchs aber bei Weitem nicht einmal 54 Prozent der Energiewendegeschichte. Das größte Problem ist auch hier, was bei allen größeren technologischen Veränderungen und Aufgaben das Hauptproblem zu sein scheint: der Auf- und Ausbau der Infrastruktur. Dazu gehören Netzausbau und Speichertechnologien ebenso wie der Abbau regulatorischer und bürokratischer Hindernisse. Hierzulande und europaweit wird bislang viel Kapital in die Stromerzeugung investiert – bei allem darüber hinaus scheint man davon auszugehen, dass es sich schon irgendwie ausgeht.

Der allzu fröhliche Energiewendeblick verkennt auch, dass Strom nur etwa ein Drittel des Energiebedarfs der Industrie in Deutschland ausmacht, die für die restlichen zwei Drittel auf Erdgas, Mineralöl und Kohle setzt. Grüner Wasserstoff kann eventuell Abhilfe schaffen, aber trotz ambitionierter Pilotprojekte in Deutschland und Europa steht die Entwicklung hier noch ganz am Anfang. Die deutsche Wasserstoffstrategie ist bislang vor allem eine Absichtserklärung, von einem konzertierten Hochlauf weit entfernt. Im Übrigen wird auch von wohlmeinenden Experten bezweifelt, dass sich grüner Wasserstoff in Deutschland überhaupt wettbewerbsfähig herstellen lässt.

Das Trauma der Abhängigkeit vom russischen Gas scheint dazu geführt zu haben, dass sich vor allem Deutschland darauf konzentriert, die Produktion erneuerbarer Energien unabhängig und in

Eigenregie hochzukurbeln, und dabei vergisst, dass es Teil eines ihm wohlgesinnten Staatenbundes mit einigen Potenzialen ist. Einen europäischen Strommarkt zu integrieren, der zum Beispiel Spanien seine Überproduktion abnimmt oder gar über europäische Grenzen hinaus handlungs- und aufnahmefähig wird – das wäre Teil einer sinnvollen Energiestrategie. Warum lässt Europa es den Franzosen durchgehen, dass sie günstigen Solarstrom aus Spanien verhindern, um ihren Atomstrom verkloppen zu können? Warum muss jedes Land eigene LNG-Terminals haben? Wir wissen es nicht.

Was wir wissen und was uns von verschiedenen Stellen glaubhaft versichert wurde: Es fehlt an entscheidenden Stellen an Expertise. Das beginnt damit, dass die Zuständigkeiten für die Energiewende nach Energiearten und Energieverwendung sortiert sind, nicht nach Erzeugung und Infrastruktur. Wo Markt- und Industriekenntnis gefragt sind, dominieren Jura- und Verwaltungsexzellenz. Wo spannende Ansätze mit E-Fuels, CO_2-Capture-Verfahren und sicherlich auch mit den im Abschnitt 2.6 beschriebenen hydrierten Pflanzenölen (HVO) existieren, wird die Offenheit für solche Technologien als Argument genutzt, um konkrete Veränderungen zu verzögern. Wo, wie uns ein Energiemarktexperte sagt, Investoren besorgt sind, dass ihre Investitionen in heute noch als grün geltende Energie durch regulatorische Änderungen zukünftig »entgrünt« und damit entwertet werden könnten, lässt der Staat sie mit ihren Sorgen allein.

Sachverstand, Schnittstellen, Sicherheiten, Strategien

Hier wird noch einmal klarer, warum der Blick auf die Energiewende ausgerechnet an dieser Stelle des Buches kommt und ausgerechnet nach der Aussage, der Staat müsse vor allem die Wirtschaft selbst kennen. Die staatliche Rahmensetzung und die regulatorische Praxis für die immer nötiger werdenden Veränderungen müssen schlicht von einer tieferen Kenntnis der derart gerahmten und regulierten Subjekte geprägt sein, als es heute der Fall ist. Es fehle, so einer unserer Experten, vor allem an Verständnis dafür, wie Finanzierungsstrukturen funktionieren, wie Risiken zu bewerten sind und wie man Geld in die eine oder andere Richtung lockt.

Was die personelle Mobilität zwischen Wirtschaft und Politik angeht, liegt Deutschland weit hinter allen anderen westlichen Ländern zurück. Praktische Expertise aus der Wirtschaft kommt kaum dort an, wo sie regulatorisch einen Unterschied macht. Wenn Wirtschaft ein Wörtchen mitredet, tut sie das meist über Lobbyverbände, die aber eher zur Verteidigung des Status quo als zur umfassenden Transformation neigen. »Such doch im Wirtschaftsministerium mal jemanden mit betriebswirtschaftlicher und nicht nur volkswirtschaftlicher Expertise!«, wettert einer unserer Gesprächspartner. »Du findest keinen!« Das zählen wir jetzt zwar nicht nach, aber wir verstehen den Punkt: Auf staatlicher Ebene werden verstärkt Maßnahmen für die Energiewende beschlossen, die theoretisch oder volkswirtschaftlich gut erscheinen, in der Praxis aber schwer umsetzbar sind oder Unternehmen überfordern.

Doch Problemerkennung ist bekanntlich der erste Schritt zur Problemlösung. So, wie während der Niederschrift dieses Buches die Möglichkeit eines Digitalministeriums unter Führung einer Person, die sich vor allem durch Digital- und weniger durch Ministerialerfahrung auszeichnet, diskutiert wird, so sollten auch vergleichbare Entscheidungspositionen verstärkt mit externer, problemrelevanter Kompetenz besetzt werden. Der Staat als abstraktes Ganzes wird nie besser wissen, was unternehmerisch sinnvoll und technologisch superschlau wäre oder was positiven Real World Impact erzeugen könnte. Aber je mehr Kompetenz er sich diesbezüglich aneignet, desto besser wird es laufen. Der Staat muss wissen, wie man Märkte modelliert und wo es welchen Bedarf gibt. Er muss die jeweils sinnvollen Märkte identifizieren und befördern können. Die Rahmenbedingungen, die er setzt, müssen zu dem passen, was er da einrahmen will.

Um die rhetorische Frage aufzuschreiben, die sich nun vielleicht in manchem Kopf formuliert: Kommen wir demnach nur als Techno-

oder Expertokratie weiter? Soll die Wirtschaft den Staat übernehmen? Nein, soll sie nicht. Politische, juristische, verwaltungstechnische und volkswirtschaftliche Kompetenz ist super. Aber Praxisnähe und Kontakt mit der Welt da draußen sollten stärker als nur in homöopathischer Dosis vorhanden sein, wenn es darum geht, Ziele zu bestimmen, Strategien zu entwickeln und die Wahrscheinlichkeit einer tatsächlichen Umsetzung zu erhöhen. Auch dann werden staatliche Eingriffe und Maßnahmen noch in Teilen scheitern. Aber sie werden oft auch einfach funktionieren.

Seit 2006 verfolgt China den »Mittel- bis langfristigen Entwicklungsplan für Wissenschaft und Technologie« (MLP), mit dem Ziel, bis 2020 eine »innovationsorientierte Gesellschaft« und bis 2050 weltweit führend in Forschung und Technologie zu werden. Zu den Zielen des Plans gehören die Erhöhung der Ausgaben für Forschung und Entwicklung auf 2,5 Prozent des BIP, die technologische Eigenständigkeit Chinas sowie die Platzierung des Landes in den globalen Top 5 bei Patentanmeldungen. Mit dem Masterplan »Made in China 2025« hat Beijing 2015 die Ambitionen konkretisiert und seither Milliarden in seine Ziele investiert. Dabei verdeckt der enorme Erfolg vor allem in Solartechnik und Elektromobilität, dass so manches Ziel unerreicht und so manche Schwäche und Abhängigkeit bestehen bleibt.

Nichtsdestotrotz: Die langfristige Strategie hat in vielen Fällen zum Erfolg geführt. Der ausschlaggebende Grund dafür: Bei aller autoritären und diktatorischen Qualität der chinesischen Staatsführung hat sie sich den MLP nicht einfach aus dem Hut gezaubert. Die Vorbereitungen für den MLP begannen schon 2003. Über 2000 Experten aus Wissenschaft, Technik und Wirtschaft identifizierten strategische Forschungsfelder in zwanzig zentralen Bereichen, darunter moderne Industriefertigung, Landwirtschaft, Grundlagenforschung, Energie und Ressourcen, Ökologie und Recycling, Transport und Verteidigung.

In Europa wird das Ganze weniger als Vorbild denn als Bedrohung wahrgenommen: Verdammt, die meinen's echt ernst. Statt nachzuziehen, sehen wir uns dazu gezwungen, einen Umgang mit dem Einbau chinesischer Technologie in unsere kritische Infrastruktur zu finden. Die Industriestrategie Europas und speziell Deutschlands ist in diesem Buch wiederholt schief angeschaut und kritisiert worden. Doch die Blaupause für »Wie es auch geht«, die gibt es ja: langfristig, ganzheitlich und ohne das Verjubeln von Ressourcen in Insel- und Leuchtturmprojekten wie der europäischen souveränen Supercloud Gaia-X, von der wir schon verdächtig lange nichts Positives mehr gehört haben.

Die Angst vor dem eigenen Erfolg überwinden

Wir wollen, auch wenn er bei Gaia-X ebenfalls eine große Rolle spielte, gar nicht zu viel auf dem armen Peter Altmaier herumhacken. Aber eine Frage beschäftigt uns mit Blick auf das deutsche Solar-Aus unter ihm als Wirtschaftsminister dann doch: Wenn du Geld auf eine Sache wirfst, um sie zum Wachstum zu bringen, dann damit erfolgreich bist und die Sache wächst, der Erfolg aber dein Gelddraufwerfen sehr teuer macht, woraufhin du den Geldhahn zudrehst und im nächsten Schritt die Schrumpfung der eben noch mit Geld beworfenen Sache wiederum als Erfolg feierst – was war dann eigentlich dein Ziel? Und wenn es das Wachstum war: Welche weniger destruktiven Exit-Strategien wären für dich als Geldgeber sinnvoll gewesen?

Das sind so Fragen, auf die ein Staat, seine Institutionen und seine Repräsentanten nicht erst im Nachhinein Antworten entwickeln sollten. Womit sich Deutschland und Europa aber immer noch schwertun, das ist der ganzheitliche Blick auf die Welt im Wandel, in der man nicht nur durch ein All-in im jeweils aktuellen Transformationsthema seinen Platz finden und halten kann. »Wettbewerbsvorteile baut man nicht über Nacht auf«, resümiert der Wirtschaftswissenschaftler Ferdinand Dudenhöffer im September 2024 ein Problem der deutschen Automobilindustrie. »Da braucht man 20, 30 Jahre, um dann systematisch in der Forschung, in der Entwicklung, in der Industrie daran zu arbeiten. Das ist langfristig. Und das ist nicht Deutschland.«[16]

Das ist aber vor allem deshalb nicht Deutschland, weil Deutschland sich lange in dem Glauben wiegte, wettbewerbsmäßig nach wie vor alle

Trümpfe in der Hand zu halten und sich nur durch unfaire Mit- und Gegenspieler aktuell in einer unvorteilhaften Situation wiederzufinden. Dies führte dazu, dass potenziell transformative Technologien und Fortschritte lange Zeit ans bestehende System angeflanscht wurden, statt die Möglichkeit eines echten Wandels zu erkennen. Statt neue Wertschöpfungsmodelle zu ermöglichen, klebte die Industrie 4.0 Sensoren an die alten Anlagen. Statt einer Transformation des Energiesektors sollte der Solarboom nur eine Ergänzung des bisherigen Energiemixes bringen. Elektromobilität war hierzulande lange ein »Nun, wir brauchen wohl auch eine Art Tesla«, kein industrieller Paradigmenwechsel. So haben wir erst die strategische Relevanz in Fragen digitaler Wertschöpfung an die USA verloren und gerade verlieren wir die strategische Relevanz in Fragen nachhaltiger Wertschöpfung an China.

Erfolge und Transformation sind jedoch möglich und machbar. Wenn wir Letztere strategisch klug, informiert und im besten Fall noch in Partnerschaften in einem europäischen Binnenmarkt realisieren, dann ist Dekarbonisierung eben nicht gleichbedeutend mit Deindustrialisierung. Batterie- und Speichertechnik, Netzinfrastrukturen und Energielösungen von morgen sind in enormem Maße auf genau die Ingenieursexzellenz angewiesen, derer wir uns rühmen. Die Erfolge von morgen können auf den Erfolgen von gestern aufgebaut werden. Was es dafür braucht? Mut! Strategie! Expertise! Zuverlässigkeit!

Wir haben hier in Deutschland und Europa inzwischen ein paar Industrien als richtig und wichtig erkannt, ein paar Märkte als vielversprechend. Gehen wir rein. Übernehmen wir Risiken. Eignen wir uns die dafür nötigen Expertisen an. Schaffen wir staatlicherseits Gelegenheiten und überbrücken wir Anlauf- und Ineffizienzphasen, bis Märkte und Technologien in die eigene Leistungsfähigkeit kippen – und entwickeln wir Exit-Strategien, die den staatlichen Rückzug ermöglichen, ohne alles zusammenkrachen zu lassen. Entwickeln wir außerdem Perspektiven für die Bereiche, die wir heute noch teuer am Leben erhalten, obwohl sie nur die Basis für die Erfolge von morgen sein sollten. Miteinander und dann alle zusammen!

Die Zukunft nicht kennen und sie trotzdem gestalten

Jetzt beruhigen sich die Autoren erst einmal kurz. Vielleicht dimmen sie auch das Licht ein wenig, so eine Tageslichtlampe muss ja nicht immer auf »Therapy« stehen, wenn es »Relax« auch tut. Wow. Tageslichtlampen. Letztlich auch Nutznießer einer staatlichen Entscheidung, nämlich der gegen Glühbirnen und für mehr Effizienz. Sicher hätten sich Energiesparlampen und LEDs irgendwann auch so durchsetzen können, doch die EU-Verordnung Nr. 244/2009 hat eine Markttür aufgestoßen, die bis dahin nur sehr schmal geöffnet war. Dass parallel auch neue Glühbirnenmärkte entstehen, alte Glühbirnen für teuer Geld online ersteigert werden und bis heute manche Wolframfädenschätze in deutschen Kellern lagern würden – nun, der Zauber der Märkte. So ein »Markt« ist nämlich auch ein Konglomerat individueller Akteure, die für Veränderungen lange brauchen und sich mitunter schrecklich irrational verhalten, weil ihnen zum Beispiel Informationen fehlen, weil sie falsch informiert wurden oder weil sie mit dem falschen Fuß aufgestanden sind. Was für hitzige Diskussionen es über die schlimme Lichttemperatur von Energiesparlampen gab – da fehlte es dann doch, das Vertrauen in einen sich anpassenden Markt, dessen unsichtbare Hand uns bald sehr viel bessere Leuchtmittel in die Fassungen drehen würde.

Der Staat kann nicht in die Zukunft sehen und trotzdem muss er sie mitgestalten. Das kann er in Kooperation mit denen tun, die von dieser Zukunft ebenfalls betroffen sein werden. Das kann er dadurch tun, dass er sich breite Kompetenzen aneignet, mit denen sich über die juristisch sichere Fortschreibung der Gegenwart hinaus wirtschaftliche Hebel identifizieren und nutzen lassen. Das kann er tun, indem er dank dieser Kompetenzen ausgewählte Risiken übernimmt und absichert, statt stumpf Geld irgendwo draufzuwerfen. Das kann er nicht zuletzt tun, indem er die Notwendigkeit zur Veränderung klar benennt und umfassende Transformationen auch als solche kommuniziert, statt sich und seine Stakeholder immer nur zu beruhigen. Wir erleben gerade viele Diskussionen um den sogenannten Nanny-State, der seiner Bevölkerung vorschreiben will, was das Beste für sie ist, und damit sind auffällig oft Maßnahmen gemeint, bei denen es um mehr Nachhaltigkeit geht – Tempolimit, Fleischverzehr, Wärmepumpe.

Der viel schlimmere Nanny-State jedoch ist der, der seinen Leuten nichts zumuten will. Der jahrelang betont, dass alles gut sei und nichts teurer werde, obwohl das Gegenteil längst absehbar ist. Was hätten all die Leute, die sich bei Volkswagen nun ihre Weiterbeschäftigung erstreikt haben – Gratulation dazu, ganz ehrlich! –, mit ihrer Zeit machen können, wie hätten sie sich weiterbilden und neu orientieren können, wenn die absolut absehbare Krise früh und klar als eine solche benannt worden wäre? Stattdessen mahnte der Kanzler den Konzern im Wahlkampf, nur ja kein deutsches Werk zu schließen.

Wir wissen nicht, wie's Ihnen geht. Aber wir würden die Zumutungen, auf die wir uns einstellen müssen, schon gern kennen. Wir relaxen gern informiert.

↘ 4.5 Unternehmen, Unternehmer, Bürokrat und Glücksmaschine

Ein letzter kurzer Blick auf die Rolle des Staates

Krisen brauchen Lösungen und die erfordern Zusammenarbeit. Aktuell nagen viele Krisen an dem, was vor allem der nördlichen Hemisphäre lange als das normale Lebens- und Wirtschaftsmodell galt. Da ist zunächst und am grundlegendsten die ächzende Mutter Erde. Da ist aber auch die verschärfte Konkurrenz der Volkswirtschaften, da ist die sich ebenso verschärfende Ungleichverteilung der Gewinne und Verluste des Kapitalismus – im globalen, aber zunehmend auch im nationalen und regionalen Kontext. Da sind vor allem die schwindende Popularität globaler Lösungsansätze und der Glaube an einen Populismus, der sich grundlegender Ideen von gesellschaftlicher Wohlfahrt, sozialer Marktwirtschaft und Solidarität entledigt. Von aktuellen und kommenden Kriegen reden wir da noch gar nicht.

Die drei ersten Punkte sind sehr dringend auf eine enge partnerschaftliche Zusammenarbeit von Staat und Wirtschaft, von öffentlichem Dienst und privaten Unternehmen angewiesen. Wären diese Probleme frühzeitig und erfolgreich adressiert worden, wäre der national orientierte Populismus vielleicht gar kein so großes Problem. Doch es gibt ihn nun einmal und er fährt unseren Vorstellungen empfindlich in die Parade. Wir können und wollen an dieser Stelle nicht in die Diskussion, Wiederholung und Widerlegung populistischer Talking Points von Milei bis Musk gehen. Ganz ignorieren können wir zumindest einige Punkte aber auch nicht.

USA Inc., Europa SE und Deutschland GmbH – der Staat als Unternehmen

Immer wieder einmal, insbesondere in Zeiten der Krise, hat das Argument Konjunktur, der Staat selbst müsse wie ein Unternehmen geführt werden. Meist geht es einher mit Forderungen nach staatlicher Effizienz, nach der Vermeidung von Schulden, nach einem Rückbau der Sozialausgaben und danach, die Funktionen des Staates auf seine rahmensetzenden und infrastrukturpflegenden Handlungsfelder zu beschränken. Das Argument findet sich in tiefsten Kommentarspalten und in höchsten politischen Höhen. Es schwebt durch Christian Lindners Verehrung für die Schuldenbremse. Es war ein Leitmotiv der ersten Amtszeit Trumps – »The government should be run like a great American company«, sagte sein Berater und Schwiegersohn Jared Kushner der *Washington Post*.[17] Es wird im Gebaren Elon Musks sichtbar: Der Umgang mit staatlichen Strukturen und Institutionen, den sein DOGE vor allem in den ersten Wochen von Trumps zweiter Präsidentschaft an den Tag gelegt hat, ähnelt dem eines Investors, der ein gerade übernommenes Unternehmen entkernt – Entlassungen, Kürzung und Abschaffung von Abteilungen und Produktlinien, Verkauf von Immobilien.

Doch der Staat kann kein Unternehmen sein und auch nicht wie eines geführt werden. Er kann sich vor allem nicht aus allem heraushalten. Der Staat, wie wir ihn in diesem Buch verstehen und ihn mehrfach skizziert haben, ist in unseren Demokratien das wesentliche Organisations- und Steuerprinzip. Er ermöglicht es der Gesellschaft und ihren Individuen, über viele Dinge nicht ständig nachdenken und sich sorgen zu müssen. Das beginnt bei der individuellen Sicherheit und endet noch lange nicht bei der internationalen Zusammenarbeit. Gibt es aktuell jede Menge Reformbedarf? Unbedingt! Kann es ein Reformansatz sein, staatliche Kompetenzen rigoros zusammenzustreichen, Institutionen abzufackeln und die Welt auf Teufel komm raus zu deregulieren? Na klar! Aber manchmal kommt der Teufel wirklich raus – die Zukunftsfähigkeit rauchender Behördentrümmer und verbrannter internationaler Brücken erschließt sich uns jedenfalls nicht.

Moonshots und Missionen – der Staat als Unternehmer und Innovationsmotor

Wer über strategische Ziele, Real World Impact und die Zusammenarbeit von Staat und Wirtschaft schreibt, kommt an Mariana Mazzucato nicht vorbei. Auch wir wollen hier liefern, wenn auch vielleicht unangemessen kurz. Die italienisch-amerikanische Ökonomin Mariana Mazzucato ist für ihre Arbeiten zur wirtschaftlich aktiven Rolle des Staates bekannt. Ihr 2013 erschienenes Buch *The Entrepreneurial State* (dt.: *Das Kapital des Staates*) bietet eine Blaupause für die Art von wirtschaftspolitischer Ambition, für die der europäische Green Deal steht – an dem Mazzucato auch selbst mitgearbeitet hat. Für sie ist es fatal, den Staat nur als Ex-post-Korrektor dramatischen Marktversagens zu besetzen. Stattdessen fordert sie, dass der Staat strategische Ziele setzt – »Missionen«, die sie mit der Mondlandung vergleicht – und langfristig in Innovationen investiert. Mazzucato betont, dass öffentliche Investitionen gesellschaftlichen Nutzen schaffen und fair verteilt sein müssen. Ihre Kernidee: Ein selbstbewusster, aktiv handelnder Staat gestaltet die Zukunft, anstatt nur passiv zu reagieren.

Vor allem der vorherige Abschnitt 4.4 unseres Buches zeigt, dass wir von dieser Position gar nicht so weit entfernt sind – und ihr doch von einer Position aus zuwinken, die dem Glauben an einen grundsätzlich zukunftsfähigen Kapitalismus näher ist. Mazzucatos Kritiker sind sehr schnell mit Beispielen dafür zur Hand, wo und wie staatliche Eingriffe und Förderungen das Gegenteil der intendierten Wirkung erzielt haben, von der japanischen Wirtschaftspolitik der 1980er-Jahre über die schwedische Ethanol- und die französische Kernkraft-Strategie bis zum Brandenburger Cargolifter. So sucht sich halt jeder die Beispiele aus, die die eigene Position unterstützen. Auch Mazzucatos Arbeit ist nicht ganz davor gefeit, was die Nachvollziehbarkeit ihrer Schlüsse und Empfehlungen mitunter erschwert.

Der Staat als Unternehmer muss in unseren Augen ein sehr selektiver, eingeschränkter, punktuell handelnder Unternehmer sein. Er muss, so banal das klingen mag, unternehmerisch denken und unternehmerisches Denken verstehen können, um Wirtschaft nicht nur auf politisch wünschenswerte, sondern auch auf fachlich fundierte Weise beeinflussen, lenken, bremsen, zähmen und befeuern zu können. Dazu gehört nicht zuletzt die Fähigkeit, aus Fehlern lernen und sich neu ausrichten zu können.

Klingt einfacher, als es ist, schließlich haben wir uns da mit der Zeit ein ultrakomplexes, auf etliche Ebenen und in etliche Kompetenzsilos verteiltes System geschaffen. Und darin steckt vielleicht das größte Problem mit der Übernahme von Mazzucatos Ideen in konkrete Politikgestaltung, etwa beim Green Deal: Sie werden diesem ultrakomplexen System einfach übergestülpt, ohne zugleich die strukturellen Veränderungen, die ein »entrepreneurial state« nun einmal auch voraussetzt, angemessen vorzunehmen. Dieser Umsetzungsfehler ist nicht

Mazzucato anzulasten. Doch die lähmenden, am unternehmerischen Bedarf vorbeigehenden Teile des Green Deals hat auch sie nicht verhindert: Es ist und bleibt ein mühsames Unterfangen, der Bürokratie die Bürokratie auszutreiben.

Die Herrschaft der Verwaltung – der Staat als Bürokratiemonster

Wir haben es vorhin in unserem Seitenblick auf die regulatorischen Eigenheiten des deutschen und europäischen Energiesektors angedeutet: Eine Bürokratiereform ist dringend notwendig. Der verwaltungsrechtliche Automatismus, neuen Herausforderungen immer erst einmal mit neuen Regularien zu begegnen, ohne die alten dabei infrage zu stellen, muss durch eine flexiblere Form von Bürokratie ersetzt werden. Die extreme Erzählung von der Bürokratie als Wurzel allen Übels, als Innovations- und Wirtschaftsbremse, als Instrument staatlicher Gängelung und schlimmstenfalls als Deep State, der partei- und regierungsunabhängig die eigentlichen Fäden zieht, ist jedoch vor allem destruktiv und dumm. Bürokratie braucht Reform, keine Kettensäge.

Die bürokratische Verwaltung ist ein essenzieller Bestandteil der demokratischen Gesellschaft. Wie der Soziologe Berthold Vogel sind auch wir »zutiefst davon überzeugt, dass wir Bürokratien nicht nur als Ballast beschreiben dürfen, dessen wir uns entledigen müssen. Es ist vielmehr umgekehrt: Eine offene, plurale Gesellschaft ist auf eine gut funktionierende Verwaltung angewiesen.«[18] Bürokratie stehe, so führt Vogel es in seinem gemeinsam mit Jens Kersten und Claudia Neu verfassten Buch *Politik des Zusammenhalts* weiter aus, »für die juristische, soziale und wirtschaftliche Ordnung der Daseinsvorsorge und der öffentlichen Güter«.[19] Dazu gehören allerlei »Hintergrundnotwendigkeiten des gesellschaftlichen Alltags«[20], aber auch die Koordination übergeordneter Gesellschafts- und Wirtschaftsprozesse. Den Ausbau der Energieinfrastruktur wird keine Energieministerin mit Landkarte, Bauhelm und Geldsack persönlich beaufsichtigen.

Die Lösung liegt wie so oft zwischen den Extremen: ein ausgewählt unternehmerisch handelnder Staat, der sich selbst unternehmerische Prinzipien aneignet, ohne sich ihnen zu ergeben, und der seine Verwaltungsstrukturen durch Modernisierung und Sachkompetenz zu mehr als nur »Verwaltung« im Sinne einer Status-quo-Moderation befähigt. Mit einem solchen Staat können wir die grüne, cleane Kurve kriegen und reich und glücklich werden.

Mach mich fröhlich, Vater Staat – der Staat als Glücksgarant

»Wenn die Regierung kein Glück für ihre Bürger schaffen kann, dann gibt es keinen Grund für die Existenz der Regierung.«[21] So steht es im Rechtskodex des Königreichs Bhutan von 1729, und auf dieser Basis entwickelte das Land in den Nullerjahren das Konzept des Bruttonationalglücks, das erstmals 2008 erhoben wird und 2011 zur Resolution 65/309 der Vereinten Nationen führt. »In der Erkenntnis, dass der Indikator Bruttoinlandsprodukt seinem Wesen nach nicht darauf angelegt war, das Glück und das Wohlbefinden der Menschen in einem Land zu messen, und dass er sie auch nicht angemessen erfasst«, bittet die Resolution die UN-Mitglieder darum, das Streben nach Glück und Wohlbefinden besser zu erfassen, »damit sie sich in ihrer nationalen Politik davon leiten lassen«.[22]

Darüber, wie sehr sich die Regierungen der Nationen davon wirklich haben leiten lassen, und darüber, wie sehr sich die Regierungspropaganda eines südasiatischen Bergkönigreiches überhaupt als globales Vorbild eignet, darf man geteilter Meinung sein. Unabhängig davon aber hat die Resolution dazu geführt, dass seit 2012 der sogenannte World Happiness Report veröffentlicht wird, der anhand einer Handvoll Faktoren, vor allem aber durch eine einfache »Auf einer Skala von 1 bis 10«-Befragung den Glücksstatus in 143 Ländern ermittelt. Dem World Happiness Report 2024 zufolge sind Finnland, Dänemark und Island am glücklichsten, Deutschland liegt zwischen den USA und Mexiko auf Platz 24.[23] Bhutan tauchte zuletzt 2019 im Report auf, auf Platz 95. Vertreter des Landes waren verstimmt.

Wir möchten Ihnen die Idee des Bruttonationalglücks gar nicht verkaufen. Wir stellen aber fest, dass das BNG in Deutschland seit 2020 sinkt, obwohl das BIP ebenfalls seit 2020 kontinuierlich steigt. Die Stimmung hierzulande scheint uns auch eher mäßig zu sein. Irgendwas macht Deutschland offenbar falsch. Unsere These: Es gibt einfach keine übergreifende Idee davon, wo wir als Deutschland, Europa oder Welt hinwollen. Und damit meinen wir nicht primär das Streben nach Wirtschaftswachstum oder danach, irgendwelche Kennzahlen zu erreichen, sondern das Streben nach Lebenszufriedenheit, Glück, Gesundheit – kurz: nach dem guten Leben. Letzteres erfordert nun einmal eine Form von Gesellschaft, die es ermöglicht. Für einen unserer Gesprächspartner, einen führenden Wirtschaftswissenschaftler, bedeutete das zum Beispiel, dass der Staat massiv in Bildung und Qualifizierung investieren müsse. Es gebe kaum ein anderes westliches Land, in dem der individuelle wirtschaftliche Erfolg so stark von Einkommen und Bildung der Eltern abhängt. Hier einzugreifen und nachzujustieren, brächte sowohl die allgemeine Zufriedenheit als auch die Wirtschaft selbst voran.

Den Kapitalismus so zügeln, anstupsen, antreiben und ausbremsen, dass er allen das Maximum an Wohlstand, Glück und geschützter Heimat ermöglicht: Wir halten das für möglich. Den Staat so ausgestalten, ausbilden, unternehmerisch befähigen und am Fortschritt ausrichten: Wir halten das für möglich. Wir halten Real World Impact für möglich. Nicht in Gegnerschaft, nur in Kooperation.

5

Man müsste mal, man sollte mal, man wird.

Wie tragfähige Modelle der Zukunft die aktuellen Folgen unseres Nicht-handelns kompensieren können

5.1 Wer baut uns den Kapitalismus von morgen?

Ein überfälliger Blick auf Diversität und Veränderungsanreize

Was die Autoren dieses Buches für möglich halten oder nicht, ändert wenig an dem, was tatsächlich passiert. Denn das ist an vielen Stellen das, was immer passiert, wenn die unaufhaltsame Kraft auf das unbewegliche Objekt trifft: Es wird sehr laut, es wird ungemütlich, es wird viel Staub aufgewirbelt, und das unbewegliche Objekt bekommt richtig schlechte Laune. Doch je länger es unbeweglich bleibt, desto mehr Energie staut sich an. Irgendwann entlädt sie sich – positiv und progressiv oder negativ und reaktionär, als Wandel oder als Knall. Die unaufhaltsame Kraft, das sind in dieser für unsere Argumentation etwas zurechtgebogenen Metapher die vielen Handlungs-, Fortschritts- und Veränderungsimperative unserer Zeit. Das unbewegliche Objekt ist eine tief verankerte Kultur des »Weiter so«, des Festhaltens an traditionellen Handels- und Erfolgsprinzipien. Wir sehen die potenziell positive Kraft des Kapitalismus und die Lern- und Steuerfähigkeit staatlicher Institutionen. Aber wir sehen auch, mit welcher Vehemenz die Vertreter und Nutznießer der Glaubens-, Wirtschafts- und Ordnungsprinzipien von gestern gegen die notwendige Veränderung ankämpfen.

Wir haben an den passenden Stellen dieses Buches alles Wesentliche, was wir zu Kulturkampf, Populismus, erzkonservativem Backlash und überforderter Veränderungskompetenz zu sagen haben, aufgeschrieben. Lassen Sie uns nun noch etwas dazu sagen, wie sich mehr Veränderungskompetenz herstellen lässt. Die Kooperation von Kapitalismus und Staat kann, das dürfte sich aus den vorherigen Kapiteln ergeben haben, nicht ohne einen Kulturwandel funktionieren. Denn wie rabiat, wie total und totalitär der radikale Konservatismus mit allem aufräumt, was ihn verändern will – das demonstriert das Prinzip Trump sehr anschaulich.

Aber hören Sie nicht auf uns, hören Sie auf den Investor, Unternehmer und frühen Twitter-Geldgeber Chris Sacca. Es gebe ein auf Gier, also Gewinn bezogenes Argument für Vielfalt, erklärte er 2016 auf einer Konferenz. »Vielfältige Perspektiven bringen uns in Märkte, von denen wir nicht wussten, dass sie existieren.«[1] Hören Sie auf Chuck Robbins, CEO des Tech-Riesen Cisco, der 2025 sagt: »Wenn ich versuche, ein komplexes Problem zu lösen oder einer großen Chance nachzugehen, möchte ich viele unterschiedliche Menschen im Raum haben, egal, ob sie unterschiedlichen Geschlechts oder unterschiedlicher Nationalität sind oder ob sie einfach nur unterschiedliche Erfahrungen aufweisen.«[2] Vielleicht finden Sie auch die Studien des Beratungsunternehmens McKinsey spannend, die 2015, 2018, 2020 und 2023 eindeutige positive Zusammenhänge zwischen divers besetzten Führungsteams und geschäftlicher Performance feststellten. Vielleicht finden Sie im Gegenteil die jüngere Performance einer Industrie interessant, die von überwiegend männlichen, überwiegend weißen und überwiegend an der RWTH Aachen ausgebildeten Managern geführt wird – der deutschen Automobilindustrie.

Veränderung, Umbruch und Innovation sind auf vielfältige Perspektiven angewiesen. Vielfältige Perspektiven entstehen im Zusammenspiel unterschiedlicher Lebensläufe und Erfahrungen. Die müssen nicht zwangsläufig mit den gängigen Diversitätsmarkern – Geschlecht, Herkunft, Hautfarbe, Religion, sexuelle Orientierung – zusammenhängen, aber meistens tun sie es doch. Maßnahmen wie DEI und Quotenregelungen sind schlicht der Versuch, tradierte Strukturen aufzubrechen. Dass sie nur Nichtleistungserbringer hervorbringen, ist ein weitgehend unbelegter Mythos.

Zwischen der Verantwortungsdiffusion und Gewinnorientierung seiner Unternehmen, den knappen Zyklen seiner Planungen und Erfolgsbewertungen und den zunehmend starren Strukturen des Personals, das sich immer mehr ähnelt, einander bestätigt und nur noch an Details des Geschäftsmodells herumoptimiert, ist dem Kapitalismus sein Potenzial als Treiber, Profiteur von Innovation und Veränderung abhandengekommen. Wer es nicht einfach aufgeben, sondern heben will, muss etwas ändern. Zum Beispiel sich selbst.

Für einen jüngeren, weiblicheren, kollaborativeren Kapitalismus

Wir legen Wert darauf, festzuhalten, dass die folgenden Zeilen wie so viele in diesem Buch nicht allein unseren Autorenköpfen entstammen, sondern Auszüge aus unseren Gesprächen mit Unternehmern und Unternehmerinnen des deutschen Mittelstands sind. Die Businesskultur, wie wir sie heute gerade dort kennen, wurde in einer Zeit geprägt, in der Frauen kaum betriebswirtschaftlich gearbeitet haben. In diesem traditionell männlichen Muster gehört es dazu, stark zu sein, aggressiv zu sein, am schnellsten und am besten zu sein. Es geht um Dominanz und vor allem darum, Zeichen dieser Dominanz zu setzen: morgens als Erster da sein, abends am längsten bleiben, besonders laut sein. Das alles, so erklärt es uns eine Unternehmerin, sei mit Nachhaltigkeitszielen freilich nicht besonders gut vereinbar, weil man für die nun einmal kollaborativ und langfristig arbeiten müsse. Der Erfolg zeige sich da nicht sofort. Das bedeute aber auch, dass derjenige, der sich für diese Themen einsetzt, Abstriche im Wettbewerb um Lautstärke, Schnelligkeit, Dominanz hinnehmen müsse: »Du kannst in einer kollaborativen Kultur als Mann gar nicht gewinnen. Du hast gelernt, dich auf kurzfristige Dinge zu fokussieren, die schneller greifen und messbar sind. Es wird erwartet, dass du dich verhältst wie alle anderen – auch, um eine Beförderung zu bekommen, Verantwortung zu bekommen, dich durchzusetzen.«

Das ist in Familienunternehmen, wie sie im Mittelstand ja sehr präsent sind, nicht anders als im global agierenden, börsennotierten Konzern. Vielleicht ist es dort sogar noch festgefahrener: Die Vorgängergeneration hat meist sehr operativ gearbeitet und erwartet von ihrer Nachfolgergeneration nun selbstverständlich, dass sie die Tradition des Unternehmens hochhält und bewahrt und nicht mit ihr bricht. Die Vorstandsrolle zu übernehmen, so wird es uns erzählt und so beobachten auch wir es häufig, das sei meist Sache der Söhne. Die hätten dann, wir zitieren wörtlich, »keine Zeit für Nachhaltigkeit und Kumbaya«.

Die tatsächlich überwiegend weiblichen Nachfolgerinnen, Co-CEOs, Aufsichtsrats- und Vorstandsmitglieder, so hören wir, treffen sich dann informell, gehen in den Austausch, bestärken sich gegenseitig – und nutzen einen Vorteil: Wenn man mit seinen Nachhaltigkeits-, Kumbaya- und Veränderungsthemen sowieso schon als »anders« und als Störfaktor im System wahrgenommen werde, dann könne man diese Themen auch ohne Angst, gut informiert und mit einem informell organisierten Netzwerk im Rücken immer wieder auf den Tisch legen. Statt sich den tradierten männlichen Führungs- und Entscheidungsmustern anzupassen, mache man exakt das Gegenteil.

Die langfristige Wirksamkeit dieses Ansatzes scheint uns der kurzfristigen Dringlichkeit der Veränderungsproblematik zwar nicht ganz gerecht zu werden, aber sie ist ja nur ein Baustein von vielen. Ein weiterer sind in unseren Augen Quotensysteme in Unternehmen, vor allem auf der Ebene des mittleren Managements, wo Strategien in Operationen übersetzt werden und die Unternehmensführungen von morgen Erfahrungen sammeln. Insbesondere zum Thema Frauenquote hat die mit den Autoren in verschiedenen geschäftlichen und freundschaftlichen Zusammenhängen verbundene Führungs- und Digitalexpertin Fränzi Kühne im Jahr 2021 kurz und knapp das Wesentliche geschrieben: Eine Frauenquote sei keine magische Formel, kein Selbstzweck, keine Lösung in sich, sondern »eine Zielvereinbarung, die Bemühungen um ihre Erfüllung einfordert. Sie soll zum Finden von Lösungen verpflichten und dazu, tradierte Prozesse und Attitüden aufzugeben, die diesen Lösungen im Weg stehen.«[3] Das wiederum gilt letztlich für jede im Sinne der Bemühungen um Diversität eingesetzte Quote oder Maßnahme: Sie ist weder das Resultat noch der Beginn eines Kulturwandels. Sie ist ein Werkzeug, das klug eingesetzt werden will.

Für neue Erfolgs- und Vergütungsmaßstäbe

Ein anderes Werkzeug: Vorstandsboni und Vergütungssysteme. Ein systemischer Hebel sei das, erfahren wir im Mittelstandsgespräch, um die Leute merken zu lassen, dass jetzt schon die Füße brennen, dass die Erde zu heiß ist. Ohne die entsprechende Anpassung der Vergütungssysteme würden allein die althergebrachten Erfolgsmaßstäbe wirken, die uns die sehr heiße Suppe ja mit eingebrockt hätten.

Das Wirtschaftssystem Europas und insbesondere Deutschlands hat in der zweiten Hälfte des letzten Jahrhunderts überwiegend Bestätigung erfahren: Es lief gut an, es lief gut hoch, es exportierte in die Welt. Deutschland ist aller schlechten Laune zum Trotz noch immer die drittgrößte Volkswirtschaft der Welt. Etwas mehr als 1 Prozent der Weltbevölkerung erwirtschaftet hierzulande mehr als 3 Prozent des kaufkraftbereinigten globalen Bruttoinlandsprodukts und verursacht dabei rund 2 Prozent der globalen CO_2-Emissionen. In allen drei Punkten lässt sich eine rückläufige Tendenz beobachten, aber hier soll es um die Punkte zwei und drei gehen, die eng miteinander zusammenhängen: Die Erfolge des klassischen Führungs- und Wirtschaftssystems des letzten Jahrhunderts haben dem Land genug Schwung für ein paar Jahrzehnte ohne große Veränderungen gegeben und dabei die Verbrennung von Fossilien zum Standard gemacht.

Nun gilt es, die Reduktion der Emissionen als eine Wettbewerbsaufgabe zu verstehen. Das ist eine Veränderung, die nicht nur außerhalb, sondern auch innerhalb der Unternehmen neue Anreize und Erfolgsmaßstäbe erfordert.

Ein befreundeter Finanzvorstand vertritt die These, dass sich die Höhe von Vorstandsgehältern umgekehrt proportional zur Risiko- und Veränderungsbereitschaft der jeweiligen Vorstände verhält. Das ist einleuchtend: Wenn ein bestimmtes Verhalten und ein internalisiertes Regelwerk mit Karriere und Topgehalt belohnt werden, scheint es nicht ratsam, Verhalten oder Regelwerk zu verändern. Als Beobachter und Berater des digitalen Wandels und des technologischen Fortschritts hierzulande hat Christoph das häufig erleben dürfen. Wenn es um die Nachhaltigkeitstransformation geht, ist die Bereitschaft zum Risiko und zur Veränderung genauso gering. Wie kommen wir da heraus? Drei Datenpunkte sagen uns, was uns auch die deutsche Popmusik sagt: Es könnte alles so einfach sein. Ist es aber nicht.

Nummer eins: Die Boston Consulting Group empfiehlt sieben Prinzipien zur Ausgestaltung nachhaltigkeitsbezogener Vergütungs- und Anreizsysteme: wesentliche und messbare Kennzahlen, individuell zugeschnittene Anreize, finanziell bedeutsame Anreizquoten, Einfachheit und Transparenz, die Berücksichtigung von Zielkonflikten, nichtfinanzielle Anreize und die regelmäßige Überprüfung und Aktualisierung der Vergütungsschlüssel.[4] Bedeutet: Ein gutes Bonussystem setzt auf wenige klare Ziele, die zur Unternehmensstrategie passen, bietet spürbare Anreize und motiviert nicht nur Führungskräfte, sondern auch das mittlere Management. Es ergänzt finanzielle Anreize durch Entwicklungs- und Karrierechancen, vermeidet Zielkonflikte – und prüft regelmäßig, ob das Ganze noch sinnvoll ist. So weit, so wenig Hexenwerk.

Nummer zwei: Der amerikanische Nahrungsmittelkonzern Mars – ein Unternehmen mit enormen globalen Herausforderungen in Fragen von Emissionen und Biodiversität – koppelt 20 Prozent seiner gesamten Managergehälter an Nachhaltigkeitsziele. »Wenn es um so viel Geld geht – und das ist bei Führungskräften eine beträchtliche Summe«, erklärt Nachhaltigkeitschef Barry Perkins im September 2024 dem *Wall Street Journal*, »dann heißt es nicht mehr: ›Ich weiß nicht, was ich da machen soll. Ich wurde nicht darin geschult, Treibhausgase zu reduzieren. Das hat man mir auf der Business School nicht beigebracht.‹ Sondern dann heißt es: ›Das ist ernst. Das ist wichtig. Was muss ich wissen? Was muss ich tun?‹«[5] So weit, so einleuchtend.

Nummer drei: In ihrer Studie zur Rolle von ESG-Boni bei der Vergütung von Führungskräften stellen Forschende der Pariser Wirtschaftshochschule HEC fest, dass insbesondere »Führungskräftevergütungen in energieabhängigen und emissionsintensiven Branchen selten an freiwillige ESG-Metriken gekoppelt sind« und dass ESG-Kriterien »für die große Mehrheit der Unternehmen [...] bei der Vergütung von Führungskräften eine minimale Rolle« spielen. »Vor allem Finanzunternehmen und große, sichtbare Unternehmen, die unter öffentlicher Beobachtung stehen, neigen dazu, sich auf freiwillige ESG-Kennzahlen zu stützen, deren Leistungsanreize wohl begrenzt sind und die durch Greenwashing-Strategien motiviert sein könnten.«[6] So weit, so entmutigend.

Wie lässt sich der systemische Hebel aber ansetzen? Drei wesentliche und einander wechselseitig verstärkende Ansätze können helfen. Da wären zum einen unternehmensinterne Bemühungen um Diversität und kulturellen Wandel und ihre stärkere Kopplung mit der unternehmerischen Wettbewerbsfähigkeit, etwa im Recruiting und in der Ausbildung neuer Fachkräfte. Die haben wir am Anfang dieses Abschnitts schon erwähnt. Da wären des Weiteren staatliche Anreize und Regularien, die das Bemühen um Nachhaltigkeit selbst stärker zum Wettbewerbsfaktor machen. Die haben wir in diesem Buch schon erwähnt. Da wären schließlich standardisierte unternehmensübergreifende Maßstäbe dafür, welche Unternehmenstätigkeiten im Sinne der Nachhaltigkeit sind und wie sie dokumentiert werden können. Ja: Auch die haben wir schon erwähnt.

Für eine unternehmerisch und nachhaltigkeitsstrategisch sinnvolle Berichtspflicht

Da sind wir wieder, da schließt sich der Kreis. Taxonomie und Berichtspflicht empfinde sie absolut als Rückenwind, so eine unserer Stimmen aus dem Mittelstand, denn plötzlich stehe das Thema wieder auf der Agenda. Natürlich sei das mit viel Aufwand verbunden, weil Unternehmen es einfach neu lernen müssen, aber es gebe diese Standards nun mal, damit es Standards gibt – und damit Führungshandeln in diesem Bereich auch angemessen vergütet werden kann. Allerdings sollte stark darauf geachtet werden, wie sehr diese Standards ins Detail gehen. Müssen Unternehmen jede potenziell nachhaltigkeitsrelevante Maßnahme und Kennziffer tracken? Wäre es nicht sinnvoller, übergreifende Kennzahlen wie Emissionen als konkreten Posten in die Bilanz jeder Abteilung und jeder Führungskraft einzupflegen? Diese Zahl könnte dann mit Zielwerten belegt werden, die jede Abteilung auf die für sie sinnvolle Art erreichen müsste – in der Erwartung, dass die damit verbundenen Aufwände und Prozesse sinnvolle neue Standards, Formate, Datenstrukturen und Erfolgskriterien hervorbringen.

Das Zurückrollen und Zusammenstreichen der Berichtspflicht, wie es die EU seit Februar 2025 anstrebt, erfüllt nur einen Teil dieser Anforderungen: Taxonomie, CSRD und Co. wollen zukünftig nur weniger und bei sehr viel weniger Unternehmen ins Detail gehen. Dennoch bleiben sie eine strategisch kaum eingeordnete Compliance-Übung auf der Metaebene unternehmerischen Handelns, also eine Pflicht, die jeweils zwar viel über das Wie, aber nichts über das Warum und Wohin des Nachhaltigkeitsgeschäfts aussagt. Der sinnvolle Ansatz wäre, die wesentlichen Kennzahlen zum Bestandteil dessen zu machen, was die Unternehmer eh schon kennen, womit sie arbeiten und auf das sie hin optimieren können – ein konkretes CO_2-Budget, Maßgaben zu Energie- und Wasserverbrauch, Materialeffizienz- und Recyclingquoten, Quoten zur Bodennutzung sowie Ver- und Entsiegelung.

Zum Teil gibt es solche Vorgaben schon, als Teil nationaler oder supranationaler Richtlinien wie auch als Teil des Green Deals und des neuen Clean Industrial Deals. Das ist zu begrüßen. Wirklich ausgezeichnet wäre es, wenn der aktuelle Kampf gegen die Bürokratie nicht dazu führte, dass diese Vorgaben wieder aufgeweicht werden, sondern wenn sie vielmehr zusammengefasst, harmonisiert und mit strategischem Sinn aufgeladen würden. Damit wäre allen geholfen: den Unternehmen, Mutter Erde, den Nachhaltigkeitszielen der EU und dem Puls der Bürokratiegegner.

↘ 5.2 Der schrumpfende Elefant im Raum

Ein überfälliger Blick auf Degrowth

Wäre *Real World Impact* ein Choose-Your-Own-Adventure-Buch, hätten wir in Abschnitt 2.1, direkt nach der Kurzvorstellung von *Die Grenzen des Wachstums*, einen Abzweig eingebaut. »Wenn Sie die Idee, alles graduell ein bisschen nachhaltiger zu gestalten und sich jahrelang in der Schwebe zwischen Radikalkapitalismus und staatlichem Eingriff, zwischen Hype und Crash wiederzufinden, für wenig attraktiv halten, blättern Sie vor zu Abschnitt 5.1!« Aus dem Bericht des Club of Rome den Schluss zu ziehen, dass wir ein bisschen intensiver über Nachhaltigkeit, Emissionen und die entsprechenden Anreize und Dokumentationsmöglichkeiten nachdenken sollten, ist ja nur eine Möglichkeit. Eine andere ist deutlich radikaler: Wenn Wachstum das Problem ist, muss mit Wachstum Schluss sein.

Dies ist in aller Kürze der Kern der Idee namens »Degrowth« und der weltweit vernetzten Bewegung dahinter. Als unmittelbare Reaktion auf *Die Grenzen des Wachstums* formierte sich bereits in den 1970er-Jahren die französische Décroissance-Bewegung, die deutsche Umweltbewegung dieser Zeit machte die Wachstumskritik zum Teil ihres Diskurses, und der amerikanische Ökonom Herman Daly entwarf das Konzept der »steady-state economy« als Alternative zur Wachstumswirtschaft – eine Gesellschaftsidee, die eine konstante Bevölkerung und einen nicht mehr wachsenden Bestand an Gütern vorsah. Die Grundidee der Nicht- oder Postwachstumsgesellschaft hat seither zahlreiche Variationen in Qualität und Radikalität erfahren, doch ihr Kern bleibt, was die Fraktion DIE GRÜNEN im Juli 1990 in einem Gesetzesentwurf so umriss: »Die Wirtschaftspolitik muß von dem Mythos Abschied nehmen, immerwährendes gesamtwirtschaftliches Wachstum als zwingendes Ziel der Wirtschaftspolitik zu betrachten.«[7]

Es geht bei Degrowth nicht einfach nur um »weniger Wachstum« oder um ein Einfrieren der Wirtschaft auf dem heutigen Niveau, sondern um eine grundsätzlich andere Wirtschafts- und Gesellschaftsidee. Wirtschaftliche Aktivitäten, Energienutzung, Geschlechterrollen, das Verhältnis von unbezahlter und bezahlter Arbeit, das Wohlbefinden der Menschen als Mittelpunkt gesellschaftlichen Strebens, weniger Wachstum in der nördlichen Hemisphäre, um die Entwicklung der südlichen Hemisphäre zu ermöglichen – all das sind Impulse, die dazugehören.

Degrowth will damit eine Antwort auf die Frage geben, die uns auch in diesem Buch beschäftigt: Wie können wir mit der sich zunehmend verschärfenden sozial-ökologischen Krisensituation umgehen? Wachstum, so das Argument, ist kein naturgegebenes Schicksal. Wachstum ist das Ergebnis gesellschaftlicher Entscheidungen. Das bedeutet auch, dass wir uns als Gesellschaft auch dagegen entscheiden können.

Dem Wachstum entwachsen in fünf einfachen Schritten

Es geht also exakt um das Gegenteil unserer Idee eines nachhaltigen, ressourcenschonenden Wirtschaftens, das nicht zerstören muss, um sich rentieren und, ja, wachsen zu können. Es geht sogar ganz entschieden gegen derartige Ideen eines »grünen« Wachstums. »Klimaschutz und Green Growth sind unvereinbar», schreibt Niko Paech, Vordenker der deutschen Postwachstumsökonomie. »Die ökologische Modernisierung offenbart sich als Geschichte des technologischen Scheiterns sowie der räumlichen, zeitlichen oder systemischen Verlagerung von Umweltschäden.« Es reiche nicht aus, nur Produkte und Prozesse zu ersetzen, »solange dies mit zusätzlichen materiellen Bestandsgrößen und Flächenverbräuchen erkauft wird (wie bei Passivhäusern oder Anlagen zur Nutzung erneuerbarer Energien)«.[8] Green Growth bedeute noch immer Wachstum, Wachstum bedeute Verbrauch, und die Neudeutung kapitalistischer Wirkprinzipien als »grün«, »nachhaltig« oder sonst wie Mutter-Erde-positiv würde diese Wirkprinzipien nur veredeln, aber wenig bis nichts an ihren katastrophalen Folgen ändern.

Paech definiert ein fünfstufiges Programm der Postwachstumsökonomie: Da ist zunächst die **Suffizienz**, die den bewussten Konsum in den Vordergrund stellt. Unnötiger Luxus wie SUVs, Flugreisen oder übermäßiger Komfort sollte reduziert werden, während sich Menschen auf wesentliche Bedürfnisse und sinnvolle Aktivitäten konzentrieren. Es folgt die **Subsistenz**, in der Eigenproduktion, Reparaturen und gemeinschaftliche Nutzung die Lebensdauer von Produkten verlängern und die industrielle Abhängigkeit reduzieren. Der Aufbau einer **Regionalökonomie** mit solidarischer Landwirtschaft und lokal-regionalen Märkten fördert dann eine krisenfeste und nachhaltige Versorgung. Der **Umbau der Industrie** richtet diese darauf aus, langlebiges Design, Reparaturfähigkeit, Wiederverwertung und damit die Vermeidung von Neuproduktion in den Vordergrund zu stellen. **Institutionelle Maßnahmen** schließlich fördern den Umbau zur Postwachstumsgesellschaft durch politische Reformen sowie durch Bildungsanpassungen im Sinne nachhaltiger Lebensweisen und handwerklicher Kompetenzen.

Wir sollten an dieser Stelle noch einmal betonen, wie radikal und alternativlos die Postwachstumsökonomie diese fünf Prinzipien vertritt. Denn so, wie wir sie jetzt zusammengefasst haben, scheinen sie uns mit der Idee, die wir in diesem Buch vertreten, durchaus vereinbar. Sie könnten Elemente, Abstufungen, Schattierungen einer nachhaltigen Wirtschaft sein. Kreislaufwirtschaft und Recycling, ökologische Landwirtschaft, regionale Kooperationen sind mit beiden Ansätzen kompatibel. Entspricht das in diesem Buch bereits beschriebene Werkzeuggeschäftsmodell von Hilti nicht schon den Zielen des Industrieumbaus? Natürlich nicht. Paech: »Die Intensivierung und Erweiterung von Reparaturpraktiken schließt nicht im Geringsten aus, dass parallel dazu ökologisch ruinöse Mobilitäts- und Konsummuster sowie die Expansion nachhaltigkeitsdefizitärer Produktionssysteme aufrechterhalten oder sogar intensiviert werden.«[9] Die Postwachstumsökonomie will damit aber grundlegend aufräumen – alles oder nichts also: bewusster Konsum, Selbstversorgung, lokale Lösungen und ein wirtschaftlich-gesellschaftlicher Umbau, der eher Rückbau ist. Wie viele Hühner brauchen Sie, um Ihren Eierbedarf zu stillen?

Rückbau ist Rückschritt

Die Eierfrage war eine Zuspitzung, ein absichtsvolles Missverstehen einer sehr viel komplexeren Wirtschafts- und Gesellschaftsvision. Aber wir leben nun einmal in interessanten Zeiten: Angesichts weiterhin steigender Eierpreise und grassierender Vogelgrippe in den USA konnte die US-Agrarministerin Brooke Rollins der Krise etwas durchaus Positives abgewinnen. »Wie können wir so etwas lösen?«, fragte sie fröhlich lächelnd Anfang März 2025 in einem Interview mit dem Sender FOX NEWS. »Die Menschen sehen sich um und denken: ›Wow, vielleicht könnte ich mir ein Huhn in meinem Garten halten‹ – und das ist großartig!« – »Wer jetzt gerade kein Farmer ist«, lächelte Moderatorin Rachel Campos-Duffy, Ehefrau des US-Verkehrsminister Sean Duffy, zurück, »der wäre gern einer.«[10] Subsistenz-Impulse aus der amerikanischen Regierung hatten wir nicht auf unserem 2025-Prognosezettel. Unser Fehler.

Eine Kommentatorin der *Washington Post* sah darin bei aller Absurdität allerdings durchaus die Möglichkeit, dass dies nur »die logische Konsequenz von Trumps lebenslanger Fixierung auf die Idee der Autarkie« sei, »nach der eine Volkswirtschaft keinen Handel treiben und stattdessen selbstversorgend wirtschaften sollte«.[11] Damit rührte sie zufällig an einen Aspekt der Postwachstumsökonomie, an dem wir uns unabhängig von Abstrichen in Fragen des Komforts und der Versorgung oder der generellen Anmutung eines zivilisatorischen Rückschritts in die Agrargesellschaft stoßen. Die Visionen der Subsistenz und der Regionalwirtschaft und Forderungen wie die nach dem Rückbau von Flughäfen und der Abschaffung von Fernreisen machen Ansätze der Postwachstumsgesellschaft immer auch zu einer Postglobalisierungs- oder – nennen wir es beim Namen – zu einer Nationalgesellschaft.

So wie die Bemühung um den Erhalt der Natur, so wie »grünes« Denken schon immer auch Schnittmengen mit extremem Konservativismus, Nationalismus und politisch »braunem« Denken aufweisen, so rückt sich die Vision der Postwachstumsökonomie nahe an die Visionen von Nationalismus und Ethnopluralismus: Ein jeder bleibt, wo er ist, versorgt sich dort selbst und lässt die anderen Völker schön in Ruhe. An die Stelle des globalen Kapitalismus setzen wir solidarische Lösungen für die Volksgemeinschaft. Zustimmung aus den entsprechenden Ecken ist nicht selten. Wir verzichten darauf, entsprechende Inhalte in unserem Buch zu reproduzieren.

Köstlich, nachhaltig, Streusel optional: die Donut-Gesellschaft

Zu all dem kommt, dass sich die Idee der Postwachstumsökonomie in all ihrer geforderten Radikalität nicht ohne hochrestriktive staatliche Eingriffe realisieren ließe. Auch die Bevölkerungskontrolle müsste Teil des entsprechenden Programms sein. Das ist weder die staatliche Funktion noch der Real World Impact, wie wir sie uns vorstellen. Doch wie gesagt: Elemente dieses Konzepts erscheinen uns mit nachhaltigem und wachstumsorientiertem Wirtschaften durchaus vereinbar. Hier kommt die Idee eines qualitativen Wirtschaftswachstums ins Spiel, wie wir es in Teilen schon in unseren Ausführungen zum Glück in Abschnitt 4.5 skizziert haben. Im Gegensatz zu einem quantitativen Wirtschaftswachstum, das sich ausschließlich über das Bruttoinlandsprodukt definiert, würde ein qualitatives Wachstum auf Indikatoren achten, die mit der Wohlfahrt der Bevölkerung zusammenhängen. So misst die OECD das gesellschaftliche Well-Being anhand zahlreicher Indikatoren in elf Kernkategorien: Einkommen und Wohlstand, Arbeit und Arbeitsplatzqualität, Wohnen, Gesundheit, Wissen und Fähigkeiten, Umweltaspekte, subjektives Wohlbefinden, Sicherheit, Vereinbarkeit von Beruf und Privatleben, soziale Kontakte und bürgerschaftliches Engagement. Qualitatives Wachstum ist demnach Wachstum, das all diese Dimensionen positiv beeinflusst.

Ein damit eng verwandtes Modell für eine nachhaltige Wirtschaftsweise ist die von der britischen Wissenschaftlerin Kate Raworth entwickelte Idee der Donut-Ökonomie. Raworths 2017 vorgestellter metaphorischer Donut besteht aus zwei Ringen: Der innere Ring markiert das soziale Fundament – die Grundbedürfnisse wie Nahrung, Bildung und Wohnen, die bis zu einem Mindeststandard erfüllt sein müssen. Der äußere Ring steht für die planetaren Grenzen, die den Rahmen für die Umweltverträglichkeit gesellschaftlichen und wirtschaftlichen Handelns setzen, also ein Maximum an planetarer Belastbarkeit definieren. Das »süße Leben« spielt sich dazwischen ab – im sicheren und gerechten Raum, in dem alle Menschen gut versorgt sind, ohne die Erde zu überlasten. Die Donut-Ökonomie fordert also ein Gleichgewicht zwischen sozialer Gerechtigkeit und ökologischer Nachhaltigkeit. Weil Prinzipien fetzen, hier die sieben wesentlichen Prinzipien der Donut-Ökonomie:

→ **Das Ziel neu definieren:** Es geht nicht primär ums BIP, sondern darum, allen Menschen ein gutes Leben zu ermöglichen, ohne die planetaren Grenzen zu überschreiten.
→ **Das Gesamtbild erfassen:** Die Wirtschaft wird nicht isoliert betrachtet, sondern als Teil von Gesellschaft und Natur, in der alle Akteure und Gemeingüter gleichermaßen wichtig sind.
→ **Die menschliche Natur neu denken:** Anstelle des egoistisch handelnden Homo oeconomicus rückt der soziale, empathische und anpassungsfähige Mensch ins Zentrum.
→ **Systemisches Denken fördern:** Die Wirtschaft wird als dynamisches, komplexes System betrachtet, das auf Rückkopplungen und Wechselwirkungen reagiert.
→ **Verteilungsgerechtigkeit schaffen:** Ungleichheit ist kein unvermeidbarer Nebeneffekt von Wachstum, sondern eine Frage der Gestaltung: Wohlstand muss von Anfang an fair verteilt werden.
→ **Regeneration vorantreiben:** Wirtschaft soll von Beginn an regenerativ und zirkulär gestaltet sein, anstatt Umweltzerstörung durch späteren Reichtum ausgleichen zu wollen.
→ **Wachstum neu bewerten:** Wirtschaftswachstum ist kein Selbstzweck; das eigentliche Ziel sollte ein stabiles System sein, das Mensch und Umwelt dient – unabhängig vom Wachstum.

Seit dem Lockdownjahr 2020 hat sich vor allem Amsterdam einen Namen damit gemacht, die Prinzipien der Donut-Ökonomie und der Kreislaufwirtschaft in die Arbeit, Wertschöpfung und Existenz der Stadt einzuarbeiten. Eine mit erneuerbaren Energien versorgte, eine grüne, gesunde und den Folgen des Klimawandels aktiv begegnende Stadt soll Amsterdam werden, eine Stadt, die die Prinzipien der Kreislaufwirtschaft konsequent in ihr eigenes Wirtschaften einarbeitet. Bauen, Wirtschaften, Wohnen, Mobilität, Ver- und Entsorgung werden nachhaltig aufgestellt, während Anwohner und Unternehmen durch Beratung, Teilhabe und finanzielle Anreize eingebunden und unterstützt werden. Als Teil der Städteinitiativen C40 und Thriving Cities bringt Amsterdam damit einige der Prinzipien zusammen, die wir in den vorherigen Abschnitten betrachtet haben, und stellt den Wachstumsgedanken in den Dienst gesellschaftlichen Wohls – ohne Rückbau, ohne Deglobalisierung und ohne eigene Hühner in jedem Hinterhof.

5.3. Alte und neue Transformationen

Wie sich Wirtschaft verändert und wie sie sich verändern lässt

Als der amerikanische Klavierhersteller Henry S. Parmelee 1874 den ersten automatisch und selektiv auslösenden Sprinklerkopf erfand, war das ein entscheidender Fortschritt bei der Entwicklung der Sprinkleranlage. Mit Parmelees Patent wurde eine automatische, effiziente und sowohl Feuer- als auch Wasserschäden deutlich reduzierende Brandbekämpfung möglich. Für eine Klavierfabrik, in der Holz- und Metallbearbeitung gleichermaßen stattfanden, war das eine sehr sinnvolle und gute Erfindung. Auch die Versicherung, die diese Klavierfabrik versicherte, war dieser Meinung. Generell weckte Parmelees Verbesserung des Sprinklerkonzepts das Interesse von Versicherungen und Versicherungsvereinen. In den kommenden Jahren trugen sie entscheidend zur Verbreitung der Brandschutzmaßnahme bei, indem sie Fabrikbesitzern erhebliche Prämiennachlässe anboten, wenn die stetig weiterentwickelten Sprinkleranlagen eingebaut wurden – oder indem sie das Nichtvorhandensein einer solchen Anlage empfindlich hoch bepreisten.

Wirtschaft und Kapitalismus setzen gern auch von sich aus neue Standards durch, das wollen wir damit sagen. Wirtschaft reguliert sich selbst, sie transformiert sich selbst, sie folgt denen, die als nichtstaatliche Regulatoren neue Richtlinien und Technologien vorgeben. Versicherungen sind bis heute ein solcher Veränderungstreiber, indem sie die Chancen und Risiken neuer Technologien und ihrer jeweiligen Nutzung und Nichtnutzung mit einem Preisschild versehen. Es ist schon nicht verkehrt, mit dem Finanz- auch den Versicherungssektor für die nachhaltige Transformation in die Pflicht zu nehmen.

Aber Versicherungen sind natürlich nicht die einzigen Veränderungstreiber. Große Industriekonzerne verlangen ihren Zulieferern Standardisierung und Prozessanpassungen ab. Siemens und General Electric setzen mit ihren Industrieclouds Mindshare und Predix Standards für das Industrial Internet of Things in ganzen Sektoren. Apple definiert genau, unter welchen Bedingungen und unter Berücksichtigung welcher Datenschutzkriterien Softwareunternehmen Teil des Apple-Ökosystems werden. Anbieter von Unternehmenssoftware bilden Geschäftsprozesse nicht nur digital ab, sondern verändern sie auch, schaffen neue Schnittstellen und neue Standards für Branchen, Sektoren, ganze Wirtschaftssysteme – und neues Vokabular. »Banfen« mag noch nicht im Duden stehen, aber SAP-Kunden und -Kundinnen wissen, wovon wir sprechen.

Eine staatliche Nachhaltigkeitsregulierung, wie auch immer sie konkret ausgestaltet wird, muss diese Dynamiken nutzen, muss Ideen wie die Taxonomie oder Berichtspflichten, muss Recyclingquoten oder Förderungsmodelle nah an den tatsächlichen Meinungs- und Branchenführern und deren Möglichkeiten einer freundlichen, aber bestimmten Einflussnahme entwickeln. Sie muss vor allem dort, wo Unternehmen längst selbst die Vorteile von Nachhaltigkeit entdecken, unterstützen und Potenziale mitrealisieren – oder sich der Veränderung zumindest nicht durch politisch motivierte One-size-fits-all-Lösungen in den Weg stellen.

Kleine Revolutionen im schmutzigen Geschäft?

Aber darüber haben wir genug geschrieben. Schauen wir stattdessen doch einmal auf konkrete Unternehmen: Patagonia, Heidelberg Materials und edding. Nur keine Sorge, hier beginnt nicht der PR-Teil des Buches. Dennoch vorweg drei kurze Disclaimer: Christoph trägt gern und oft Patagonia, Heidelberg Materials ist schon häufiger Gegenstand unserer Arbeit gewesen, und die Digitalvorstände von edding – Fränzi Kühne und Boontham Temaismithi – sind Mitgründer von Christophs Agenturfamilie TLGG. Wem das nach zu viel Geklüngel klingt, der möge gern ans Ende dieses Abschnitts springen, denn die Schlüsse, die wir dort ziehen, gelten über diese drei Beispiele hinaus.

Das 1973 in Kalifornien gegründete Textilunternehmen Patagonia macht Nachhaltigkeit und die Bemühungen darum schon seit Langem zum Teil seiner Markenidentität wie auch seines tatsächlichen Geschäfts. Das Unternehmen setzt auf umweltfreundliche Materialien, fördert die Langlebigkeit seiner Produkte, bietet Rücknahmeservices und bemüht sich um hohe Recyclingquoten. In seiner Branche hat das Unternehmen damit Maßstäbe gesetzt, Nachhaltigkeit zum Verkaufsargument gemacht und Methoden, Zertifizierungen und Partnerschaften zur Lieferkettenüberwachung geschaffen, die über das Unternehmen hinauswirken. Patagonia folgt Fair-Labor- und Fair-Trade-Prinzipien und nimmt Vorwürfe, gegen die eigenen Ansprüche zu verstoßen, angemessen ernst und bemüht sich um Korrekturen. Die Textilbranche gehört, wie in diesem Buch wiederholt angesprochen, zu den ökologisch und sozial fragwürdigsten, schmutzigsten Wirtschaftsbereichen. Hier Maßstäbe zu setzen, zu halten und für andere Unternehmen nutzbar zu machen, ist zweifelsohne wertvoll.

Im Vergleich zur Bau- und Baustoffindustrie ist die ach so schmutzige Modebranche freilich ein frischgewaschener Arztkittel. Die Baustoffindustrie ist einer der größten CO_2-Emittenten weltweit, sie ist energie- wie rohstoffintensiv, allein die Zementherstellung wird für 8 Prozent der globalen Treibhausgasemissionen verantwortlich gemacht. Heidelberg Materials, bis 2022 HeidelbergCement, investiert in dieser Branche in mögliche Lösungen. Dazu gehören Ansätze zur CO_2-Abscheidung und -Speicherung bei der Zementproduktion. In Norwegen hat das Unternehmen in Kooperation mit der dortigen Regierung das erste klimaneutrale Zementwerk errichtet. Heidelberg Materials fördert Kreislaufwirtschaftsprinzipien im Bauwesen ebenso wie die generelle Entwicklung nachhaltiger Baustoffe und Prozesse. Dadurch, dass sich das Unternehmen schon seit Längerem nicht mehr nur als Materialversorger, sondern als Software- und Betriebssystem-Anbieter für seine Branche in Stellung bringt, schafft es wichtige Schnittstellen, über die seine Fortschritte in die ganze Branche integriert und nutzbar gemacht werden können.

Die edding AG schließlich stellte Ende 2023, also zu einer Zeit, als die Popularität und Massenwirkung des Themas Nachhaltigkeit schon deutlich nachzulassen begannen, einen Strategiewechsel vor: Statt Profitorientierung soll dort seither Sinnökonomie im Vordergrund stehen, statt »for profit« soll es »profit for« heißen, der Gewinn des Unternehmens also in sinnvolle ökologische und soziale Projekte und Unternehmenstätigkeiten fließen. Zu den konkreten Zielen dieses Strategiewandels gehören die Einsparung von jährlich 3000 Tonnen CO_2 in Produktionsprozessen und Verpackung, die Umstellung vom klassischen edding-Aluminium und verschiedenen Kunststoffen auf recyceltes Material und die Zusammenarbeit mit dem Sozialunternehmen share, das Anteile seiner Gewinne in soziale Projekte weltweit fließen lässt.

Es geschehen also Dinge. Es gibt Unternehmen, die grundsätzlich ein Interesse daran haben, nachhaltige Lösungen zu entwickeln und dabei auch noch Gewinn zu machen und zu wachsen. Ihre Ansätze können inspirieren, können Möglichkeiten und Best Cases schaffen, können Nachahmer finden oder über die Zusammenarbeit in ihrer jeweiligen Branche zu Standards werden. Das ist Real World Impact.

Ehe wir diesen Abschnitt aber allzu jubilierend verlassen, hier noch ein kleiner Realitätscheck: Im Jahr 2013 stellte die Investigativjournalismus-Plattform Follow The Money fest, dass Patagonia seine Produktion in Sri Lanka von denselben Fabriken erledigen ließ, die auch für Fast-Fashion-Marken produzierten und entsprechend schlechte Arbeitsbedingungen aufwiesen – nur einer von einigen Momenten, in denen Patagonia an den eigenen Ansprüchen gemessen wurde und scheiterte. Heidelberg Materials ist nach wie vor das DAX-Unternehmen mit den höchsten Emissionswerten – noch vor RWE oder BASF. Und eddings »Profit for«-Ansatz ist bislang vor allem eine spannende und inspirierende PR-Geschichte, die die löblichen vorhandenen Bemühungen um Nachhaltigkeit narrativ einrahmt, deren weitreichende Wirkung allerdings erst noch bewiesen werden muss.

Will heißen: Auch die besten Absichten müssen sich noch immer in einer Welt des aus Gewohnheit ausbeuterischen und fossilen Wirtschaftens zurechtfinden. In einem Buch, in dem es unter anderem darum geht, wie ein Staat das Gegenteil davon, also das *nachhaltige* Wirtschaften, fördern und die Transformation dahin vorantreiben kann, sollten wir jetzt folgende Frage stellen: Wie können staatliche Maßnahmen konkrete, bestehende unternehmerische Bemühungen zur Transformation unterstützen? Wir zögern fast ein bisschen, uns selbst diese Frage zu stellen, denn die Antwort ist weder spektakulär noch neu, aber:

Wie können staatliche Maßnahmen konkrete, bestehende unternehmerische Bemühungen zur Transformation unterstützen?

Einen Teil der Antwort haben wir schon gegeben: Der Staat kann kompetenter Partner sein und durch Richtlinien und/oder Förderung Veränderung vorantreiben. Es sollte allerdings nicht nur darum gehen, Unternehmen, die einen positiven Impact aufweisen, mit Geld oder für sie günstigen Regularien zu bewerfen. Die Forderung, der Staat möge sich vor allem mit den richtigen allgemeinen Rahmenbedingungen der nachhaltigen Transformation befassen, ist durchaus richtig. Die Rahmenbedingungen, die wir in diesem Fall meinen, könnten heute eigentlich schon viel weiter sein, als sie es sind: digitale Infrastruktur und ein sinnvolles und aktivierendes Investment-Framework für eine Generation junger Unternehmen.

Das Thema grüne Transformation ist vom Thema digitale Innovation im Grunde kaum zu trennen. Die grüne Transformation ist auf Zahlen und Daten angewiesen, auf messbare Indikatoren für Handlungsbedarfe und Transformationserfolge. Wo ganze Liefer- und Wertschöpfungsketten überwacht, verändert und neu entwickelt werden sollen, müssen Datenerfassung, Datenaustausch und Datenauswertung über Unternehmens- und Branchengrenzen hinaus ermöglicht und gefördert werden. Eine als Ganzes gedachte und konzipierte Energiewende braucht digitale Lösungen für Energieerzeugung, -speicherung und -verbrauch, für das Grid-Management und die Integration von Elektromobilität und Stromnetz. Diese Lösungen werden wahrscheinlich nicht in den klassischen Unternehmen entstehen, deren Transformation auf sie angewiesen ist.

Das ist nicht grundsätzlich neu. Der technologische Fortschritt, den zum Beispiel wir Autoren gern als »digitale Transformation« zusammenfassen, stellt all diese Lösungen schon seit mindestens zwanzig Jahren in der einen oder anderen Form zur Verfügung. Der Green Deal, der Green Industrial Plan oder der Clean Industrial Plan setzen hier und da Impulse für die Digitalisierung und für Investitionen in entsprechende Start-ups. Doch der große Aufschlag bleibt weiterhin aus. Der Fokus der Politik liegt sehr stark darauf, die Bestandsunternehmen und -märkte zu optimieren, und weniger darauf, neue Märkte und Unternehmen ins Spiel zu bringen. Dabei wäre eine neue, an nachhaltigen Gesichtspunkten und Transformationsbedarfen ausgerichtete Gründerzeit durchaus wünschenswert. Wer eine neue Industrie sehen will, muss sie früh incentivieren – durch Förderung und Investitionsanreize.

Wir wollen das Klagelied von der schlechten Kapitalverfügbarkeit in Deutschland und Europa hier nicht einfach nur wiederholen. Wie wäre es stattdessen mit ein paar Impulsen für die nächste Generation des Cleantech-Mittelstandes, etwa einer stärkeren Öffnung der deutschen und europäischen Pensions- und Rentenfonds für Frühphasen-Start-ups? In den USA investieren Pensionsfonds aktiv und umfangreich in Technologieunternehmen, vor allem über Private-Equity- und VC-Fonds. Dies unterscheidet sich deutlich vom restriktiveren deutschen Modell, das risikoreiche Direktinvestitionen in Frühphasen-Start-ups faktisch nicht erlaubt. Die Frage, die ein die Rahmenbedingungen definierender Staat hier beantworten muss, ist: Wie lassen sich Kapitalsammelstellen schaffen, die finanzielle Möglichkeiten bündeln und die Transformation vorantreiben? Wie lässt sich außerdem die seit Jahren diskutierte Umsetzung eines Digitalen Binnenmarkts in Europa beschleunigen, der einen integrierten Entfaltungsraum für Start-ups auf dem Weg zur kritischen Größe böte?

Nach dem Zusammenklappen des vielleicht am besten ausgestatteten und am meisten diskutierten »Climatetech«-Start-ups Northvolt Anfang 2025 ist es vielleicht nicht unbedingt opportun, mehr europäische Start-up-Förderung und Risikobereitschaft im Segment »Klima« oder im Segment »Nachhaltigkeit« zu verlangen. Aber eben um diese Segmente soll es gar nicht in erster Linie gehen. Wir erklären es mal mit dem Investor Paul Murphy, der schreibt, die Ära der klimaspezifischen Start-ups und Investitionen scheine »hinter uns zu liegen. Sie verlässt sich zu sehr auf guten Willen und Altruismus und betrachtet Impact eher als moralischen Imperativ denn als Motor für Wettbewerbsvorteile.«[12]

Ein klima- und nachhaltigkeitsrelevantes Start-up muss nicht zwangsläufig »Klima« und »Nachhaltigkeit« zum Geschäftsinhalt haben. Es kann auch eine Monitoring- und Optimierungslösung für Lieferketten und CO_2-Accounting entwickeln. Es kann nachhaltige Baustoffe und Produktionsprozesse entwickeln. Es kann Alternativen zu Konsumgütern, Zutaten, Bestandteilen entwickeln. Es kann jahrhundertealte Kulturtechniken wie die Fermentation in neue wirtschaftliche Zusammenhänge stellen und neue Ernährungs- und Proteinquellen entdecken. Die grüne Transformation steht vor der Tür, die wesentlichen Skizzen für die Wertschöpfung von morgen liegen aus. Junge Unternehmen, die das erkennen und zu ihrem Geschäft machen, sind nicht unbedingt auf einen Klima-Fonds angewiesen. Sie brauchen einfach gute Gründungs- und Wachstumsbedingungen.

Die kann ein Staat oder eine Staatengemeinschaft wie die EU schaffen, wenn er bzw. sie will. Wenn der Kapitalismus sein Herz, seine humane Ader, seine Liebe zur Natur oder auch nur die Verdienstmöglichkeiten von Herz, Humanität und Naturbewahrung entdeckt, sollte er darin bestätigt oder zumindest nicht ausgebremst werden. Denn Kapitalismus, das hat er wiederholt gezeigt und das wird auch noch eine Weile so bleiben, schafft Real World Impact.

Warum nicht auch den guten?

Von Herzen Dank

Dieses Buch wäre ohne die Mitarbeit, Zuarbeit, Exzellenz und Expertise vieler Menschen, deren Namen nicht auf dem Titel stehen, absolut unmöglich gewesen. Einige Namen werden aus schon in der Einleitung genannten Gründen auch hier nicht auftauchen, deswegen fangen wir am besten damit an:

Wir danken all den Gesprächspartnern und Gesprächspartnerinnen, die lehrreiche und wichtige Einblicke in Wirtschaft und Wissenschaft, in Möglichkeiten und Sorgen, in Prozesse und ins Geschäft, in Industrien und Chefetagen und nicht zuletzt in ihre Hoffnungen, Erwartungen und Frustrationen mit uns geteilt haben. Sie haben dieses Buch ebenso wie unsere Gedankenwelten damit unendlich bereichert. Wir hoffen, dass sie sich hier samt und sonders angemessen verstanden und wiedergegeben finden, und freuen uns auf weitere Gelegenheiten zum Austausch.

Wir danken allen, die diese Gespräche überhaupt möglich gemacht, die uns weiterempfohlen und zusammengebracht haben. Vor allem möchten wir an dieser Stelle Antje Zehnpfund danken. Ohne ihre Koordinierungsarbeit, ihre Geduld und ihren guten Humor wäre kaum eines dieser Gespräche möglich gewesen.

Clara von Spee und Donata von der Leyen haben dieses Buch durch inhaltliche Zuarbeit, gründliche Recherche und meinungsstarke Wissensvermittlung gnadenlos aufgewertet. Jacob Porstmann stand für hilf- und umfangreiche »Lesenswert?«-Checks zur Verfügung. Es ist so gut, dass ihr dabei wart. Danke schön!

Wir danken Max Threllfall und seinem Team für einen guten Nachmittag im Berliner Tiergarten und seine Gabe, uns im Gebüsch gutaussehend und souverän wirken zu lassen.

Jessica Sonnenberg und Elisabeth Heueisen hatten so viel Vertrauen darin, dass unsere wirren Gedanken und diffusen Interessen ein Buch werden könnten, dass sie uns vom ersten Tag an derart hervorragend betreut, beraten, erduldet und befeuert haben, dass wir gleich ein weiteres Buch schreiben könnten (vielleicht). Ludger Ikas hat dort, wo dieses Vertrauen seine Grenzen fand, unsere Sprache und unsere Argumentationen auf Gültigkeit und Wertigkeit abgeklopft, hat sie veredelt und mit uns um manches alberne Wortspiel gestritten. Für all das euch allen herzlichen Dank.

Den Menschen, die regelmäßig vor verschlossenen Arbeitszimmertüren darauf warteten, dass die wirr vor sich hinredenden, fluchenden und aus Statistiken und Büchern zitierenden Herren Autoren wieder aus ihrem Tunnel herauskommen und normale Menschen werden, gebührt all unser Dank und all unsere Liebe. Nichts geht ohne euch, Stefanie, Jale und Lewe. Und nichts ohne deine, Maike, grenzlose Geduld und Bereitschaft, dieses ganze Rumgedenke und -gespinne auszuhalten. Dank auch dir, Emil, der du nur manchmal auf Christophs Drehstuhl gedreht werden wolltest, wenn wir uns ein weiteres Kapitel ausgedacht hatten.

Christoph dankt Sebastian, Sebastian dankt Christoph. Für eine stets hervorragende Zusammenarbeit und gegenseitigen Real Life Impact.

Anmerkungen

Ins Tal der Tränen und zurück

1 Crowley 2023.

1 Der Preis des Erfolges.

1 Kocka 2024, S. 6.
2 Graeber 2011, S. 363.
3 Kocka 2024, S. 6.
4 Kocka 2024, S. 20 f.
5 Ebd., S. 24ff.
6 Ebd., S. 26.
7 Ebd., S. 68.
8 Graeber 2011, S. 363.
9 Kocka 2024, S. 91.
10 Ebd., S. 123.
11 Piketty 2020, S. 18.
12 Kocka 2024, S. 74.
13 Smith 2013, S. 627.
14 Ebd., S. 634.
15 Siehe Berlin 2003, S. 272 ff.
16 Kocka 2024, S. 59.
17 Vgl. Hoferichter 2021.
18 Vgl. Crippa 2021.
19 Vgl. Mercedes-Benz 2025.
20 Friedman 1970, Übers. d. Verf.
21 Harari 2013, S. 47.
22 Smith 2013, S. 452 f.
23 Lessenich 2020, S. 37.
24 Bostrom 2003, Übers. d. Verf.
25 Graeber 2011, S. 363.
26 Evans 2021.
27 IEA 2024, S. 269.
28 Williger 2023.
29 Al-Serori 2025.

2 Das Gegenteil von gut.

1 EU Finance 2025, Übers. d. Verf.
2 EUR-Lex 2025.
3 EVP 2025.
4 Habeck et. al. 2024.
5 IIGCC 2025.
6 BNP Paribas 2022, Übersetzung durch die Autoren.
7 Fink 2022, Übers. d. Verf.
8 Smid 2024.
9 EVP 2012.
10 Ebd.
11 EUR-Lex 2019.
12 Schulze 2024.
13 EU-Kommission 2019.
14 Binnie 2023.
15 Siehe Daly 2025, Elbein 2025.
16 Moon 2017, Übers. d. Verf.
17 ZDF 2023.

3 ESGeht noch schlimmer.

1 BDU 2024.
2 Hamon 2024.
3 Deloitte 2025.
4 McCormick 2024.
5 TPR 2024.
6 EUR-Lex 2020.
7 EFRAG 2022.
8 Doyle 2011, S. 7, Übers. d. Verf.
9 Ritchie 2024, S. 101 f.
10 Chandler 2008.
11 Dohmen 2019, Übers. d. Verf.
12 Draghi 2024, S. 9, Übers. d. Verf.

4 Actual Impact.

1 NARA 2025, Übers. d. Verf.
2 Tankersley 2024, Übers. d. Verf.
3 Hooper 2024.
4 London 1932, Übers. d. Verf.
5 Breg 2024.
6 Hardin 1968.
7 Ostrom 2009, S. 32, Übers. d. Verf.
8 Ebd., S. 39.
9 Trump 2025.
10 Piotrowski 2023, Übers. der Verf.
11 Ebd.
12 Kost 2024, S. 18 ff.
13 Kuhlgatz 2020.
14 Ebd.
15 Kocka 2024, S. 123.
16 Zit. nach Bornschein 2024.
17 Parker 2017.
18 Hamann 2025.
19 Kersten et al. 2020, S. 50.
20 Ebd.
21 CfBS 2016.
22 UN 2011.
23 Helliwell 2024.

5 Man müsste mal, man sollte mal, man wird.

1 Segall 2016.
2 Gomez 2025.
3 Kühne 2021, S. 209.
4 Bolton 2024.
5 Cleveland-Peck 2024.
6 Efing 2024, S. 5 f.
7 Stratmann-Mertens 1990.
8 Paech 2014.
9 Paech 2016, S. 287.
10 Fox And Friends 2025, Übers. d. Verf.
11 Rampell 2025.
12 Murphy 2024.

Quellen

Adams, D. (2003): *Lachs im Zweifel. Zum letzten Mal per Anhalter durch die Galaxis*, München.

Al-Serori, L., Greive, M., Koch, M.: »Scholz wirft Merz ›nationale Wichtigtuerei‹ vor – und lobt Trump«, *Handelsblatt Online*, 26.1.2025, https://www.handelsblatt.com/politik/deutschland/interview-scholz-wirft-merz-nationale-wichtigtuerei-vor-und-lobt-trump/100100635.html [7.2.2025].

BDU Bundesverband Deutscher Unternehmensberatungen (2024): »Prognose: Umsätze steigen in 2024 auf mehr als 50 Milliarden Euro«, 20.3.2024, https://www.bdu.de/news/prognose-umsaetze-steigen-in-2024-auf-mehr-als-50-milliarden-euro/ [12.1.2025].

Berlin, I. (2003): *Generations of Captivity. A History of African-American Slaves*, Cambridge, Mass.

Binnie, I. (2023): »BlackRock's Fink says he's stopped using ›weaponised‹ term ESG«, *Reuters*, 26.6.2023, https://www.reuters.com/business/environment/blackrocks-fink-says-hes-stopped-using-weaponised-term-esg-2023-06-26/ [15.2.2025].

BMZ / Bundesministerium für wirtschaftliche Zusammenarbeit und Entwicklung (2024): »Ministerin Schulze zum Ergebnis der Weltklimakonferenz in Baku«, 24.11.2024, https://www.bmz.de/de/aktuelles/aktuelle-meldungen/ministerin-schulze-zum-ergebnis-der-weltklimakonferenz-in-baku-239368 [10.2.2025].

BNP Paribas (2022): »BNP Paribas Asset Management publishes first biodiversity footprint of investments«, 4.7.2022, https://www.bnpparibas-am.com/en/press/mediaroom-en-bnp-paribas-asset-management-publishes-first-biodiversity-footprint-of-investments/ [4.2.2025].

Bolton, A., Soonieus, R. (2024): »Seven Ways to Get Sustainability Incentives Right«, Boston Consulting Group, 2.5.2024, https://www.bcg.com/publications/2024/seven-ways-to-get-sustainability-incentives-right [9.3.2025].

Bornschein, C. (2024): »Chipfabrik oder nicht? Die Sinnfrage der Industriepolitik«, *Manager Magazin Online*, 22.10.2014, https://www.manager-magazin.de/politik/deutschland/wirtschaft-und-politik-die-ungeloesten-wirtschaftskonflikte-im-herbst-2024-eine-kolumne-von-christoph-bornschein-a-fb69a184-d1a0-4379-b8ca-13af7c7da7b8 [5.3.2025].

Bostrom, N. (2003): *Ethical Issues in Advanced Artificial Intelligence*, https://nickbostrom.com/ethics/ai.pdf [7.1.2025].

BReg – Bundesregierung (2024): »Nationale Kreislaufwirtschaftsstrategie«, 4.12.2024, https://www.bundesregierung.de/breg-de/aktuelles/kreislaufwirtschaftsstrategie-2323390 [3.3.2025].

CfBS – Centre for Bhutan Studies & GNH Research (2016): *A Compass Towards a Just and Harmonious Society – 2015 GNH Survey Report,* https://web.archive.org/web/20170929000449/http://www.grossnationalhappiness.com/wp-content/uploads/2017/01/Final-GNH-Report-jp-21.3.17-ilovepdf-compressed.pdf [7.3.2025].

Chandler, D. (2008): »Leaving our mark«, *MIT News*, 16.4.2008, https://news.mit.edu/2008/footprint-tt0416 [24.2.2025].

Christlich Demokratische Union (2019): »Offene Antwort an Rezo – Wie wir die Sache sehen«, https://archiv.cdu.de/system/tdf/media/dokumente/wie-wir-die-sache-sehen.pdf [19.1.2025].

Cleveland-Peck, P. (2024): »You Want Lower Emissions? Try Attaching it to Pay, Says Mars Sustainability Chief«, *Wall Street Journal*, 13.9.2024, https://www.wsj.com/articles/you-want-lower-emissions-try-attaching-it-to-pay-says-mars-sustainability-chief-8aa1d82e [8.3.2025].

Craven, G. (2007): »The Most Terrifying Video You'll Ever See«, 8.6.2007, https://www.youtube.com/watch?v=zORv8wwiadQ [10.3.2025].

Crippa, M., Solazzo, E., Guizzardi, D. et al. (2021): »Food systems are responsible for a third of global anthropogenic GHG emissions«, Nature Food, 8.3.2021, doi:10.1038/s43016-021-00225-9.

Crowley, D., Eccles, R. (2023): »Rescuing ESG from the Culture Wars«, *Harvard Business Review*, 9.2.2023, https://hbr.org/2023/02/rescuing-esg-from-the-culture-wars [19.3.2025].

Daly, L. (2025): »Which States Produce the Most Renewable Energy?«, *The Motley Fool*, 16.1.2025, https://www.fool.com/research/renewable-energy-by-state/ [13.2.2025].

Deloitte (2025): »Umsetzung von CSRD im Versicherungssektor: Fortschrittsbericht Herbst 2024«, 23.1.2025, https://www.deloitte.com/de/de/Industries/financial-services/research/umsetzung-csrd-im-versicherungssektor-studie.html [13.2.2025].

Dohmen, F. (2019): »German Failure on the Road to a Renewable Future«, *SPIEGEL International*, 13.5.2019, https://www.spiegel.de/international/germany/german-failure-on-the-road-to-a-renewable-future-a-1266586.html [25.2.2025].

Doyle, J. (2011): »Where has all the oil gone? BP branding and the discursive elimination of climate change risk«, in: Heffernan, N.; Wragg, D. (Hg.), *Culture, Environment & Eco-Politics*, Newcastle upon Tyne, S. 200–225, https://www.researchgate.net/publication/305209345_Where_has_all_the_oil_gone_BP_branding_and_the_discursive_elimination_of_climate_change_risk [16.2.2025].

Draghi, M. (2024): »The future of European competitiveness«, 9.9.2024, https://commission.europa.eu/document/download/97e481fd-2dc3-412d-be4c-f152a8232961_en [25.2.2024].

Efing, M., Ehmann, S., Kampkötter, P., Moritz, R (2024): »All Hat and No Cattle? ESG Incentives in Executive Compensation«, 27.9.2024, *HEC Paris Research Paper* No. FIN-2024-1506, https://ssrn.com/abstract=4974204 [8.3.2025].

EFRAG (2022): »EFRAG's Cover Letter on the Cost-benefit analysis of the First Set of draft European Sustainability Reporting Standards«, 22.11.2022, https://www.efrag.org/sites/default/files/sites/webpublishing/SiteAssets/05%20EFRAGs%20Cover%20Letter%20on%20the%20Cost-benefit%20analysis.pdf [4.2.2025].

Elbein, S., Usadin, S. (2025): »Why red states are pulling ahead in America's clean energy race«, *The Hill*, 12.2.2025, https://thehill.com/policy/energy-environment/5126501-why-red-states-are-pulling-ahead-in-americas-clean-energy-race/ [13.2.2025].

EU Finance (2025): »Corporate sustainability reporting«, https://finance.ec.europa.eu/capital-markets-union-and-financial-markets/company-reporting-and-auditing/company-reporting/corporate-sustainability-reporting_en [4.2.2025].

EUR-Lex (2019): »Richtlinie (EU) 2019/904 des Europäischen Parlaments und des Rates vom 5. Juni 2019 über die Verringerung der Auswirkungen bestimmter Kunststoffprodukte auf die Umwelt (Text von Bedeutung für den EWR)«, https://eur-lex.europa.eu/legal-content/DE/TXT/PDF/?uri=CELEX:32019L0904:32019L0904 [10.2.2025].

EUR-Lex (2020): »Verordnung (EU) 2020/852 des Europäischen Parlaments und des Rates vom 18. Juni 2020 über die Einrichtung eines Rahmens zur Erleichterung nachhaltiger Investitionen und zur Änderung der Verordnung (EU) 2019/2088 (Text von Bedeutung für den EWR)«, 22.6.2020, https://eur-lex.europa.eu/legal-content/DE/TXT/?uri=CELEX:32020R0852 [20.2.2025].

EUR-Lex (2020): »Mitteilung der Kommission an das Europäische Parlament, den Rat, den Europäischen Wirtschafts- und Sozialausschuss und den Ausschuss der Regionen: EU-Biodiversitätsstrategie für 2030 – Mehr Raum für die Natur in unserem Leben«, 20.5.2020, https://eur-lex.europa.eu/legal-content/DE/TXT/?uri=CELEX:52020DC0380&qid=1740072309916 [20.5.2025].

EUR-Lex (2025): »National transposition measures communicated by the Member States concerning: Richtlinie (EU) 2022/2464 des Europäischen Parlaments und des Rates vom 14. Dezember 2022 zur Änderung der Verordnung (EU) Nr. 537/2014 und der Richtlinien 2004/109/EG, 2006/43/EG und 2013/34/EU hinsichtlich der Nachhaltigkeitsberichterstattung von Unternehmen (Text von Bedeutung für den EWR)«, https://eur-lex.europa.eu/legal-content/de/NIM/?uri=CELEX:32022L2464 [4.2.2025].

Europäische Kommission (2019): Pressemitteilung: »Der europäische Grüne Deal legt dar, wie Europa bis 2050 zum ersten klimaneutralen Kontinent gemacht werden kann, indem die Konjunktur angekurbelt, die Gesundheit und die Lebensqualität der Menschen verbessert, die Natur geschützt«, Brüssel, 11.12.2019, https://ec.europa.eu/commission/presscorner/detail/de/ip_19_6691 [15.2.2025].

Evans, Simon (2021): »Analysis: Which countries are historically responsible for climate change?«, *Carbon Brief*, 5.10.2021, https://www.carbonbrief.org/analysis-which-countries-are-historically-responsible-for-climate-change/ [17.1.2025].

EVP (2012): *Herbert Reul (EVP/CDU)*: »Glühlampenverbot ab 1. September: Ökodiktatur siegt über Verbraucherinteressen und Umweltschutz«, Brüssel, 30.8.2012, https://www.cducsu.eu/node/8788 [8.2.2025].

EVP/European People's Party (2025): »Europe needs more growth and jobs – Enhancing competitiveness by cutting back bureaucracy and over-regulation«, Berlin, 18.1.2025, https://www.epp.eu/files/uploads/2025/01/EPP-Retreat-Growth-and-Jobs-statement.pdf [4.2.2025].

Fink, Larry (2022): »Larry Fink's 2022 Letter to CEOs: The Power of Capitalism«, https://www.blackrock.com/corporate/investor-relations/larry-fink-ceo-letter [7.2.2025].

Fox And Friends (2025): »Trump official assures solution for egg shortages but says there's ›no short-term fix‹«, *FOX News*, 1.3.2025, https://www.foxnews.com/video/6369480940112 [10.3.2025].

Franzen, J. (2019): »What if we stopped pretending?«, *New Yorker*, 8.9.2019, https://www.newyorker.com/culture/cultural-comment/what-if-we-stopped-pretending [12.3.2025].

Global Energy Monitor (2023): »A Race to the Top: China 2023«, https://globalenergymonitor.org/wp-content/uploads/2023/06/GEM-RTTT-China-2023-report-English-1.pdf [24.2.2025].

Gomez, B. (2025): »Here's what CEOs are saying about DEI at Davos«, *CNBC Online*, 24.1.2025, https://www.cnbc.com/2025/01/24/heres-what-ceos-are-saying-about-dei-at-davos.html [7.3.2025].

Habeck, R., Heil, H., Kukies, J., Wissing, V. (2024): »CSRD Proposal«, Berlin, 17.12.2024, veröffentlicht auf https://table.media/wp-content/uploads/2024/12/17215006/CSRD-Proposal.pdf [3.4.2025].

Hamann, G. (2025): »Bürokratie ist der Versuch, das Recht des Stärkeren einzudämmen«, *ZEIT Online*, 15.2.2025, https://www.zeit.de/kultur/2025-02/berthold-vogel-usa-donald-trump-buerokratieabbau-deutschland [6.3.2025].

Hamon, D. (2024): »CSRD: NGOs are Conducting Your Materiality Assessment for You«, *Sigwatch*, 16.6.2024, https://sigwatch.com/csrd-ngos-are-conducting-your-materiality-assessment-for-you/ [18.2.2025].

Hanke Vela, J., Scheer, O., Volkery, C. (2025): »EU-Kommission arbeitet an ›Schocktherapie‹ für die Wirtschaft«, *Handelsblatt Online*, 31.1.2025, https://www.handelsblatt.com/politik/international/buerokratie-eu-kommission-arbeitet-an-schocktherapie-fuer-die-wirtschaft/100102874.html [5.2.2025].

Harari, Y. N. (2013): *Eine kurze Geschichte der Menschheit*, München.

Hardin, G. (1968): »The Tragedy of the Commons«, *Science* 162 (3859), 13.12.1968, S. 682 ff., www.garretthardinsociety.org/articles/art_tragedy_of_the_commons.html [12.2.2025].

Helliwell, J. F., Layard, R., Sachs, J. D., De Neve, J.-E., Aknin, L. B., Wang, S. (Hg.) (2024): *World Happiness Report 2024*, Oxford.

Hoferichter, A. (2021): »Pumpen ohne Ende«, *Süddeutsche Zeitung*, 10.1.2021, https://www.sueddeutsche.de/wissen/chemiemuell-pumpen-ohne-ende-1.5168680 [15.1.2025].

Hooper, K., Lemire, J. (2022): »Biden and Macron take on war in Ukraine, trade issues in bilateral meeting«, *Politico*, 1.12.2022, https://www.politico.com/news/2022/12/01/biden-macron-united-front-meeting-00071590 [2.3.2025].

Institutional Investors Group on Climate Change (IIGCC) (2025): »Investor joint statement on Omnibus Legislation«, London, 4.2.2025, https://www.eurosif.org/wp-content/uploads/2025/02/IIGCC-PRI-Eurosif_Joint-Statement-on-Proposed-Omnibus-Legislation_040225-FINAL.pdf [5.2.2025].

International Energy Agency (2024): *World Energy Outlook 2024*, Paris, https://iea.blob.core.windows.net/assets/47a9a222-78e4-4c43-9bab-977b4ad5326b/WorldEnergyOutlook2024.pdf [26.1.2025].

Kersten, J., Neu, C., Vogel, B. (2020): *Politik des Zusammenhalts. Über Demokratie und Bürokratie*, Bonn: Bundeszentrale für politische Bildung.

Kost, C., Müller, P., Sepúlveda Schweiger, J., Fluri, V., Thomsen, J.: *Stromgestehungskosten erneuerbare Energien (Juli 2024)*, Fraunhofer Institut für Solare Energiesysteme ISE, 6.8.2024, https://www.ise.fraunhofer.de/de/veroeffentlichungen/studien/studie-stromgestehungskosten-erneuerbare-energien.html [5.3.2025].

Kühne, F. (2021): *Was Männer nie gefragt werden. Ich frage trotzdem mal*, Frankfurt am Main.

Kuhlgatz, D. (2020): »Stuttgarter Premiere. Robert Bosch führt 1906 den 8-Stundentag ein«, https://www.bosch.com/de/stories/einfuehrung-8-stunden-tag-bei-robert-bosch-1906/ [3.3.2025].

Lessenich, S. (2020): *Neben uns die Sintflut. Wie wir auf Kosten anderer leben*, München.

McCormick, M., Hughes, J. (2024): »New Texas exchange pledges tougher standards than New York rivals«, *Financial Times*, 4.10.2024, https://www-ft-com.ezp-prod1.hul.harvard.edu/content/da5be183-c339-42d2-b1e4-1aad83568d1c, [19.2.2025].

Moon, M. (2017): »Everyone will not just«, 4.8.2017, https://squareallworthy.tumblr.com/post/163790039847/everyone-will-not-just [16.2.2025]

Murphy, P. (2024): »RIP Climate Tech«, X.com, 16.12.2024, https://x.com/paulbz/status/1868673585511841808 [11.3.2025].

NARA – The U. S. National Archives and Records Administration (2025): »Remarks by President Biden At Signing of H. R. 5376, The Inflation Reduction Act of 2022«, https://bidenwhitehouse.archives.gov/briefing-room/speeches-remarks/2022/08/16/remarks-by-president-biden-at-signing-of-h-r-5376-the-inflation-reduction-act-of-2022/ [2.3.2025].

Ostrom, E. (2010): »A Polycentric Approach for Coping with Climate Change«, The World Bank, https://documents1.worldbank.org/curated/fr/480171468315567893/pdf/WPS5095.pdf [3.3.2025].

Parker, A., Rucker, P. (2017): »Trump taps Kushner to lead a SWAT team to fix government with business ideas«, *The Washington Post Online*, 26.3.2017, https://www.washingtonpost.com/politics/trump-taps-kushner-to-lead-a-swat-team-to-fix-government-with-business-ideas/2017/03/26/9714a8b6-1254-11e7-ada0-1489b735b3a3_story.html [6.3.2025].

Paech, N. (2014): »Klimaschutz und Green Growth sind unvereinbar«, *Blog Postwachstum*, 25.7.2014, https://www.postwachstum.de/klimaschutz-und-green-growth-sind-unvereinbar-20140725 [10.3.2025].

Paech, N. (2016): »Die Welt lässt sich nur in der Postwachstumsökonomie reparieren«, in: Baier, A., Hansing, T., Müller, C., Werner, K. (Hg.): *Die Welt reparieren. Open Source und Selbermachen als postkapitalistische Praxis*, Bielefeld, S. 287–294.

Piotrowski, J. (2023): »Go to Texas to see the anti-green future of clean energy«, *The Economist Online*, 12.1.2023, https://www.economist.com/business/2023/01/12/go-to-texas-to-see-the-anti-green-future-of-clean-energy [5.3.2025].
Rampell, C. (2025): »No harm, no fowl. Trump recommends a return to subsistence farming«, *The Washington Post*, 9.3.2025, https://www.washingtonpost.com/opinions/2025/03/09/trump-egg-prices-chickens-rollins/ [10.3.2025].
Ritchie, H. (2024): *Hoffnung für Verzweifelte: wie wir als erste Generation die Erde zu einem besseren Ort machen*. München.
Segall, L. (2016): »Chris Sacca. Twitter is ›a series of missed opportunities‹«, *CNN Business*, 29.4.2016, https://money.cnn.com/2016/04/28/technology/chris-sacca-twitter-collision/ [8.3.2025].
Smid, Karsten (2024): »Milliardenschwere Bilanz-Bluffs bei der Leag«, Greenpeace, https://www.greenpeace.de/klimaschutz/energiewende/kohleausstieg/milliardenschwere-bilanz-bluffs-bei-der-leag [7.2.2025].
Smith, A. (2013): *Wohlstand der Nationen*, Köln.
Stratmann-Mertens, E., Daniels, W., Flinner, D., Garbe, C., Hüser, U., Kleinert, H., Knabe, W., Seibold, H., Vennegerts, C. (1990): »Entwurf eines Gesetzes für eine ökologisch-soziale Wirtschaft (Förderung der umwelt- und sozialverträglichen Entwicklung der Wirtschaft – GösW)«, Deutscher Bundestag, 19.7.1990, https://dserver.bundestag.de/btd/11/076/1107607.pdf [10.3.2025].
Tankersley, J. (2024): »Why the Cost of Biden's Climate Law Keeps Going Up«, *New York Times*, 8.2.2024, https://www.nytimes.com/2024/02/08/us/politics/biden-inflation-reduction-act-cost.html [1.3.2025].
Trump, D. (2025): »The Inaugural Address«, 20.1.2025, https://www.whitehouse.gov/remarks/2025/01/the-inaugural-address/ [3.3.2025].
UN – Generalversammlung der Vereinten Nationen (2011): »Resolution der Generalversammlung 65/309. Glück: auf dem Weg zu einem ganzheitlichen Konzept für Entwicklung«, 19.7.2011, https://digitallibrary.un.org/record/715187?v=pdf [7.3.2025].
Willinger, Isa (2023): *Plastic Fantastic*, München: Trimafilm.
ZDF (2023): *Markus Lanz*, 13.7.2023, https://www.zdf.de/gesellschaft/markus-lanz/markus-lanz-vom-13-juli-2023-100.html [16.2.2025].

Bibliografische Information der Deutschen Nationalbibliothek

Die Deutsche Nationalbibliothek verzeichnet diese Publikation in der Deutschen Nationalbibliografie; detaillierte bibliografische Daten sind im Internet über http://dnb.dnb.de/ abrufbar.

Print:	ISBN 978-3-68951-033-6	Bestell-Nr. 12119-0001
ePub:	ISBN 978-3-68951-034-3	Bestell-Nr. 12119-0100
ePDF:	ISBN 978-3-68951-036-7	Bestell-Nr. 12119-0150

Christoph Bornschein, Sebastian Cleemann
Real World Impact
1. Auflage, Juni 2025

Munzinger Str. 9, 79111 Freiburg
www.haufe.de | info@haufe.de

Bildnachweis
Cover: © Max Threlfall
Umschlagklappe: © Marcus C. Hurek (Christoph Bornschein), Jonathan Hein (Sebastian Cleemann)

Lektorat: Ludger Ikas, Berlin
Produktmanagement: Elisabeth Heueisen